나는 왜 내가 낯설까

Strangers to Ourselves

Korean translation copyright © 2021 by Boogle Books Publishing Company

This Korean edition published by arrangement with Harvard University Press through YuRiJang Literary Agency.

*이 책은 '나는 내가 낯설다' '내 안의 낯선 나'라는 제목으로 출간된 바가 있음을 밝힙니다.

나는 왜 내가 낯설까

초판 1쇄 발행   2021년 3월 20일

원 제	Strangers to Ourselves
지은이	티모시 윌슨
옮긴이	정명진
펴낸이	정명진
디자인	정다희
펴낸곳	도서출판 부글북스
등록번호	제300-2005-150호
등록일자	2005년 9월 2일
주소	서울시 노원구 공릉로 63길 14 (하계동 청구빌라 101동 203호)
	(01830)
전화	02-948-7289
전자우편	00123korea@daum.net
ISBN	979-11-5920-137-0 03180

*잘못된 책은 구입하신 서점에서 바꾸어 드립니다.

Strangers to Ourselves

나는 왜 내가 낯설까

티모시 윌슨 지음　**정명진** 옮김

자기 지식을 높여
인격을 가꿔라

요즈음 심리학 분야에서 '자기 지식'(self-knowledge: 자기 자신에 대한 지식을 뜻한다/옮긴이)이 핵심 주제로 떠오르고 있는 것 같다. 어떤 면에서 보면, 이 말이 맞다. 지크문트 프로이트(Sigmund Freud: 1856-1939) 이후로 줄곧 심리학자들은 사람들이 자기 자신에 대해 어느 정도 알고 있는가, 자기 자신에 대한 지식의 한계는 어디인가, 자기 통찰(self-insight)에 실패할 경우에 어떤 일이 일어나는가, 하는 문제에 강하게 끌렸다. 그러나 놀랍게도 현실을 세심히 들여다보면, 대학의 심리학계에서는 아직 자기 지식이 중요한 주제로 자리 잡지 않은 것이 확인된다. 자기 지식에 관한 강의도 무척 드물다. 정신분석적 관점에서 쓴 책과 자기 계발 관련 서적을 제외한다면, 이 주제만을 파고드는 책도 귀하긴 마찬가지이다.

이런 현실에도 변화의 조짐이 보이는 것 같다. 지난 몇 년 사이에 자기 지식에 관한 과학적 연구가 폭발적으로 늘어났다. 자기 지식과 관련한 연구 활동을 펴는 학자들은 자기 지식의 그림을 프로이트와 그 추종자들이 제시한 것과 다르게 그리고 있다. 사람들은 모두 아주 강력하고 정교하고 적응력이 뛰어난 무의식을 갖고 있다. 세상 속에서 생존하는 데 결정적으로 중요한 것이 바로 이 무의식이다. 그러나 무의식은 우리의 눈에 보이지 않는 곳에서 아주 효율적으로 작동하고 있으며 대부분 우리에게 접근을 허용하지 않는다. 따라서 자기 지식을 얻으려면 반드시 대가를 지불해야 한다.

우리 모두에게는 자신이 직접적으로 알 수 없는 것들이 너무 많다. 뼈를 깎는 통찰을 제아무리 깊이 한다 하더라도 알 수 없는 부분이 있게 마련이다. 그렇다면 어떻게 해야 우리의 비(非)의식(nonconscious: 개인이 자각하지 못하는 가운데 이뤄지는 정신 과정을 말한다/옮긴이)에 숨어 있는 성격적 특성들과 목표들, 감정들을 발견할 수 있을까? 그리고 그런 것들을 찾아내는 것이 언제나 우리에게 유익할까? 학계의 연구원들은 프로이트와 그의 정신분석을 어느 정도 재발견하고 있는 것인가? 자기 지식이라는 것이 과연 과학적으로 연구할 수 있는 대상이긴 한 것인가? 내가 앞으로 이 책에서 살펴보려는 질문들은 바로 이런 것들이다. 이 물음에 대한 대답이 참으로 놀라울 때가 종종 있으며, 그 대답들은 우리의 일상에 직접적이고 실용적인 의미를 지닌다.

햄프셔 칼리지(미국 매사추세츠 주에 있는 실험성 강한 작은 대학으로, 필자가 졸업할 당시에는 설립한 지 3년밖에 되지 않았다)를 졸업하고 1973년 가을에 대학원 진학을 위해 앤아버에 도착한 이후로, 나는 이런 물음들에 대한 관심을 놓은 적이 한 번도 없었다. 미시간 대학은 학문적으로 굉장히 많은 자극을 주는 곳이었다. 거기서 내가 사회 심리학 분야에서 경력을 시작할 수 있도록 길을 열어준 많은 분들에게 감사의 마음을 전한다. 나의 멘토 리처드 니스벳(Richard Nisbett)에게 특별히 많은 빚을 졌다. 니스벳은 자기 지식에 관한 아이디어들을 경험적으로 연구하고, 그것들을 놓고 이론적으로 사고하는 방법을 가르쳐 주었다. 이 책에 소개되는 아이디어들 중 많은 것은 1970년대 중반에 미시간 대학 사회과학연구소(Institute for Social Research)에서 나눈 대화에서 발아했다. 그 시절의 대화가 지적 호기심을 얼마나 많이 불러일으켰는지 모른다. 그보다 더 중요한 것은 사회 심리학이 하나의 직업이나 학문적 연구일 뿐만 아니라 세상에 관한 근본적인 가정들에 도전하는 삶의 길이기도 하다는 점을 니스벳이 보여 주었다는 사실이다.

자기 지식이라는 주제는 친숙한 주제다. 이 책에서, 나는 나 자신의 경험뿐만 아니라 나의 친구들의 경험에도 크게 의존할 것이다. 혹시라도 발생할지 모르는 낭패를 사전에 막기 위해, 친구들의 이름을 바꾸고 그들이 경험한 세세한 부분을 조금씩 각색할 때가 종종 있을 것이다. 그래도 나 자신의 경험만은 가능한 한 건드리지 않고 그대로 살릴 것이다.

차례

제1장

프로이트의 천재성,
프로이트의 통찰력 결여

강한 자존심, 자기 지식, 자제력,
이 세 가지만 있으면 삶을 최고의 경지로 끌어올릴 수 있다.

- 영국 시인 앨프리드 테니슨(1809-1892)의 '오이노네' 중에서

가슴에서 일어나는 일들보다 더 중요한 것이 있을까? 혹은 가슴에서 일어나는 일들보다 더 해독하기 어려운 것이 있을까? 자신의 가슴에 들어 있는 욕망이 어떤 것인지를 정확히 알아낼 수 있는 능력을 갖추는 축복을 받았으면서도 정작 그 욕망을 성취하는 방법을 모르는 저주 받은 인간들이 있다. 리어왕처럼, 어떤 사람들은 어쩌다 자신의 가슴과 마음을 만족시킬 행동과 정반대의 행동을 하기도 한다. 그러면 그 사람들의 목표는 자존심이나 완고함, 즉 자기 통찰의 결여로 인해 성취되지 못한 상태로 남게 된다.

그러나 그런 사람들은 적어도, 자기 딸의 헌신적인 사랑이든 연인의 포옹이든, 아니면 마음의 평화든, 자신이 무엇을 원하고 있는지는 알고 있다.

이들보다 더 불행한 운명의 사람들은 자신의 가슴이 원하는 것이 정확히 무엇인지를 모르는 존재들이다. 마르셀 프루스트(Marcel Proust)의 『잃어버린 시간을 찾아서』(A la recherche du temps perdu)에 나오는 마르셀을 한번 떠올려 보라. 그는 자신이 알베르틴을 더 이상 사랑하지 않는다고 굳게 믿으면서 그녀 곁을 떠날 묘안을 짜내려 애를 쓰고 있다. 그런 궁리를 하고 있는 그에게 가정부가 헐레벌떡 뛰어오면서 알베르틴이 떠났다는 소식을 전한다. 그 말을 듣는 순간, 마르셀은 자신이 여전히 알베르틴을 아주 열렬히 사랑하고 있다는 사실을 깨닫는다. "몇 마디의 말이, 그러니까 '알베르틴 양이 가버렸어요!'라는 말이 너무나 절실한 아픔으로 나의 가슴을 후벼 팠기 때문에, 나는 한 순간도 더 견디지 못할 것 같았어. 나에게 전혀 의미가 없을 것 같던 바로 그것이 내 인생에서 유일하게 중요한 것이었던 거야. 우리 인간들은 정작 자기 자신에 대해 얼마나 무지한지 몰라."

마르셀이 자신의 감정을 모르는 것과 같은 현상은 결코 드물지 않다. 수전이라는 나의 친구를 보자. 그녀는 한때 스티븐이라는 남자와 사귄 적이 있다. 스티븐은 아주 멋진 남자였다. 자상하고 매력적이고 믿음직스러웠으며, 무엇보다도 수전에게 푹 빠져 있었다. 그와 수전은 둘 다 사회 복지사였으며, 취미도 함께 하는 것이 많았다. 그들은 1년 넘게 데이트를 했으며, 둘의 관계가 점점 진지해지는 것 같았다. 단 한 가지 문제만 빼고. 수전의 친구들에게는 예외 없이 그녀가 스티븐을 사랑하지 않는 것이 너무나 분명해 보였다는 점이다. 수전 본인은 자신이 스티븐을 사랑하고 있다고 생각했지만, 그녀를 옆에서 지켜보는 우리가 아는 한, 그녀는 실제로 느끼지 않는 무언가를 느끼고 있다는 식으로 스스로를 확신시키고

있었다. 스티븐은 사랑스런 친구였다. 정말로 그랬다. 그러나 스티
븐은 과연 수전이 깊이 사랑하면서 동반자로서 평생을 함께하기를
원했던 존재였을까? 절대로 그렇지 않았다. 결국 수전은 자신이 오
해하고 있다는 사실을 깨닫고 둘의 관계를 청산했다.

 자신의 가슴과 마음에 대해 잘 모르는 마르셀이나 수전 같은 사
람들이 예외일 수도 있다. 그럼에도, 나는 우리 대부분에게도 그
와 비슷한 상황에 처한 경험이 있을 것이라고 믿는다. 제인 오스틴
(Jane Austen)의 『오만과 편견』(Pride and Prejudice)에 등장하는
인물 엘리자베스도 미스터 다시를 향한 자신의 감정을 정확히 정
의할 수 없다는 사실을 깨닫는다.

> 그녀는 그를 존경하고, 그를 높이 평가하고, 그에게 고마움을 느꼈으
> 며, 그의 행복에 대해 진정으로 관심이 있었다. 그녀는 단지 자신이
> 그의 행복이 그녀 자신에게 어느 정도 좌우되기를 바라고 있는지 알
> 고 싶었다. 또 그녀는 그가 다시 구애하도록 할 힘이 아직 자신에게
> 남아 있다는 생각이 드는데, 만약 그 힘을 발휘한다면 그것이 두 사람
> 의 행복에 어느 정도 이로울 것인지 알고 싶었다.

 이런 상상을 해 보자. 자신의 내면이 어떤 풍경인지 몰라 혼란스
러울 때, 자신을 이너 셀프 디텍터(Inner Self Detector)라는 '내면
탐지기'에 연결시킬 수 있다면, 과연 어떤 일이 벌어질까? 우리의
관자놀이에 전극봉을 붙이고 다이얼을 맞춘 뒤에, "스티븐(또는
미스터 다시)에 대해 어떻게 느끼고 있어?"라고 질문을 던질 수 있
을 것이다. 그러면 기계는 몇 차례 지지지 기계음을 낸 뒤 자그마

한 모니터에 대답을 펼쳐 보일 것이다.

　내면 탐지기가 현실에 존재하는 경우에 사람들이 그 기계를 어떤 식으로 활용하고 싶어 할 것인지를 알아보기 위해, 나는 강의를 듣던 대학생들에게 그 기계가 대답해 줄 것 같은 질문들을 한번 나열해 보라고 부탁했다. 『오만과 편견』에 나오는 엘리자베스와 별로 다를 게 없었다. 일부 학생들은 자기 자신에 대해 진정으로 어떻게 느끼고 있는지를 알고 싶어 했다. 한 학생의 경우에 내면 탐지기에 가장 먼저 물을 질문이 "내 인생에 등장하는 몇몇 사람에 대해 내가 진정으로 어떤 느낌을 갖고 있어?"라는 물음이 될 것이라고 말했다. 이런 질문에 척척 대답해 주는 기계가 옆에 있다면 얼마나 멋질까!

　학생들은 또 자신의 자질과 능력을 포함해 자기 자신의 개성이 어떤지에 대해서도 많이 궁금해 했다. (예를 들면, "삶에서 내가 추구하고 있는 중요한 목표는 무엇인가? 나의 주된 욕구는 무엇인가?" "어떤 사회적 상황에 처하는 경우에 내가 제대로 처신하지 못하고 서툴러지는 이유는 무엇인가?" "가끔 레포트 쓰는 일이 그렇게 귀찮은 이유는 무엇인가?" 같은 질문이 있다.) 이런 질문들 중 일부는, 이를테면 학업 성적과 경력에 관한 질문은 두말할 필요도 없이 갓 성인이 된 사람들이 겪는 불확실성 때문이다. 그러나 자신의 개성이나 능력에 대해 간혹 궁금해 하기는 산전수전 다 겪은 어른도 마찬가지다. 자신의 성격을 제대로 파악하지 않은 채 인생을 살다 보면 가끔 그릇된 선택을 하게 된다. 여러 모로 교사에 더 잘 어울리는데도 자신이 변호사로 성공할 수 있는 자질을 두루 갖추었다고 확신하는 남자도 삶의 중요한 선택을 잘못할 수 있다. 중요한 연설 기회가 찾아왔는데도 자신에게는 그것을 훌륭하게 소화할 능력이 없다는 그릇된 믿음에서 그 제안을 거부한 사람도 선택을 잘못한 예에 속한다.

학생들은 또 자신이 지금처럼 느끼고 행동하는 이유를 알고 싶어 했다. 자신을 행복하게 만드는 감정이나 행동이 왜 그런 것인지를 알기를 원했던 것이다. 자신이 어떤 일에 대해 특정한 방식으로 반응하는 이유를 제대로 이해하는 것이야말로, 그 일이 우리의 감정과 행동에 바람직하지 않은 영향을 미치지 않도록 막는 데 절대적으로 필요하다.

어느 여자 변호사가 자기 회사에 일자리를 얻으려고 하는 아프리카계 미국인을 인터뷰한다고 가정해 보자. 이 변호사는 그 지원자가 냉정하고, 친절하지 못하고, 심지어 공격적이기까지 하다고 판단하며 그를 고용하지 않는 게 낫겠다고 결론을 내린다. 그러면서도 그 변호사는 자신이 그 지원자에게 부정적인 인상을 받은 것이 지원자의 인종과 전혀 아무런 관계가 없다고 굳게 믿고 있다. 말하자면, 자신에게는 인종적 편견이 전혀 없다고 생각하는 사람이라는 뜻이다. 그럼에도 이 변호사의 믿음이 틀렸다면 어떻게 될까? 다시 말해, 그녀가 자각하지 못하는 가운데 지원자의 인종이 지원자에 대한 인상에 영향을 미쳤다면 어떻게 될까? 만약 이 변호사가 자신에게 인종주의가 존재하고 있으면서 자신의 판단에 영향을 미치고 있다는 사실을 모르고 있다면, 그녀는 자신의 인종 차별적인 성향을 똑바로 직시하지 못하는 까닭에 그것을 바꾸려는 노력을 기울이지 못할 것이다.

이 책은 두 가지 중요한 질문을 집중적으로 파고들 것이다. 하나는 사람들이 자기 자신을 잘 모르는 경우(예를 들면, 사람들은 자신의 성격에 대해 잘 모르고, 또 자신이 어떤 감정을 느끼는 이유에 대해 잘 모르고, 심지어 감정 자체에 대해서도 잘 모른다)가 자주 있는 이유가 무엇인가 하는 점이다. 그 다음 질문은, 어떻게 하면 사람들이 자기 지식을 높일 수 있을까, 하는 것이다. 두말할 필요도 없이, 자기 통찰이 부족한 이유는 아주 다양하다. 사람들은 오만 때문에 맹목적인 모습을 보일 수도 있고(고대 그리스인들과 셰익스피어가 즐겨 다뤘던 주제다), 아니면 혼동에 빠져 자신을 모를수도 있고, 그것도 아니면 단지 자신의 삶과 심리를 면밀하게 파악할 시간을 갖지 못해서 그럴 수도 있다. 앞으로 내가 제시할 이유는, 우리가 자신에 대해 알고 싶어 하는 것들 중 많은 것이 의식 밖에 존재하고 있기 때문이라는 것이다.

인간 마음의 상당 부분이 무의식이라는 사상은 새로운 것이 아니며, 그것은 지크문트 프로이트의 가장 위대한 통찰이었다. 현대 심리학은 의식이라는 좁은 회랑 그 너머까지 과감히 보려고 노력했던 프로이트에게 엄청나게 많은 빛을 지고 있다. 그러나 무의식의 본질과 관련해서 경험 심리학에 어떤 혁명이 일어나면서 프로이트의 개념이 지닌 한계를 고스란히 드러냈다.

원래부터 실험 심리학자들은 비(非)의식적인 정신 과정에 대해 언급하는 것조차 조심스러워했다. 20세기 전반기에, 심리학계에서 벌어진 행동주의 심리학자들의 맹습은 심리주의(mentalism: 심리학에서 지각과 사고 과정에 초점을 맞추는 학파를 일컫는다/옮긴이)에 대한 부정으로 인해 더욱 가열되었다. 당시에 행동주의 심리학자들은 의식적이든 무의식적이든 사람의 머릿속에서 일어나는 일은 고려할 필요가 전혀 없다는 주장을 폈다.

1950년대 말에 이르러, 주류 심리학은 행동주의를 부정하고 정신에 대한 체계적인 연구를 시작하는 큰 걸음을 내디뎠다. 그러나 행동주의라는 인기 있는 버스에서 과감히 뛰어내린 초창기의 실험 심리학자들은 자신이 연구하는 정신의 영역이 의식인지 무의식인지에 대해서는 거의 아무런 말을 하지 않았다. 그것은 금기시되었던 질문이었다. 누구도 자신이 연구하는 분야가 의식이라거나 무의식이라고 떠벌림으로써 당시에 정신이 과학적 주제로 어렵게 얻은 지위를 위험하게 흔들어놓고 싶어 하지 않았던 것이다. "이봐! 사람들이 생각하는 것만을 연구할 수 있는 것이 아니야. 사람들이 의식하지 못하는 가운데 머릿속에서 벌어지는 일도 연구할 수 있어!" 누구도 이런 식으로 주장하고 나서지 않았다. 학계의 심리 실험실에서 연구 활동을 하던, 자존심 강한 심리학자들 중에서, 혹시라도 프로이트 학파라는 비난을 들어도 좋다고 나서는 사람은 극히 드물었다.

그러나 인지 심리학과 사회 심리학이 활짝 꽃을 피움에 따라 재미있는 현상이 한 가지 나타났다. 사람들이 자신의 머릿속에서 일어나고 있는 인지 과정의 많은 부분을 말로 표현하지 못한다는 사실이 명백해졌다. 예를 들어, 사회 심리학자들의 경우에 사람들이 사회적 세계에 관한 정보를 처리하는 방식의 모델들을 개발하고 있었다. 사람들이 다른 집단에 대해 어떤 식으로 생각하는지, 다른 집단에 대한 고정 관념을 어떤 식으로 고수하는지, 다른 사람의 성격에 대해 어떤 식으로 판단하는지, 또 자기 자신과 다른 사람의 행위에 대한 원인을 어떤 식으로 해석하는지 등이 연구 주제가 되었다.

　연구원들이 이런 정신 과정에 대해 연구하면 할수록, 사람들이 본인의 머릿속에서 그런 정신 과정이 일어나고 있다는 것조차 모르고 있다는 사실이 더욱 분명해졌다. 연구원들은 실험에 참가한 사람들에게 그들이 실험 중에 생각하고 있었을 내용에 대해 알려주었다. 그럴 때면 참가자들은 머리를 흔들면서 이렇게 말함으로써 연구원들을 당혹스럽게 만들었다. "교수님, 그것도 참으로 흥미로운 이론이긴 하지만요, 그런 생각은 하나도 떠오르지 않았던 것 같아요." 인지 심리학자와 사회 심리학자들이 연구한 정신 과정의 대부분은 정작 그런 정신 과정을 하는 본인에게 보이지 않는 곳에서 일어나는 것으로 드러났다. 이젠 이 같은 사실은 무시하기 어려운 단계에 이르렀으며, 따라서 비(非)의식적 정신 과정에 관한 이론들이 실험 심리학 속으로 슬그머니 들어오기 시작했다.

　그럼에도, 많은 심리학자들은 여전히 '무의식'이라는 단어를 사용하길 꺼렸다. 동료들이 자신들을 보고 '약간 맛이 간' 사람이라고 손가락질하지 않을까 하는 두려움에서였다. 그리하여 의식의 자각 밖에서 이뤄지는 정신 과정의 묘사에 여러 단어가 동원되게 되었다. 'automatic'(자동적인), 'implicit'(암묵적인), 'pre-attentive'(전(前)주의의), 'procedural'(절차적인) 같은 단어들이 바로 그런 이유로 심리학에서 즐겨 쓰이게 되었다. 특정한 정신 과정을 묘사하는 데는 이런 단어들이 두루뭉술한 표현인 'nonconscious'(비의식)보다 더 명쾌하게 통할 때도 간혹 있다. 예를 들면, 정신의 '자동적 처리'에 대한 연구가 활발하게 진행되고 있으며, 이런 처리 과정에 대한 자각이 이뤄지지 않는 것은 무의식의 중요한 특징들 중 하나에 지나지 않는다.

그러나 요즈음 들어 'unconscious'(무의식)나 'nonconscious'(비의식) 같은 표현들이 주류 잡지들에 점점 더 빈번하게 등장하고 있다. 대부분이 우리의 눈에 보이지 않는 곳에서 일어나는, 환경에 대한 적응력이 뛰어나고 정교한 정신 과정이 하나둘 확인되면서 어떤 그림이 그려지고 있다. 정말로, 일부 연구원들은 아주 멀리까지 나아가면서 무의식적인 정신이 사실상 모든 일을 처리하고, 의식적인 정신은 하나의 착각일 수도 있다는 주장까지 내놓고 있다. 모든 학자들이 의식적인 사고를 '부수 현상설'(附隨現象說)(epiphenomenalism: 의식은 단순히 뇌의 생리적 현상에 따른 것이라는 주장/옮긴이)의 쓰레기 더미로 던져 버릴 준비가 되어 있지 않다 하더라도, 비(非)의식적인 사고와 감정, 동기 부여의 중요성에 대해 그 전 어느 때보다도 의견의 일치가 더 많이 이뤄지고 있다.

이렇듯 과학적 심리학이 무의식의 연구로 관심을 돌림에 따라, 실험 심리학자들과 정신분석 학자들 사이의 간극도 상당히 좁혀졌다. 그렇다고 그 간극이 완전히 메워진 것은 아니다. 현대적인 적응 무의식은 정신분석에서 말하는 무의식과 같지 않은 것이 확실하다.

적응 무의식 대 프로이트의 무의식

프로이트는 관점을 자주 바꾸었다. 그 중에서 가장 주목할 만한 변화는 그가 1923년 『에고와 이드』(The Ego and the Id)를 발표하면서 정신의 '위상(位相) 모델'(topological model: 프로이트가 1900년에 정신을 의식과 무의식, 전(前)의식 등 3가지 영역 또는 체계로 나눈 것을 말한다/옮긴이)로부터 구조주의 이론으로 바꾼 것이다. 현대의 정신분석학에도 학파가 여러 개 있다. 학파마다 무의식적 욕구와 대상 관계(object relation: 사람이 태어날 때부터 혼자가 아닌 까닭에 대상을 추구하며 맺는 관계를 말한다/옮긴이), '자아 기능'(ego function: 충동 조절 능력, 대처 능력, 감정 이입 능력, 정서 통합 능력 등 자아의 다양한 작용을 말한다/옮긴이)을 강조하는 정도가 다 다르다. 적응 무의식이라는 현대적 견해와 프로이트의 무의식을 비교하는 것은 마치 움직이고 있는 표적들을 겨냥하는 것과 비슷하다. 그럼에도 불구하고, 두 개의 관점 사이에 명백한 차이점들이 있다.

무의식의 본질은 무엇인가?

프로이트가 정신과 관련해 제시한 위상 모델은 두 가지 종류의 무의식적 정신 과정을 구분했다. 첫째, 사람들은 지금 이 순간에 단순히 주의(注意)의 초점을 받지 않고 있는 생각들을 많이 갖고 있다. 중학교 1학년 때의 수학 선생의 이름도 그런 생각 중 하나이다. 이런 종류의 정보는 전의식에 속한다고 프로이트는 말했다. 그 쪽으로 주의를 돌리기만 하면 언제든 쉽게 의식의 세계로 들어오는 정보들이다.

더 중요한 것은, 정신적 고통의 원인이라는 이유로 의식 밖에 눌려 있는 어린 시절의 원초적인 생각들이 들어 있는 거대한 창고가 있다는 점이라고 프로이트는 강조했다. 이런 종류의 생각들은 어떤 목적을 위해서 억눌러지고 있다. 단순히 우리의 주의가 다른 곳으로 쏠려 있어서 그런 것이 아닌 것이다.

이어서 나온 프로이트의 구조주의 모델은, 무의식적 정신 과정을 이드(id)뿐만 아니라 자아(ego)와 초(超)자아(superego)로도 돌리고 있다는 점에서 더욱 복잡해졌다. 그러나 프로이트는 계속 원초적이고 동물적인 무의식적 사고에 초점을 맞추었으며, 의식적 사고를 보다 합리적이고 보다 정교한 사고로 정의했다.

현대적 관점에 따르면, 무의식에 대한 프로이트의 관점은 지나치게 제한적이었다. 프로이트가 (초기 실험 심리학자인 구스타프 페흐너(Gustav Fechner)를 따르면서) 의식은 정신이라는 빙산의 꼭대기 부분일 뿐이라고 말했을 때, 그는 과녁을 크게 빗맞혔다. 의식은 그 빙산의 꼭대기에 쌓인 눈덩이 하나에 지나지 않을 수도 있다. 인간의 정신은 고차원적이고 정교한 사고의 상당 부분을 무의식으로 넘김으로써 가장 효율적으로 작동한다. 현대의 대형 제트기가 '의식적인' 인간 조종사로부터 인풋을 거의 받지 않거나 전혀 받지 않고도 자동 항법 장치로 거뜬히 날 수 있는 것과 똑같은 이치이다. 적응 무의식은 이 세상이 돌아가는 형국을 파악하고, 위험에 대해 경고를 발하고, 목표를 설정하고, 세련되고 효율적인 행동을 시작하게 하는 임무를 탁월하게 수행하고 있다. 적응 무의식은 효율적인 정신에 반드시 필요하며, 그것이 작동하는 범위도 상당히 넓다. 적응 무의식은 또 단순히 정신의 가족 중에서 떼쓰는 어린애가 아니라, 그런 어린애를 잘 제어하도록 개발된 방어 기제들이다.

무의식은 그 자체로 어떤 정신과 의지를 가진 단일적인 실체가 아니다. 그보다 인간들은 오랜 세월을 두고 진화해 오면서 의식 밖에서 작동하게 된 모듈들(인지 과학에서 정신이 서로 독립적이고, 닫혀 있고, 영역에 따라 다른 역할을 한다는 의미에서 쓰는 표현이다/옮긴이)의 컬렉션을 갖게 되었다. 비록 내가 적응 무의식이라는 표현을 자주 쓸지라도, 그것을 하나의 실체로 규정 지으려는 뜻은 절대로 아니다. 예를 들어, 우리에게는 언어를 쉽게 배우게 하고 언어를 쉽게 사용하게 하는 비(非)의식적인 언어 처리 장치가 있다. 하지만 이 정신 모듈은 사람들의 얼굴을 재빨리 식별하는 능력이나 주변에서 일어나는 일들이 좋은 것인지 나쁜 것인지를 신속히 판단하는 능력과는 비교적 독립되어 있다. 그렇기 때문에 적응 무의식을 인간의 정신 속에 있는 도시 국가들의 집합 정도로 보는 것이 가장 바람직하다. 의식적 자각이라는 커튼 뒤에서 꼭두각시의 줄들을 잡아당기는, 오즈의 마법사 같은 단 한 사람의 난쟁이는 아닌 것이다.

무의식은 왜 존재하는가?

프로이트는 우리의 원초적 충동들이 보다 합리적이고 보다 의식적인 '자기'(self)와 사회 전반에 받아들여질 수 없기 때문에 종종 의식에 닿지 않는다고 주장했다. "원초적인 충동은 전설 속의 타이탄들 중 하나를 떠올리게 한다. 승리를 거둔 신들이 던진 거대한 산에 아득한 태곳적부터 짓눌려 지낸 그 타이탄 말이다." 사람들은 자신의 무의식적 동기와 감정이 어떤 것인지 알지 않기 위해 수많은 방어 기제를 개발했으며, 그 방어 기제들 중 일부(승화)는 다른 것(억압, 반동 형성(反動形成) 등)보다 더 건강하다. 치유 과정에는 건강하지 않은 방어 기제를 철저히 찾아내는 작업과 그것을 극복하는 작업이 포함된다. 이 과정이 지극히 어려운 이유는 사람들이 무의식적 동기와 감정을 꼭꼭 숨기려는 경향을 매우 강하게 보이기 때문이다. 현대적 관점에 따르면, 무의식적 정신 과정이 존재하는 이유는 훨씬 더 간단하다. 사람들은 인지와 기억, 언어의 이해와 같은 기본적인 정신 과정에 자신의 정신 중 얼마나 많은 부분들이 관여하고 있는지를 직접 조사하지 못한다. 이유는 그렇게 조사하는 일 자체가 불안을 야기하기 때문이 아니라 정신의 부분들이 의식적 자각에 닿지 않기 때문이다. 또 의식의 진화에 앞서서 무의식이 먼저 진화했기 때문일 가능성도 상당히 크다.

예를 들어 보자. 사람들에게 어떻게 이 세상을 삼차원으로 지각하는지에 대해 정확히 설명해 달라고 부탁해 보라. 아니면 사람들에게 어떤 사람이 소음처럼 늘어놓는 단편적인 단어들을 어떻게 이해 가능한 문장으로 소화시키는지에 대해 설명해 달라고 부탁해 보라. 아마 대부분의 사람들은 말문이 막혀버릴 것이다. 의식은 능력이 제한적인 시스템이다. 이 세상을 살아가기 위해선 누구나 상당히 많은 양의 정보를 의식 밖에서 처리할 줄 알아야 한다. 칼 융(Carl Jung)은 이미 1920년대에 이런 관점을 받아들였다.

> 무의식에는 또 다른 특징이 있다. 무의식에는 억압당한 것들만 들어 있는 것이 아니다. 의식의 문턱까지 이르지 못한 다른 심리적인 것들도 많이 들어 있다. 이 모든 심리적인 것들이 의식에 닿지 못하는 현상을 억압의 법칙으로만 설명하는 것은 불가능하다. 억압으로 모든 것을 설명할 수 있다면, 예를 들어 어떤 사람이 억압에서 벗어

날 경우에는 그 어떤 것도 까먹지 않는 굉장한 기억력을 확보해야 할 것이다.

두말할 필요도 없이, 프로이트는 융의 말에 동의할 것이다. 이렇게 맞장구쳤을지도 모를 일이다. "그래, 맞아. 하지만 이런 종류의 무의식적 사고는 아무것도 아니야. 그건 기본이야. 사랑과 일과 놀이 같은 가슴과 마음의 문제에 비하면 흥미가 훨씬 덜한, 저차원의 사고이지. 물론, 우리가 그 사고의 깊이를 파악하는 방법 같은 것들에 대해서는 의식적으로 접근하는 것이 불가능해. 우리 몸 속의 소화 기관이 어떤 식으로 작동하는지에 대해 의식적으로 접근하지 못하는 것과 똑같아. 그럼에도 보다 중요하고 보다 고차원적인 정신 과정이 무의식인 이유가 억압 때문이라는 사실은 그대로 유효해. 만약에 억압이나 저항을 우회할 수 있다면, 사람들은 자신의 원초적인 충동과 욕망에 직접 접근할 수 있을 것이지만, 대체로 사람들은 그런 생각과 감정을 자각 밖에 묶어두려고 온갖 노력을 다 기울이고 있어."

이와 반대로, 적응 무의식이라는 현대적 관점은 인간의 정신이 포함하고 있는 흥미로운 요소들, 이를테면 판단과 감정과 자극들이 억압 때문이 아니라 효율성을 높이기 위해 자각 밖에서 일어나고 있다는 입장을 취한다. 정신의 구조가 저차원적인 정신 과정(예를 들면, 지각 과정)의 처리가 의식에 닿지 못하도록 막는 것과 똑같이, 고차원의 심리적 과정과 심리적 상태 중 많은 것이 접근 불가능한 영역에 남아 있다. 인간의 정신은 한꺼번에 엄청난 양의 일들을 수행하도록 설계가 아주 잘 되어 있는 시스템이다. 예를 들면, 의식적으로 다른 무언가에 대해 생각하고 있는 사이에, 자각 밖에 있는 세상에 대해 생각하고 그 세상을 분석함으로써 동시에 많은 것을 성취할 수 있다.

이렇게 말한다고 해서, 일부 생각들의 경우에 너무나 무서운 탓에 사람들이 간혹 그런 생각들을 피할 때가 있다는 주장 자체를 부정하는 것은 아니다. 단지 사람들이 생각이나 감정, 동기에 의식적으로 접근을 피하는 가장 큰 이유가 억압이 아닐 수 있다는 뜻이다. 바로 이 같은 사실이 무의식에 접근할 수 있는 어떤 방법에 대한 암시를 던지는 것이 아닐까? 바로 이 의문이 이 책의 주요 주제 중 하나이다. 이 질문을 절대로 과소평가해서는 안 된다.

프로이트 외의
다른 전문가들이 말하는 무의식

적응 무의식이 프로이트가 생각했던 무의식과 어떻게 다른지 조금 더 쉽게 설명해 보자. 먼저, 역사를 논할 때 즐겨 동원하는 '만약 그런 일이 일어나지 않았더라면 어떻게 되었을까?'라는 물음으로 접근해 보자. 만약 프로이트가 정신분석 이론을 제시하지 않았다면 무의식에 관한 생각들이 어떤 식으로 전개되었을 것인지를 상상하는 것이다. 그렇게 하기 위해서는 프로이트 이전에 무의식적 정신 과정에 관한 사고가 어떤 상태에 있었는지를 간단히 살펴보는 일이 꼭 필요하다.

19세기에는 르네 데카르트(Rene Decartes)의 긴 그림자가 무의식의 본질에 대한 사고에 줄곧 영향을 미쳤다. 데카르트라면 정신과 육체의 명확한 구분으로 가장 잘 알려진 인물이 아닌가. 그날 이후로 소위 말하는 '데카르트의 이원론', 즉 '정신-육체' 문제가 철학자들과 심리학자들을 사로잡았다. 한편, 많은 사람들은 정신과 육체가 서로 다른 법칙을 따르는 별도의 실체라는 주장에 당당히 반대했다. 오늘날에는 자신이 이원론자라고 주장하는 철학자나 심리학자들은 거의 없다. 실제로 미국 아이오와 대학의 안토니오 다마지오(Antonio Damasio) 같은 학자는 "육체와 정신을 분리시킨 것"을 "데카르트의 실수"라고 규정하고 있다.

데카르트는 실수를 하나 더 저질렀다. 사람들에게 널리 알려져 있지 않지만, 그렇다고 해서 폐해가 결코 덜할 수 없는 실수다. 그는 정신에게 물리 법칙과 무관한 특별한 지위를 부여하는 데서 그치지 않았다. 거기서 더 나아가, 그는 정신을 의식에만 국한시키는 실수를 저질렀다. 사람들이 의식적으로 생각하는 것만이 정신이라고 주장한 것이다. 정신에는 그 외의 다른 것은 절대로 있을 수 없다는 입장이었다. 데카르트는 이런 식으로 사고와 의식을 동일시함으로써 무의식적 사고의 가능성을 단칼에 잘라 버렸다. 헝가리 출신의 영국 작가 아서 쾨슬러(Arthur Koestler: 1905-1983)에 의해 "데카르트의 대재앙"으로, 과학자 랜설럿 화이트(Lancelot Whyte: 1896-1972)에 의해 "인간 정신이 저지른 근본적인 실책의 하나"로 비난 받은 주장이었다. "데카르트의 학설이 심리학을 황폐화시켰고, 그것을 치유하는 데 3세기의 세월이 걸렸다."는 쾨슬러의 말은 상당한 호소력을 지닌다.

데카르트의 큰 실수에도 불구하고, 파스칼(Blaise Pascal)과 라이프니츠(Gottfried Wilhelm Leibniz), 셸링(Friedrich Wilhelm Joseph Schelling), 헤르바르트(Johann Friedrich Herbart) 같은 상당수의 19세기 유럽 이론가들이 비(非)의식적인 지각과 사고의 존재를 가정하기 시작했다. 여기서 특별히 언급하고 넘어가야 할 사람들은 비(非)의식적 정신 과정이라는 아이디어를 떠올린 영국 의사들과 철학자들이다. 이들은 데카르트에 공개적으로 반대하는 입장을 보였다. 그들의 주장은 오늘날의 적응 무의식에 대한 인식과 놀랄 정도로 비슷하다.

선견지명이 있었던 이론가들, 특히 윌리엄 해밀턴(William Hamilton: 1788-1856)과 토머스 레이콕(Thomas Laycock: 1812-1876), 윌리엄 카펜터(William Carpenter: 1813-1885)는 적응 무의식이라는 현대적 이론의 부모라고 불려도 전혀 손색이 없다. 이들은 인간의 지각과 기억, 행동 중 상당히 많은 것들이 의식적인 숙고나 의지 없이 일어난다는 사실을 관찰했으며, 인간의 정신에 '정신적 잠복(mental latency)'(해밀턴), '무의식적 뇌 작용(unconscious cerebration)'(카펜터), '뇌의 반사적 활동(reflex action of the brain)'(레이콕)이 있음에 분명하다고 결론을 내렸다. 이들이 무의식적 정신 과정을 묘사한 대목을 보면, 오늘날의 관점과 놀랄 정도로 비슷하다. 정말로, 그들의 저작물 중 일부를 인용해 따로 읽으면 현대의 심리학 잡지에 실린 논문으로 쉽게 착각을 일으킬 수 있다.

* 저차원의 정신 과정은 자각 밖에서 일어난다: 해밀턴과 카펜터, 레이콕은 인간의 지각 체계가 대부분 의식의 자각 밖에서 이뤄

진다는 사실을 관찰했다. 독일 의사 헤르만 헬름홀츠(Hermann Helmholtz: 1821-1894)도 이런 관찰을 했다. 이런 관점은 지금은 보편적인 것으로 통하지만, 당시에는 폭넓게 받아들여지지 않았다. 두말할 필요도 없이 데카르트의 이원론 때문이었다. 이 관점은 현대 심리학자들 사이에도 1950년대에 이르러 인지 혁명이 일어나고 나서야 광범위하게 받아들여지게 되었다.

* 동시에 주의를 두 곳에 쏟을 수 있다: 윌리엄 해밀턴은 사람들이 비(非)의식적으로 다른 것을 처리함과 동시에 의식적으로 또 다른 일에 관심을 쏟을 수 있다는 사실을 관찰했다. 그가 예로 제시한 사람은 자신의 생각이 다른 주제로 옮겨 다니는 가운데서도 글을 큰 소리로 읽을 수 있었다. "책을 큰 소리로 읽는다고 가정해 보자. 그런데 그 낭독이 재미가 없다. 그런 경우에 당신은 책을 계속 큰 소리로 읽고 있지만 당신의 생각은 그 책의 주제에서 완전히 벗어나 따로 움직일 것이다. 그때 당신은 아마 명상의 열차에 마음을 싣고 있을지 모른다. 그래도 책읽기는 전혀 아무런 방해를 받지 않으며 구두점까지 정확하게 파악한다. 그와 동시에 명상도 정신적 산만함이나 피로를 느끼지 않는 가운데 순탄하게 이뤄진다." 해밀턴의 관찰은 1세기 후에 등장한 '선택적 주의력'이라는 막강한 이론의 바탕이 되어주었다.

* 사고의 자동성: 19세기의 이론가들은 사고가 의식적으로 주의를 전혀 기울이지 않는 가운데서도 자각 밖에서 저절로 일어날 정도로 습관적일 수 있다고 주장했다. 1970년대까지 심리학계에서 공식적으로 제기되지 않은 아이디어였다. 윌리엄 카펜터의 경우에 이렇게 말

했다. "'사고의 메커니즘'이라 불릴 수 있는 것을 면밀히 관찰할수록, 그 메커니즘 안에서 자동적인 작용뿐만 아니라 무의식적 작용도 상당히 많이 일어나고 있다는 사실이 더욱 명백해진다."

* 비의식적 정신 과정에 그 사람의 편견이 숨어 있다: 적응 무의식의 특징 중에서 가장 흥미로운 것 하나는 적응 무의식이 고정 관념을 이용해 타인들을 분류하고 평가한다는 사실이다. 윌리엄 카펜터가 1세기도 더 전에 이것을 예언했다. 사람들이 비(非)의식적인 습관적 '사고의 경향들'을 발달시키고, 이런 사고의 유형들이 "의식보다 더 강력한 무의식적인 편견"을 낳을 수 있으며, "그런 무의식적 편견들은 우리가 의식적으로 제거할 수 없기에 훨씬 더 위험하다"고 주장했던 것이다.

* 자기 자신의 감정에 대해 잘 모른다: 적응 무의식에 관한 주장 중에서 논란의 여지가 가장 많은 대목이 바로 적응 무의식이 사람들이 자각하지 않는 감정과 편향을 낳을 수 있다는 주장이다. 카펜터는 감정적 반응의 경우에 우리가 그것으로 주의를 옮기기 전까지는 자각 밖에서 일어날 수 있다고 주장했다. "사람들과 대상들을 향한 우리의 감정은 우리가 자각하지 않는 가운데 매우 중요한 변화를 겪을 수 있다. 우리가 자신의 정신 상태에 직접 주의를 기울이기 전까지는 그런 감정 변화를 전혀 알아차리지 못할 수 있다."

* 비(非)의식적인 자기: 우리의 인격 중 핵심적인 부분들은 눈에 보이지 않는 곳에 자리 잡고 있는가? 그래서 우리가 자신이 어떤 존재

인지를 말해줄 중요한 정보에 접근하지 못하는 것인가? 윌리엄 해밀턴은 어린 시절에 몸에 배게 된 버릇들이 그 사람의 성격의 한 부분이 되는 과정에 대한 글을 많이 썼다. 이런 정신 과정들이 그 사람이 의식적으로 접근하지 못하는 '무의식적 자기'를 구성하는 것으로 여겨졌다. 그 후 100년 이상 동안 심리학에서 다시 나타나지 않은 아이디어였다.

이처럼 앞섰던 해밀턴과 레이콕, 카펜터의 연구들이 왜 대부분 잊히게 된 것일까? 이 물음에 대한 대답은, 이 학자들의 무의식과 너무 다른 프로이트의 무의식에 가로막혀, 이런 주장들이 심리학의 중심 무대로 얼굴을 내밀 기회조차 제대로 갖지 못했기 때문이다. 과문한 탓인지 몰라도, 프로이트가 이런 이론들을 인용하거나 언급한 적은 한 번도 없었다. 만약 프로이트가 이들의 글에 대해 알고 있었다면, 그는 아마 이들의 아이디어를 동적이고 또 억압적인 '무의식'과는 전혀 아무런 상관이 없는 것으로 보았을 것이다.

그러나 만약에 프로이트가 정신분석 이론을 제시하지 않았다면 어떻게 되었을까? 19세기 빈의 반(反)유태주의가 이제 막 생리학을 연구하는 대학 교수로서 꽃망울을 피우려던 프로이트의 경력을 가로막지 않아서 그가 계속 물고기 척수를 검사했다고 상상해 보라. 아니면 프로이트가 1884년에 실험을 하던 코케인에 중독되어 버렸다고 가정하거나, 그가 히스테리의 원인에 관한 연구를 함께 한 요제프 브로이어(Josef Breuer)를 만나지 않았다고 생각해 보라. 어느 인생이나 다 그렇듯, 프로이트에게도 커리어를 바꿔 놓을 일들은 수없이 많았다.

실험 심리학이 두 가지 중요한 측면에서 정신분석적인 사고의 영향을 받지 않은 하나의 학문으로 시작되었다고 상상해 보자. 그러면 첫째로, 연구원들이 역동적인 무의식에 관한, 실험하기 어려운 사상들을 멀리할 필요성을 전혀 느끼지 않았을 것이다. 그들은 레이콕과 카펜터, 해밀턴이 했던 것과 똑같은 방법으로 비(非)의식적인 사고를 자유롭게 이론화했을 것이다. 즉, 비(非)의식적인 사고를 효율적이고 정교한 정보 처리 시스템의 집합체로 보았을 것이다. 둘째, 연구원들이 정신을, 심지어 무의식적인 부분들까지도 실험 기법들을 동원하며 자유롭게 조사했을 것이다.

프로이트의 유산 중 중요한 한 부분은 정신을 연구하는 수단으로 과학적인 방법을 거부한 점이다. 프로이트는 무의식적인 정신 과정의 복잡한 본질은 통제된 실험에서는 결코 연구될 수 없으며 오직 세심한 임상 관찰을 통해서만 밝혀질 수 있다고 믿었다. 물론, 빈틈없는 임상 관찰을 통해서도 아주 많은 것을 알아낼 수 있지만, 심리학자들은 곧 이 같은 방법론적 한계를 느끼지 않고 정신 과정을 실험적으로 연구하는 쪽으로 관심을 돌렸을 것이다.

프로이트 학파가 나타나지 않았더라도, 무의식에 관심이 컸던 전문가들은 정신을 그 어떤 방법으로도 연구할 가치가 없는 것으로 본 행동주의 심리학자들과 맞서 싸워야 했을 것이다. 그러나 20세기 초반과 중반에 행동주의 심리학이 그렇게 번성할 수 있었던 이유는 그것이 개념과 연구 방법 등의 측면에서 흐릿하다는 비난을 들었던 정신분석학에 대한 과학적 대안을 제시했기 때문이다. 이런 배경이 없었더라면, 비(非)의식적인 정신을 포함해 정신도 과학적으로 연구될 수 있다는 사실을 심리학계가 훨씬 더 빨리 깨달았을 수 있다.

이왕 시작한 공상의 나래를 조금 더 펼친다면, 인지 심리학자들과 사회 심리학자들은 정교하고 적응력이 뛰어난 무의식에 더욱 정교하게 다듬은 실험 기법을 더 빨리 응용할 수 있었을 것이다. 정신분석이 실험 심리학의 앞길에 놓은 이론적, 방법론적 장애물의 방해를 받지 않는 가운데, 적응 무의식을 연구하고 이론화하는 작업이 더욱 활발하게 전개되었을 것이다.

이 같은 가상의 역사는 무의식을 이론화하는 작업에 프로이트의 이론이 반드시 필요하다고 느끼는 사람들에게 언짢게 들릴 것이 틀림없다. 브루클린 칼리지의 매튜 어델리(Matthew Erdelyi)와 에모리 대학의 드류 웨스턴(Drew Westen) 같은 이론가들은 무의식에 관한 현대적 사고의 발전에 정신분석이 결정적인 역할을 했다는 주장을, 현대의 연구들 대부분도 무의식적 사고의 본질에 대한 프로이트의 통찰을 더욱 강하게 뒷받침한다는 주장을 설득력 있게 펴고 있다.

프로이트의 가장 위대한 통찰이 무의식적 사고가 광범위하게 작용하고 있다는 점을 간파한 것이라는 점에는 나도 동의한다. 우리는 무의식적인 정신의 본질을 창의적으로 끈질기게 추적한 그의 노력에 엄청나게 큰 빚을 지고 있다. 역동적이고 유아기에 형성되고 정교한 프로이트의 무의식의 중요성을 부정하기는 어렵다. 부분적인 이유는 정신분석적 이야기가 너무나 매력적이고 또 너무나 많은 것을 설명하기 때문이다.

프로이트의 정신분석 이론이 나오지 않았을 경우를 가상해 이야기를 풀어본 것은, 단지 그 이론이 무의식에 관한 유일한 설명은 아니라는 점을 쉽게 보여주기 위한 노력이었을 뿐이다. 또 정신분석이 지성계를 그처럼 압도적으로 지배하지만 않았더라도 우리가 지금 논의하고 있는 이론들을 훨씬 더 빨리 발견했을 수 있었다는 점을 보여주고 싶었을 뿐이다.

적응 무의식에 관한 이야기가 무의식적 정신 과정에 관한 흥미로운 이야기를 모두 배제하는 것으로 비칠 수도 있을 것 같다. 정신분석 쪽으로 경도된 독자라면 자동적인 정보 처리를 강조하는 적응 무의식이 메마르고, 감정이 없고, 최악의 경우에 지루하다는 느낌을 받을 수 있다. 프로이트 학파가 말하는 무의식은 독창적이고 정교하고 섹시하기까지 하며, 적어도 소포클레스 이래로 위대한 문학의 주제가 되어 왔다. 그러나 정신의 자동 조종 장치에 관한 위대한 연극이나 소설은 거의 없으며, 적응 무의식에만 초점을 맞추는 것은 열정이나 섹스가 배제된 사랑을 이야기하는 것처럼 건조하게 들릴 수 있다.

그러나 이런 시각은 잘못되었다. 프로이트가 중요하게 여긴 일과 사랑을 포함해 인생에서 중요하고 흥미로운 모든 일들에서 적응 무의식이 맡고 있는 역할을 과소평가하고 있기 때문이다. 앞으로 살피겠지만, 적응 무의식은 자잘한 일에만 개입하는 것이 아니라 인생의 모든 국면에서 중요한 역할을 맡고 있다. 적응 무의식을 주제로 한 위대한 문학을 발견하지 못하고 있다는 사실 자체가 정신분석적 사고의 압도적인 영향에 대해 다른 어떤 것보다 더 많은 이야기를 들려주고 있을지 모른다.

그럼에도 무의식에 관한 현대적 관점이 프로이트에 반대하는 것은 아니다. 이 세상을 헤쳐 나가는 데 꼭 필요한, 정교하면서도 효과적인 비(非)의식적인 정신 과정을 갖고 있다고 말한다고 해서 그것이 곧 불쾌한 생각들을 자각 밖에 묶어두려는 역동적인 힘이 작용하고 있다는 점을 부정하는 것은 결코 아니다. 앞으로 여러 장에서, 우리는 프로이트 학파의 냄새를 강하게 풍기면서 억압의 힘이 작용하는 듯이 보이는 현상을 자주 접하게 될 것이다. 그러면 독자들은 "아니, 프로이트가 한 말 아니야?"라는 식의 반응을 보일 것이다. 그런 의문에 대한 대답이 "프로이트 또는 그의 추종자 누군가의 말"인 때가 자주 있을 것이다. 그럼에도, 이런 질문이 우리의 머리를 떠나지 않을 것이다. "그걸 설명하는 데 꼭 프로이트의 이론이 필요한가? 프로이트가 논의한 무의식적 현상들을 조금 더 간단하게 설명할 수는 없는가?"

이런 질문에 대한 대답이 간혹 '역동적이고 억압적인 무의식의 본질에 관한 프로이트의 의견이 옳았다'는 쪽일 때도 있다. 그런 한편으로, 프로이트가 그렇게 말하지 않았음에도 불구하고 그의 추종자 누군가가, 특히 어린 시절의 충동을 강조하는 것을 넘어서서 대상 관계와 자아 기능의 역할을 강조한 누군가가 그렇게 말했다는 식의 대답도 자주 볼 것이다. 그러나 우리는 프로이트가 상상한 것과 매우 다른 거대한 비의식의 체계를 보여주는 증거를 종종 접하게 될 것이다.

더욱이, 프로이트와 그의 추종자들은 기본적인 주장에 있어서도 종종 의견의 불일치를 보였다. 프로이트 본인부터 오랫동안 활동하면서 억압의 본질 같은 중요한 개념을 자주 바꾸었다. 이 대목에서, 그 많은 사상들 중에서 어느 것이 진리인지 우리가 어떻게 알 수 있는가 하는 의문이 자연스레 떠오른다.

현대의 심리학적 접근법의 최대 강점은 정신 현상을 조사할 수 있는 실험 방법을 동원하고 있다는 점이다. 적응 무의식을 연구할 수 있는 매우 현명한 실험 기술이 개발됨에 따라, 적응 무의식에 관한 연구가 폭발적으로 늘어나고 있다. 그 기술 중 많은 것이 여기서 논의될 것이다.

임상 관찰들과 병력(病歷)들은 무의식의 본질에 관한 가설을 얻을 수 있는 풍부한 원천이지만, 우리는 최종적으로 그 가설들을 놓고 더욱 엄격하고 더욱 과학적인 방법으로 검증해야 한다. 따라서 대답이 "그래, 프로이트가 그렇게 말했어."라는 것일 때조차도, 프로이트 또는 그의 추종자들은 완전히 다른 무언가를 말하고 있었을 수도 있다. 황철석(색깔 때문에 종종 금으로 오해를 받는다/옮긴이)과 진짜 금덩어리를 구분하는 것은 오직 실증적으로 연구하는 마인드를 가진 심리학자들의 활동을 통해서만 가능하다.

자기 통찰을 위한 암시들

프로이트의 접근법과 현대적 접근법 사이에 두드러지는 또 다른 차이점은 자기 통찰을 이루는 방법에 대한 견해에 있다. 정신분석도 자기 지식에 이르는 길은 안으로 향한다는 가정을 다른 많은 접근법들과 공유하고 있다. 정신분석은 더 나아가 주의 깊은 내적 성찰을 통해서 자신의 진정한 감정과 동기를 가리고 있는 안개를 관통할 수 있다고 주장한다. 어느 누구도 그런 성찰이 쉽다고 주장하지 않는다. 사람들은 억압과 저항의 장벽들을 알아보고 그것들을 제거할 수 있어야 한다. 그러나 그런 통찰이 종종 치료사의 도움으로 성취될 때, 사람들은 자신의 무의식적 욕망에 직접 접근한다. 프로이트의 딸로 아동 정신분석학의 창시자인 안나 프로이트(Anna Freud)는 "무의식적인 것을 의식 속으로 끌어내는 것이 정신분석가의 임무이다."라고 말했다. 모든 형태의 통찰 치료가 공유하는 가정이다.

그러나 한 가지 문제가 있다. 적응 무의식에 관한 연구 결과들을 보면, 우리가 보기를 원하는 것들 중 많은 것이 절대로 보일 수 없는 것이라는 점을 암시하다. 사람의 정신은 놀라울 정도로 정교하고 효율적인 도구이다. 지금까지 선보인 그 어떤 컴퓨터보다도 훨씬 더 멋진 도구이다. 그런 정신이 지닌 거대한 힘의 중요한 원천은 엄청나게 많이 밀려오는 정보들을 순식간에 비(非)의식에서 분석하고 그 정보에 효과적으로 대응할 줄 아는 바로 그 능력이다. 심지어 의식적인 정신이 다른 일로 바쁠 때조차도 우리는 다양한 정보들을 해석하고 평가하여 우리의 목적에 부합하는 정보를 골라낼 수 있다.

그건 멋진 소식이다. 나쁜 소식은 우리가 자기 자신을 아는 것이 어렵다는 사실이다. 왜냐하면 우리가 아무리 노력한다 하더라도, 적응 무의식에 직접적으로 접근할 수 있는 길은 어디에도 없기 때문이다. 우리 인간의 정신이 대부분 의식 밖에서 작동하도록 진화해 왔고 또 비의식적인 정신 과정이 뇌 구조의 일부를 이루고 있는 까닭에, 비의식적인 정신 과정에 직접 접근하는 것은 불가능할지 모른다. "무의식을 의식으로 만드는 것"은 컴퓨터의 워드 프로세싱 프로그램을 통제하는 '어셈블리 언어'를 읽고 이해하는 것보다 절대로 더 쉬운 일이 아니다.

따라서 내면을 들여다봄으로써 적응 무의식을 연구하려고 노력하는 것은 쓸데없는 일일 수 있다. 바깥으로 드러나는 우리의 행동을 관찰하고, 다른 사람들이 우리에게 반응하는 모습을 살피고, 그것을 바탕으로 멋진 이야기를 엮어냄으로써, 우리의 내면에 숨어 있는 정신의 본질을 추론하는 것이 더 바람직할 때가 자주 있다. 자기 자신에 관한 스토리를 멋지게 쓰는 최선의 방법이 반드시 숨겨진 감정과 동기를 찾아내려고 노력하면서 쓸데없는 내성(內省)에 빠지는 것은 아니다.

실제로 자신의 내면을 지나치게 살피는 경우에 오히려 역효과를 초래할 수 있다는 증거가 있다. 자신의 감정을 살피는 것이 그 사람으로 하여금 현명하지 못한 결정을 내리게 하고, 또 자신의 감정에 대해 혼란만 더 키우게 만드는 예를 살펴볼 것이다. 여기서 분명히 밝혀두지만, 나는 모든 종류의 내성을 비난하지 않는다. "성찰하지 않는 삶은 살 가치가 없다."고 목소리를 높였던 소크라테스는 부분적으로 틀렸다. 중요한 것은 사람들이 행하는 자기 성찰의 종류이다. 밖으로 드러나는 자신의 행동을 살피고 타인들이 당신에게 어떤 식으로 반응하는지를 살피려는 노력과 당신 자신의 내면을 들여다보려는 노력이 어느 정도 조화를 이루고 있는가 하는 문제가 매우 중요하다.

제2장

적응 무의식

나는 조금도 망설이지 않고 주장할 것이다.
우리가 의식하고 있는 것들은 모두
우리가 의식하지 못하는 것들 위에 구축되어 있다고.
말하자면, 우리의 모든 지식은 알려지지 않은 것들과
인식할 수 없는 것들로 이뤄줘 있다는 뜻이다.

-윌리엄 해밀턴 경(1865)

의식 밖에서 생명의 거대한 물결이 파도를 일으키고 있다.
아마도 우리에게는 그 물결이 이해력의 범위 안에 자리 잡고 있는,
생각들의 작은 섬보다 더 중요할 것이다.

-E. S. 댈러스(1866)

여기서 잠깐 의식적인 경험을 묘사하는 것이 얼마나 어려운 일인지를 고려해 보자. 그것이 힘든 이유는 간단하다. 우리가 우리 자신이 아닌 다른 사람들의 의식 상태를 직접적으로 관찰할 수 있는 길이 전혀 없기 때문이다. 내가 나 자신의 주관적 경험이 당신의 경험과 비슷하다고 어떻게 자신 있게 말할 수 있겠는가? 물론, 우리는 자신의 생각과 느낌을 다른 사람에게 묘사하려고 노력할 수 있지만, 그때 우리가 사용하는 단어들이 서로 똑같은 대상을 언급하고 있는지를 알 수 있는 길은 절대로 없다. 내가 경험한 빨강과 당신이 경험한 빨강이 똑같은지를 알 길이 없는 것처럼 말이다.

이런 수수께끼에도 불구하고, 우리는 이해되고 있는 어떤 현상이 있다는 점에는 적어도 동의할 수 있다. 우리는 의식 같은 것이 존재한다는 것을 알고 있다. 이유는 우리 모두가 직접 그것을 경험하고 있기 때문이다. 더욱이, 의식의 내용물들 중 일부에 대해 의견의 일치를 보일 수 있다. 우리 대부분은 감정이 의식적인 경험의 중요한 부분을 이룬다는 점에 동의할 것이다. 왜냐하면 우리 모두가 사랑과 화와 공포를 느끼기 때문이다. 의식은 이미지들의 정신적 투영을 수반한다는 사실에도 동의할 것이다. 왜냐하면 누군가가 "닥스훈트 종의 개를 생각해 보라."고 부탁하는 경우에, 우리가 쉽게 그 개의 이미지를 떠올리기 때문이다. 그러나 당신이 머릿속에 떠올리고 있는 개의 이미지가 내가 그리고 있는 닥스훈트 종의 개의 이미지와 비슷한지를 알 수 있는 길은 전혀 없다. 그럼에도 불구하고, 우리는 그런 이미지들을 의식이라는 극장의 스크린에 비출 수 있다는 점에는 적어도 동의한다.

적응 무의식을 묘사하는 것은 이보다 훨씬 더 어렵다. 이유는 한마디로 말해서 우리가 그것을 직접적으로 경험하지 못하기 때문이다. 만약에 당신이 나에게 "다른 사람의 생김새에 대해 비(非)의식적으로 짐작했던 최근의 예를 생각해 보라."라고 부탁한다면, 내가 당신에게 할 수 있는 최선의 대답은 멀뚱한 시선을 보내는 것뿐일 것이다. 우리의 눈에 보이지 않는 정신의 각 부분들을 묘사하는 작업은 신장이나 뇌의 작동을 묘사하는 것만큼이나 어렵다. 아니, 실제로는 정신을 묘사하는 것이 백배 더 어렵다. 적응 무의식을 사진으로 찍을 수 있는 MRI(자기 공명 영상) 기계가 없기 때문이다. 그러므로 직접 관찰할 수 없는 정신의 각 부분들을 묘사하는 가장 멋진 방법은 비의식적인 정신을 잃게 될 때 벌어지는 일들을 묘사하는 것이다.

무의식이 휴가를 떠나다

무서운 병을 앓고 있는 어떤 사람이 토요일 아침에 잠자리에서 일어나는 모습을 한번 그려 보자. 이 사람의 정신 중에서 무의식적인 부분이 기능을 멈춰 버렸다. 이제 그에게는 생각과 감정과 행동을 안내할 정신이 의식밖에 없다. 말하자면 '의식하고 있는 것만 들어 있는 머리'가 된 것이다. 이제 이 사람은 세상을 어떻게 살아가야 하는가?

이런 질문을 3세기 전에 데카르트에게 던졌다면, 그는 아마 이 사람의 하루도 다른 사람의 하루와 비슷하다고 대답했을 것이다. 우리가 자각하는 것은 곧 우리가 생각하는 것이라는 뜻이다. 데카르트가 이런 식으로 대답해야 했던 이유는 의식 외에 다른 정신 과정은 하나도 없다고 생각했기 때문이다. 20세기 초의 심리학자들 상당수와 오늘날의 완고한 학자들 몇 명은 무의식적 사고 같은 것은 절대로 없다고 주장하면서 데카르트의 말에 동의할 것이다. 데카르트에게 경의를 표한다는 뜻으로, 우리는 비의식적 정신을 잃어버린 사람을 '미스터 D'라고 부를 것이다.

데카르트의 말이 틀렸다는 것이 금방 드러날 것이다. 미스터 D의 하루는 다른 사람의 하루와 절대로 같을 수 없다. 침대를 빠져 나오는 일부터 다른 사람들과 다르다. 우리 인간에겐 '고유 감각'(자신의 신체의 위치나 자세, 평형, 운동 등에 대한 감각을 말한다/옮긴이)이라 불리는 여섯 번째 감각이 있다. 고유 감각은 사람들이 자신의 근육과 관절과 피부 등으로부터 끊임없이 받는 피드백이다. 자신의 몸과 팔다리의 위치에 대하여 보내주는 신호인 것이다.

우리는 이 피드백이 있다는 사실조차 느끼지 못한 채 끊임없이 이 피드백을 체크하며 우리의 몸의 자세를 조정한다. 예를 들어, 왼쪽 팔을 들어올릴 때면 몸의 균형을 맞추기 위해 어느 정도의 체중을 몸의 오른쪽으로 옮긴다. 그런 식으로 무게 중심을 옮기지 않을 경우에 한쪽으로 위험스럽게 기울어질 것이다.

매우 드물긴 하지만, 사람들이 고유 감각을 잃는 경우가 있다. 그 결과는 엄청나게 고통스럽다. 내과 의사 조너선 콜(Jonathan Cole)은 열아홉 살 때 신경에 손상을 입어 고유 감각을 몽땅 잃어버린 아이언 워터먼이라는 환자의 상태를 기록으로 남겼다. 워터먼은 '오즈의 마법사'에 나오는, 이제 막 기둥에서 풀려난 허수아비와 비슷했다. 이 환자는 똑바로 서 있으려고 애를 쓰는데도 그만 사지가 뒤엉킨 채 바닥으로 쓰러진다. 그는 팔다리에 주의력을 집중해야만 팔다리를 제대로 움직일 수 있다. 그러나 다른 곳으로 조금이라도 한눈팔면 팔이나 다리가 통제 불능 상태에 빠진다.

엄청난 용기와 눈물나는 노력을 쏟은 결과, 미스터 워터먼은 자신의 무의식적인 고유 감각 대신에 의식적인 주의력을 동원함으로써 자신의 몸에 대한 통제력을 일부 되찾을 수 있었다. 그는 자신을 매우 유심히 살피면서 걷는 방법을 배우고, 혼자 옷을 갈아입는 방법을 배우고, 자동차를 운전하는 방법까지 터득했다. 그는 한 순간도 자기 자신에게서 눈을 떼지 않았다. 자신의 몸을 보고 있지 않으면 즉시 곤경에 처하게 되기 때문이다. 어느 날 그가 부엌에 서 있는데 갑자기 전기가 나가면서 온 공간이 어둠에 묻혀 버렸다. 그 순간, 미스터 워터먼은 부엌 바닥에 쓰러졌다. 자신의 몸을 볼 수 없었던 탓에 더 이상 몸을 통제할 수 없게 되었던 것이다.

삶에 매우 소중한 이 감각 체계를 우리는 전혀 자각하지 않고 있다. 우리는 가만히 서서 눈을 감고도 몸의 균형을 이룰 수 있다. 아무런 노력 없이 그런 균형을 이루는 것 같지만, 실은 우리의 내면에서 정신이 복잡하게 작용하고 있는 덕분이다. 그럼에도, 우리는 그런 정신 과정에 대해서는 전혀 느끼지 못한다. 그 감각 체계가 얼마나 소중한지를 절실히 느끼는 때는 미스터 워터먼의 경우처럼 숨어 있던 고유 감각을 상실하게 되는 때이다.

고유 감각은 비(非)의식적인 상태에서 일어나는 많은 감각 체계들 중 하나일 뿐이다. 비의식적인 정신의 중요한 한 가지 역할은 우리가 감각을 통해 받아들이는 정보들을 정리하고 해석하는 데 있다. 광선과 음파를 우리가 알아보거나 들을 수 있는 이미지와 소리로 바꾸는 것이다. 우리는 침대 옆에 놓인 의자가 장롱보다 가깝다는 사실을 눈으로 볼 수 있다. 그런 때에도 우리의 뇌가 망막을 때린 광선을 어떻게 깊이로 인식하는지에 대해서는 전혀 알지 못한다. 만약에 비의식에서 이뤄지고 있는 이런 계산이 어느 순간에 멈춰버린다면, 이 세상은 3차원의 의미 있는 이미지로 정리되지 못하고 화소(畫素)와 색깔이 뒤범벅이 된 하나의 덩어리로 보일 것이다.

실은 사람에게 의식적인 정신만 있는 경우에 이 세상이 어떤 모습으로 변할 것인지를 상상하는 것 자체가 말이 되지 않는다. 이유는 의식 자체가 눈에 보이지 않는 정신 과정에 의존하고 있기 때문이다. 우리는 비의식적인 정신 없이는 의식의 상태가 될 수 없다. 컴퓨터를 예로 든다면, 하드웨어와 소프트웨어의 정교한 시스템이 없는 경우에 스크린에 어떤 이미지도 나타나지 않는 것과 똑같다.

그럼에도 불구하고, 우리의 실험을 조금 더 밀고 나가면서 미스터 D와 같은 처지에 놓이면 어떤 일이 벌어질 것인지를 탐구함으로써 비의식적인 사고의 중요성을 쉽게 설명할 필요가 있다. 이제 미스터 D에게 지각 체계의 이용을 허용하고, 그가 어떻게 변하는지를 보도록 하자.

미스터 D가 TV를 켠다. 마침 앵커가 "Jones threw his hat into the ring last night, a year before the first presidential primary(존스가 어젯밤에 출사표를 던졌다. 대통령 첫 예비 선거가 있기 1년 전에.)"라는 뉴스를 전하고 있다. 당신이라면 이 문장을 읽을 때 단어마다 잠깐씩 쉬면서 당신의 정신 속의 사전을 뒤질 필요가 없을 것이다. 의미가 즉각 당신의 머릿속에 떠오르기 때문이다. 그러나 미스터 D에겐 단어들의 뜻을 전광석화처럼 빨리 찾을 수 있는 능력이 없다. 그는 단어를 접할 때마다 각 단어의 의미를 어렵게 찾아야 한다. 비의식적인 정신 과정의 도움이 없는 상황에서 그가 정신 속의 사전에 접근할 수 있는지조차도 분명하지 않다. 그럼에도 불구하고, 단지 예로서 그가 그렇게 할 수 있다고 가정해 보자.

당신의 경우에 "threw his hat into the ring"이라는 단어를 읽을 때면, 의식적으로 다른 의미들을 전혀 떠올리지 않는 상태에서 틀림없이 그것이 존스가 대통령 후보에 출마한다고 선언했다는 의미로 다가올 것이다. 존스가 서커스를 보러 갔다가 춤추는 코끼리를 보고는 그 중 한 마리가 자신의 중절모를 쓰면 멋져 보이겠다고 판단했을 수 있다는 생각 따위는 머릿속에 아예 떠오르지 않을 것이다.

물론, 당신도 그런 일은 있을 수 없다고 생각할 것이다. 앵커가 뜻하는 바가 너무나 분명하기 때문이다. 그러나 왜 그 말이 그렇게 확실한가? 대통령 예비선거에 관한 말이 모자를 던지는 행위에 관한 표현 다음에 나왔다. 모자를 던지는 행위에 관한 첫 부분을 들었을 때엔 당신도 앵커가 무슨 말을 하는지 전혀 알 길이 없었다. 당신은 전체 문장을 다 읽은 다음에 다시 앞으로 돌아가서 단어들에 가장 적절한 의미를 부여해야 했을 것이다. 이 모든 것이 눈 깜빡할 사이에 비의식적으로 이뤄졌다. 실제로 보면 엄청 모호한 문장임에도 불구하고, 당신은 그 문장을 해석하고 있다는 사실조차 자각하지 못한 채 그렇게 해석했다. 그런데 어쩌나, 가엾은 미스터 D는 단어 하나를 접할 때마다 잠시 멈춰 서서 단어의 다양한 의미들을 떠올리면서 그 단어가 사용된 맥락에서 어떤 의미를 적용해야 하는지 고민해야 할 것이다. 그가 그 문장의 뜻을 다 파악할 때면, 앵커는 뉴잉글랜드로 접근하고 있는 무서운 열파(massive heat wave)에 관한 다음 뉴스를 전하고 있으면서 미스터 D가 쓰나미가 매사추세츠 주를 덮칠 것인지 고민하도록 할지 모른다.

요약하면, 우리의 지각 체계와 언어 체계, 운동 체계를 작동시키는 정신 과정들은 대부분 자각 밖에서 움직인다. 대통령이 보지 않는 곳에서 작동하는 연방 정부의 거대한 활동과 아주 비슷하다. 만약 행정 부처의 하급 공무원들이 몽땅 일을 하지 않는다면, 행정부 일은 거의 처리되지 못할 것이다. 마찬가지로, 만약 어떤 사람의 지각 체계와 언어 체계, 운동 체계가 작동을 멈춘다면, 그 사람은 자신의 기능을 제대로 발휘하기가 어렵다는 사실을 깨달을 것이다.

하지만 우리를 인간적인 존재로 만드는 고차원적인 기능들, 즉 생각하고 추론하고 숙고하고 창조하고 느끼고 결정하는 능력은 어떤가? 인간의 정신을 합리적으로 그리면 이런 그림이 된다. 저차원의 기능들(예를 들면, 지각과 언어 이해)은 보이지 않는 곳에서 이뤄지는 반면에, 보다 고차원적인 기능(예를 들면, 추론과 사고)은 의식적으로 이뤄진다. 앞에서 행정부를 빌렸던 설명을 조금 더 들어 보자. 하급 관리들(비의식적인 정신)은 정보를 수집하고 명령을 따른다. 하지만 그렇게 수집한 정보를 놓고 깊이 생각하고 결정을 내리고 정책을 마련하는 사람들은 대통령과 각료 같은 고위 관리들이다. 이 고위 관리들은 언제나 의식적이다.

정신의 풍경을 이런 식으로 그리는 경우에, 비의식적인 정신 과정의 역할에 대해 지나치게 과소평가하는 셈이 된다. 왜 그런지 쉽게 설명하기 위해서, 여기서 한 번 더 결정적인 양보를 하면서 미스터 D에게 '저차원'의 지각 능력과 운동 능력, 언어 능력(언어의 복잡성, 그리고 문어와 구어로 신속하고 효율적으로 의사를 교환할 줄 아는 인간의 엄청난 능력을 감안한다면 이건 정말로 큰 양보다)을 사용하는 것을 허용하도록 하자. 이것들 외의 다른 비의식적인 정신 과정이 미스터 D에게 없는 경우에 어쨌든 그가 피해를 입게 될까? 아니면 그것으로 미스터 D는 완벽한 인간의 정신을 갖게 될까?

그런 능력을 갖추었음에도 불구하고, 미스터 D는 삶의 모든 국면에서 여전히 상당히 불리한 입장에 처하게 된다. 통상적으로 의식의 영역에 속하는 것으로 생각되는 중요한 임무들 일부는 무의식적으로 수행될 수 있다. 예를 들면, 당신이 주의를 기울일 정보를 결정하고, 그 정보를 해석하며 평가하고, 거기서 새로운 것을 배우고, 당신 자신을 위해서 목표를 설정하는 것이 그런 임무에 속한다.

이런 상황을 고려해 보자. 길을 건너고 있는데 트럭 한 대가 우리

쪽으로 달려오고 있다. 즉시 우리는 위험에 처했다는 사실을 깨닫고 길에서 벗어날 것이다. 그 트럭에 대해 의식적으로 이것저것 따지지 않고 말이다. 그러나 미스터 D라면 그런 갑작스런 두려움을 즉각적으로 느끼지 못할 것이다. 자신의 기억으로부터 트럭에 대해 알고 있는 사항들과 차를 조심하지 않는 행인이 트럭에 치일 경우에 벌어질 상황을 힘들여 끄집어낼 때까지, 공포가 현실로 다가오지 않는다. 마찬가지로, 누군가를 처음 만날 때면 우리는 그 사람이 어떤 부류의 사람인지 재빨리 짐작하고 긍정적으로나 부정적으로 평가하는 과정을 거친다. 이 모든 것이 몇 초도 안 되는 짧은 시간 안에 이뤄진다.

게다가, 우리가 미스터 D의 성격으로 생각하고 있는 것들 중 많은 것들, 이를테면 그의 기질, 타인들에게 반응하는 그만의 독특한 방식, 그를 그런 존재로 만들고 있는 그의 명확한 천성은 더 이상 존재하지 않을 것이다. 인격의 중요한 한 부분은 사회적 세계에 습관적으로 재빨리 반응하는 능력이다. 그런 능력은 또 자신을 위협하는 것들을 합리적이고 적응성 있는 방향으로 물리치는 건전한 심리적 방어 기제를 갖고 있다는 것을 의미하기도 한다. 자신을 위협하고 있는 것들을 합리적이고 환경에 적응하는 쪽으로 물리친다는 뜻이다. 이 인격의 많은 부분이 본인이 자각하지 않는 가운데서 작동한다.

무의식이란 무엇인가?

무의식에 대한 간단한 정의는 특정 시점에 당신의 머릿속에 들어 있는 것들 중에서 당신이 의식적으로 자각하지 않고 있는 것들이다. 그러나 이런 식으로 정의하게 되면, 금방 문제에 봉착하게 된다. 예를 들어, 내가 당신에게 고향이 어디냐고 묻는다고 가정해 보자. 아마도 당신은 그 도시의 이름을 의식으로 끄집어내는 데 전혀 어려움을 느끼지 않을 것이다. 내가 당신에게 고향을 묻기 전에 그 도시의 이름이 당신의 의식 속에 있지 않을 때조차도 그 이름을 대는 데 아무런 문제를 느끼지 않는다. 그렇다면, 이것은 당신의 고향 이름이 대부분의 시간 동안에 무의식에 남아 있다는 뜻인가?

이 같은 주장은 무의식에 대한 논의를 한 걸음 더 앞으로 끌고 가면서, 일부 이론가들이 주장하는 바와 같이, 의식을 주의력 또는 단기 기억과 동일시하는 경우에 생기는 문제를 부각시키는 것 같다. 나의 입장을 밝힌다면, 나는 고향 필라델피아를 생각하고 있지 않을 때에는 '필라델피아'를 의식하지 않고 있다는 식으로 말하고 싶지 않다. 필라델피아가 나의 '작업 기억'(working memory: 다양한 감각 기관으로부터 들어오는 정보들을 머리 속에 잠시 잡아 두는 기억을 말한다/옮긴이) 속에 없을 수도 있고, 현재 주의의 대상이 아닐 수도 있다. 하지만 그렇다고 그것이 무의식인 것은 절대로 아니다. 적어도 내가 무의식이라는 단어를 이해하고 있는 바에 따르면, 그것은 결코 무의식이 아니다. 그것은 내가 '장기 기억'에서 언제든지 끄집어낼 수 있는 수많은 기억들 중 하나이다. 필라델피아 시도 있고, 미국 희극 배우 W. C. 필즈(Fields)가 필라델피아에 대해 한 농담도 있고, 1966-67 시즌 프로 농구팀 필라델피아 세븐티식서스의 스타팅 멤버도 있고, 필라델피아 사중창단 오런스 (Orlons)가 부른 '사우스 스트리트'의 가사와 음악도 있다. 프로이트는 이런 생각들이 '전(前)의식'에 머물고 있다고 묘사했다. 그가 말하는 전의식은 생각들이 "의식의 눈길을 잡아끌 때까지" 기다리고 있는 정신의 대기실이다.

이보다 훨씬 더 흥미로운 것은 나의 정신 중에서 내가 아무리 노력해도 접근할 수 없는 부분이다. 무의식에 대한 더 멋진 정의는 '의식에 도달하지 못하면서도 그 사람의 판단과 감정, 혹은 행동에 영향을 미치고 있는 정신 과정'이다. 내가 닿으려 아무리 발버둥쳐도 고유 감각에는 접근하지 못하며, 나의 정신이 망막을 때리는 광선을 3차원의 이미지로 바꾸는 방법에는 다가가지 못한다. 또 감각을 통해 나에게로 들어오는 정보를 선택하고 해석하고 평가하여 끊임없이 목표를 설정하는 것과 같은 고차원의 정신 과정 중 많은 것에도 직접 접근하지 못한다.

무의식은 정의하기 어렵기로 악명이 높다. 그리고 무의식에 대한 나의 정의도 지금까지 제기된 많은 정의들 중 하나일 뿐이다. 나는 무의식에 대한 정의의 문제에 빠져 옴짝달싹하지 못하는 신세가 되고 싶지는 않으며, 다른 대안적인 정의들에 대해서도 깊이 생각할 뜻이 없다. 그보다는 인간들이 의식의 주의력 밖에서 성취할 수 있는 것들을 둘러보는 것이 훨씬 더 재미있다.

적응 무의식, 즉 미스터 D가 할 수 없는 것

'적응 무의식'이라는 용어는 비의식적인 사고가 진화론적인 적응이라는 의미를 전하게 되어 있다. 우리를 둘러싸고 있는 환경을 평가하고, 분명하게 밝히고, 해석하고, 그 결과를 바탕으로 비의식적으로 신속히 행동을 취하는 것은 생존에 이롭기 때문에 진화론적으로 선택되어 왔다. 이 비의식적인 정신 과정이 없으면, 우리는 아마 이 세상을 헤쳐 나가는 데 엄청나게 많은 어려움을 겪을 것이다. 아이언 워터먼처럼 끊임없이 주의력을 쏟지 않으면 제대로 서 있지 못하는 것은 아무것도 아니다. 그러나 이런 식으로 말한다고 해서, 비의식적인 사고가 언제나 정확한 판단을 내린다는 뜻은 절대로 아니다. 단지, 종합적으로 볼 때, 그것이 우리의 생존에 절대적으로 필요하다는 뜻일 뿐이다.

주어진 어느 순간에 우리의 오감이 받아들이는 정보가 1,100만 개에 달한다는 사실을 고려해 보라. 과학자들은 각각의 감각 기관이 가진 수용(受容) 세포와 이 세포에서 뇌로 가는 신경의 수를 헤아려 이런 수치를 제시하고 있다. 우리의 눈이 매초 뇌에 보내는 신호만을 따져도 1,000만 개가 넘는다. 또 과학자들은 사람들이 글을 얼마나 빨리 읽는지, 서로 다른 불빛들을 어떻게 의식적으로 탐지하는지, 그리고 다양한 냄새를 어떻게 구분하는지 등을 살핌으로써, 매순간 이 신호들 중 얼마나 많은 수의 신호가 의식적으로 처리되는지를 확인하려고 노력해 왔다. 사람들이 매순간 의식적으로 처리할 수 있는 정보는 아무리 늘려 잡아도 40개 정도에 지나지 않는다.

이 사실을 한 번 더 생각해 보자. 우리가 매초 받아들이는 정보가 1,100만 개인데 의식적으로 처리할 수 있는 것은 겨우 40개밖에 되지 않는다니. 그렇다면 다른 10,999,960개의 정보는 어떤 식으로 처리된단 말인가? 이처럼, 경이로울 만큼 예민하면서도 들어오는 정보를 활용할 능력을 거의 갖추지 않은 시스템을 설계하는 것은 터무니없는 낭비일 것이다. 다행히, 우리는 이 정보들 중 많은 것을 자신이 자각하지 못하는 가운데 활용하고 있다.

학습: 유형 탐지기로서 적응 무의식

뇌손상으로 건망증을 앓고 있는 사람을 소개받는다고 가정해 보라. 기질성(器質性) 건망증은 교통 사고로 인한 뇌 손상이나 뇌 수술, 알츠하이머병, 코르사코프 증후군(만성적인 알코올 섭취로 인한 뇌 손상) 등과 같이 뇌에 가해진 다양한 외상 때문에 생길 수 있다. 이 장애는 외상을 입은 뇌의 부위에 따라 다소 다른 양상의 기억 상실증을 낳는다. 그러나 그런 환자들은 예외 없이 새로운 경험을 기억으로 만드는 능력을 잃는다.

그런 환자와 조우하게 되면, 당신은 얼핏 보아서는 그 사람이 건망증으로 고통 받고 있다는 사실을 눈치 채지 못할 것이다. 이런 장애를 가진 사람들은 대체로 자신의 지적 수준과 평소의 성격을 그대로 간직한다. 그러나 당신이 그 건망증 환자와 잡담을 나누다가 말을 멈춘 뒤에 방을 나갔다가 한 시간쯤 지나서 다시 방으로 들어 온다고 가정해 보라. 그러면 그 사람은 한 시간 전에 당신을 만난 사실을 전혀 기억하지 못할 것이다. 일시적으로 기억력이 감퇴하는 경험은 누구에게나 다 있다. 길을 걷다가 우연히 만난 지인의 이름을 떠올리지 못하는 경우도 더러 있다. 건망증 환자에게 두드러진 현상은 새로운 경험을 의식적으로 떠올리는 능력이 전혀 없다는 점이다.

앞 문장 중에서 '의식적으로'라는 단어에 주목하라. 건망증 환자들도 무의식적으로는 많은 것을 배울 수 있다는 사실이 확인된다. 이 사실을 분명하게 보여주는 연구를 에두아르 클라파레드(Eduard Claparede)라는 프랑스 내과 의사가 실시했다. 클라파레드가 건망증으로 고생하고 있던 여인을 방문할 때마다, 그 환자는 그 전에 그를 본 기억을 떠올리지 못했다. 따라서 그는 그녀를 방문할 때마다 자신을 다시 소개해야 했다.

어느 날, 클라파레드는 언제나처럼 손을 내밀며 그녀와 악수를 했다. 그런데 이번에는 그의 손에 핀이 감춰져 있었다. 당연히, 부인은 따끔하게 찌르는 아픔에 깜짝 놀라며 재빨리 손을 거둬들였다. 그런 일이 있은 뒤에 다시 클라파레드가 방문했을 때, 그녀는 여전히 그를 알아보지 못했다. 그래서 그는 다시 자신을 소개하면서 손을 내밀며 악수를 청했다. 그러나 이번에는 그녀가 그와 악수하기를 거부했다. 그녀는 클라파레드를 예전에 만난 적이 있다는 사실을 의식적으로는 절대로 떠올리지 못했지만, 어쨌든 이 남자와 악수를 하다가 뭔가에 찔린 적이 있다는 사실은 알고 있었다. 클라파레드는 이 환자에게서 그런 무의식적인 학습의 예를 몇 가지 더 관찰했다. 예를 들어, 그녀는 6년 동안 살았던 그 수용 시설의 배치에 대해 의식적으로 아는 것은 전혀 없었다. 화장실이나 식당에 어떻게 가는지 물으면, 그 여인은 대답을 하지 못했다. 그러나 그녀가 그런 시설로 가기를 원할 때에는 길을 잃는 법 없이 곧장 걸어가곤 했다.

사람들이 비의식적으로 새로운 정보를 배우는 능력을 갖고 있음을 말해주는 예는 이 외에도 많다. 사람들은 심지어 전신 마취를 한 상태에서도 주변에서 일어나는 일들의 일부를 이해하고 마음에 간직할 수 있다. 수술을 받는 환자에게 빨리 회복하게 될 것이라는 암시를 주는 경우에, 그런 암시를 받지 않은 환자보다 병원에 입원해 있는 기간이 더 짧아진다. 그 환자들이 마취 상태였던 까닭에 다른 사람이 자신에게 하는 말을 의식적으로 기억하지 않았음에도 불구하고, 그런 놀라운 결과가 나타난다.

이런 예들은 두 가지 형태의 학습, 즉 '암묵적 학습'(implicit learning)과 '명시적 학습'(explicit learning)의 차이를 분명히 보여준다. 명시적 학습은 우리가 종종 힘들어 하는, 노력이 들어가는 의식적인 종류의 기억이다. 지금까지 익숙하지 않은 것을, 예를 들어 외국어나 새로 구입한 가스 불고기 구이 기구를 조립하는 법을 배우려 할 때면, 사람들은 종종 힘든 일이 될 것이라고 예상한다. 그런 임무를 완수하려면 장시간의 정신 집중이 필요하다. 모르는 단어를 배우거나, 그림 C6에 있는 버너에다가 그림 A11에 있는 호스를 연결시키는 방법을 떠올리는 일에는 의식적인 주의를 쏟아야 한다.

사정이 이렇다 보니, 우리 인간이 복잡한 정보들 중 상당히 많은 양을 별다른 노력을 기울이지 않고 은연 중에 배울 수 있다는 소식이 큰 은혜로 들릴 것임에 틀림없다. 클라파레드의 환자가 식당으로 가는 길을 아는 것도 그런 학습의 하나이다. 암묵적 학습은 노력 없이 이뤄지는 배움이나 정확히 어떤 것을 배우고 있다는 사실을 자각하지 못한 채 이뤄지는 학습으로 정의된다. 아마도 가장 훌륭한 예가 모국어를 통달하는 어린이들의 능력일 것이다. 아이들은 어휘를 공부하거나 문법이나 구문론 강의를 듣지 않아도 모국어를 잘하게 된다. 아이들에게 명사절에 대해 설명하라고 하면, 평소 그것을 멋지게 사용하고 있으면서도 엄청난 압박감에 시달릴 것이다. 인간은 아무런 노력이나 의도 없이 말하는 법을 배운다. 그런 학습은 그저 이뤄진다.

암묵적 학습은 적응 무의식이 가진 가장 중요한 기능 중 하나이다. 여기서 다시 한 번 개념들을 지나치게 단순화하지 않도록 조심해야 한다. 암묵적 학습의 정확한 본질, 그리고 암묵적 학습과 명시적 학습의 관계는 뜨거운 논쟁과 연구의 대상이 되고 있다. 그럼에도, 적응 무의식이 복잡한 정보를 배울 수 있는 것만은 분명하다. 그리고 일부 상황에서는 적응 무의식이 의식적인 정신보다 훨씬 더 잘, 그리고 더 빨리 배운다.

암묵적 학습을 잘 보여주는 놀라운 예가 바로 파웰 레위키(Pawel Lewicke)와 토머스 힐(Thomas Hill), 엘리자베스 비조트(Elizabeth Bizot)가 실시한 연구이다. 이 실험에 참가한 사람들의 임무는 4개의 면으로 나뉜 컴퓨터 화면을 들여다보는 것이었다. 화면을 볼 때마다, 4개의 면 중 어느 하나에 X자가 나타났다. 그러면 참가자들은 버튼을 눌러 글자가 나타난 면을 알려준다. 참가자들에게 알려주지 않았지만, X자가 등장하는 패턴은 복잡한 규칙을 따르고 있었다. 예를 들면, 이런 식이었다. X자가 연달아 두 번 똑같은 면에 나타나는 경우는 없었으며, 세 번째 X의 위치는 두 번째 X의 위치에 따라 정해졌다. 네 번째 X의 위치는 앞선 두 번의 위치에 따라 정해졌다. 그리고 네 개의 면 중에서 다른 두 곳 이상에 나타날 때까지는 X가 원래 시작했던 곳으로 돌아가지 않았다. 이 규칙이 복잡함에도 불구하고, 참가자들은 그 규칙을 익힌 것처럼 보였다. 시간이 지남에 따라, 참가자들이 X의 위치를 맞히는 실력이 꾸준히 향상되었던 것이다. X가 화면에 나타날 때 그 위치를 말해주는 버튼을 정확히 누르는 시간도 점점 짧아졌다. 그러나 참가자들 중에서 거기에 어떤 규칙이 작용하고 있었는지, 심지어 자신들이 뭔가를 배웠는지에 대해 말로 설명할 줄 알았던 사람은 하나도 없었다.

그들이 비의식적으로 복잡한 규칙을 배웠다는 사실은 그 실험의 다음 단계에서 드러났다. 연구원들이 갑자기 규칙을 바꿔버린 것이다. X가 어디에 나타날 것인지 예견하게 하는 단서들이 더 이상 소용없게 되어 버렸다. 그러자 참가자들의 수행 능력이 크게 떨어졌다. X의 위치를 확인하는 데 시간이 더 많이 걸렸으며, 몇 차례 실수를 저지르기도 했다. 참가자들이 더 이상 그 임무를 매우 훌륭하게 수행할 수 없게 되었다는 사실을 알고 있었음에도 불구하고, 그들 중에서 그 이유를 알았던 사람은 하나도 없었다. 그들은 자신이 더 이상 적용되지 않는 어떤 규칙을 배웠다는 사실조차 알지 못했다. 대신에 그들은 실력의 급작스런 하락에 대한 설명을 의식적으로 찾으려 들었다.

참고로 말하자면, 실험 대상자들은 그 연구가 비의식적 학습과 관련 있다는 사실을 잘 알고 있었던 심리학과 교수들이었다. 그런 사실을 알고 있었음에도 불구하고, 그들은 자신이 무엇을 배웠는지, 왜 실력이 갑자기 뚝 떨어졌는지 이유를 알지 못했다. 교수 중

3명은 "손가락이 갑자기 리듬을 잃었다."고 설명했고, 다른 2명은 실험을 주관한 교수들이 스크린에 옅은 그림을 내보내 정신을 산만하게 만들었다고 불평했다.

이 실험에서 사람들이 배운 규칙은 의식적으로 배우기엔 무척 어려운 것들이다. 레위키와 힐, 비조트의 연구는 적응 무의식이 의식보다 일을 더 잘 처리할 수 있음을 보여주는 예가 될 것이다. 여기서 미스터 D로 돌아가면, 비의식이 없다면 그가 자신의 환경에 나타나는 복잡한 패턴을 재빨리 효율적으로 배우는 것이 불가능해진다는 사실이 명백해진다.

주의와 선택: 비의식적 여과기

앞에서 살핀 것처럼, 우리의 감각은 초당 1,100만 개의 정보를 탐지하고 있다. 당신도 아마 이 책을 읽고 있으면서도 수많은 소리를 들을 것이다. 시계가 똑딱거리는 소리도 있고, 창문 밖에서 광풍이 몰아치는 소리도 들린다. 이 페이지의 글자만 보는 것이 아니다. 맨 아래의 쪽수도 볼 수 있고, 책이 펼쳐져 있는 책상도 볼 수 있다. 손에 들린 책의 무게도 느낄 수 있고, 방바닥을 누르는 발의 무게도 느낄 수 있다. 냄새와 맛도 느껴진다. 커피 잔에서 퍼져 나오는 향기나 당신이 점심으로 먹은 참치 샌드위치의 연한 뒷맛도 느낄 수 있다.

이 모든 것은 당신이 홀로 고요한 공간에 앉아 책을 읽고 있다는 것을 전제하고 있다. 당신이 전철을 타고 있거나 공원의 벤치에 앉아 있다면, 당신의 감각에 닿는 정보의 양은 훨씬 더 많아진다. 그런 경우에 당신은 어떻게 이 페이지의 글을 읽고 이해할 수 있을까? 수많은 정보들이 앞다퉈 당신의 감각을 때리고 있는데 말이다. 자주 인용되는 심리학자 윌리엄 제임스(William James:1842-1910)의 표현을 그대로 빌리면, 우리의 감각에 닿고 있는, '온갖 빛으로 반짝이며 와글거리는 혼동'을 어떻게 이해할 수 있을까?

우리가 복잡하기 짝이 없는 정보들을 이해할 수 있는 것은 '선택적 주의'라는 경이로운 능력 덕분이다. 우리는 자신의 감각에 닿는 정보를 검토하고 그것을 의식 속으로 받아들일 것인지 여부를 결정하는 비의식적 여과기를 갖추고 있다. 예를 들면, 도로를 운전하다가 라디오에서 흘러나오는 노래를 그만 듣고 패스트 푸드 음식점을 찾는 일에 집중하기로 결정함으로써 어느 정도는 그 여과기의 '조절 장치'를 의식적으로 관리할 수 있다. 그러나 그 여과기의 작동은, 그러니까 정보를 분류하고 가려내 그 중 일부를 추가로 더 처리하기로 선택하는 일련의 과정은 자각 밖에서 일어난다. 그리고 그 과정은 매우 훌륭하다. 이유는 그런 과정이 자각 밖에서 일어나는 덕분에 우리가 지금 당장의 목적에, 예를 들면 라디오에서 흘러 나오는 스모키 로빈슨의 노래를 듣지 않고 점심을 먹을 식당을 찾는 일에 관심을 집중할 수 있기 때문이다.

비의식적 여과기는 우리가 한 번에 한 가지 일에 주의력을 집중할 수 있도록 허용하는 그 이상의 일을 한다. 그것은 우리가 주의를 기울이지 않는 가운데서도 우리가 반드시 알아야 할 중요한 일이 일어나면 그것을 모니터하기도 한다. 사람이 북적거리는 칵테일 파티에 초대를 받아 갔다고 상상해 보자. 수없이 많은 대화가 소란스럽게 오가는 그곳에서 우리는 자신이 가담하고 있는 대화

외의 말은 차단할 수 있다. 이런 사실 하나만도 절대로 하찮은 능력이 아니다. 주의를 선택적으로 기울일 줄 아는 우리의 능력은 정말 놀랄 만하다.

그러나 그때 3m 정도 떨어져 있던 시드니가 동료들에게 당신의 이름을 들먹이면 당신에게 어떤 일이 벌어지는가? 돌연 당신의 주의가 이동한다. 당신의 이름이 들린 곳으로 말이다. 그리고 당신의 귀가 간질간질해지기 시작한다. 누구에게나 이런 경험이 있을 것이다. 여기서 그런 현상이 정신의 작동 방식에 대해 어떤 놀라운 의미를 함축하고 있는지를 보도록 하자. 비의식적인 정신은 눈에 보이지 않는 곳에서 인터넷을 뒤지다가 우리가 관심을 가질 만한 정보와 맞닥뜨리는 경우에 우리에게 e-메일 메시지를 보내주는 컴퓨터 프로그램과 비슷하다. 우리 정신의 일부는 주의의 대상이 되지 않고 있는 것들을 검색하다가 뭔가 흥미로운 일이 일어나면 우리에게 경계하라는 신호를 보낸다. 비의식적 여과기는 시드니가 자신의 쓸개 수술에 대해 이런저런 이야기를 늘어놓는 소리를 들을 때엔 그 말을 무시하기로 결정한다. 그러나 시드니가 당신의 이름을 들먹이는 소리가 들리는 경우엔 사정이 달라진다. 비의식적으로 정보를 모니터하고 여과하는 능력이 없다면, 우리의 세상도 아마 미스터 D의 세상처럼 '온갖 빛으로 반짝이며 와글거리는 혼동'이 될 것이다.

해석: 비의식적 통역관

몇 년 전에 나는 딸아이의 학교에서 열린 학부모와 교사의 미팅에서 필이라는 남자를 만났다. 그를 보는 순간, 아내가 필에 대해 들려준 말이 떠올랐다. 앞서 아내는 "그 사람은 모임에선 정말 골치 아픈 사람이에요."라고 말했다. "그 사람은 남의 말을 곧잘 자르고 끼어들며, 다른 사람의 말에는 귀를 기울이지 않고, 늘 자기 주장만 앞세우거든요." 이내 나는 아내의 말이 무슨 뜻인지 알 수 있었다. 교장 선생님이 새로 만든 독서 프로그램에 대해 설명하고 있을 때에도 필은 수시로 끼어들면서 자기 아들이 그 프로그램으로 누릴 수 있는 이점이 무엇인지에 대해 물었다. 모임이 후반에 이르자, 필은 학부모와 교사의 모임에 필요한 경비를 조달하는 문제를 놓고 학부모와 언쟁을 벌였으며 상대방의 의견을 고려할 생각이 전혀 없는 것처럼 보였다.

그날 밤 집으로 돌아와서 나는 아내에게 "당신 말이 맞았어요. 필이라는 사람은 무례하고 거만하더군요."라고 말했다. 그러자 나의 아내가 기묘한 표정을 지으며 나를 바라보았다. 그러면서 "내가 당신한테 말한 사람은 필이 아니에요."라고 말했다. "빌이었어요. 필은 사실 아주 멋진 사람이에요. 학교에서 정기적으로 봉사 활동도 하거든요." 나는 어리둥절해 하면서 그 모임으로 기억을 되돌려보았다. 그랬더니 필이 (나를 포함하여) 다른 사람들보다 특별히 더 자주 남의 말을 자르거나 언쟁을 벌이지 않았다는 생각이 들었다. 더욱이, 나는 필이 교장 선생님의 말에 끼어든 것까지도 딱히 그렇게 볼 수만은 없는 정도였다는 사실을 깨달았다. 내가 무례하고 호전적인 것으로 보았던 면이 실은 자녀 교육에 대단한 열의를 가진 학부모가 자신의 의견을 알리려는 노력일 수도 있었던 것이다. 나 자신이 오히려 부끄러워해야 할 대목이었다. 필에 대한 나의 해석은 바로 수많은 해석이 가능한 어떤 행동에 대한 비의식적 해석이었던 것이다.

첫인상은 매우 강렬하다는 사실은 너무나 잘 알려져 있다. 심지어 그릇된 정보에 근거한 첫인상도 매우 오래 남기 마련이다. 여기서 그렇게 분명하게 드러나지 않을 수 있는 것은 적응 무의식이 해석하는 범위이다. 필이 교장 선생님의 말을 자르고 나왔을 때, 나는 나 자신이 객관적으로 무례한 행위를 관찰하고 있는 것처럼 느꼈다. 필의 행동이 나의 적응 무의식에 의해 해석되어 나에게 현실로서 제시되고 있다는 생각 따위는 전혀 떠오르지 않았다. 그러므로 나는 나 자신이 나의 예상(필이 건방질 것이라는 생각)을 자각하고 있었음에도 불구하고, 이 예상이 내가 그의 행동을 해석하는 데 어느 정도 영향을 미칠 것인지에 대해 전혀 알지 못했다.

그런 비의식적인 해석을 아주 잘 보여주는 예의 하나가 바로 존 바그(John Bargh)와 폴라 피트로모나코(Paula Pietromonaco)가 실시한 실험이다. 이 실험에 참가한 사람들은 자신이 사람들에게 어떤 기대를 품게 될 것이라는 사실조차 모르고 있었다. 연구원들은 참가자들의 잠재 의식에 단어들을 깜박이게 함으로써 어떤 성격적 특성을 자극했다. 그 결과, 사람들이 단어들을 본 뒤에 타인의 행동을 해석할 때 그 단어들이 건드린 성격적인 특성을 이용한다는 사실이 확인되었다. 지각에 관한 연구의 일부로, 참가자들은 컴퓨터 화면에 깜박이는 것이 화면의 왼쪽에 있는지 오른쪽에 있는지를 판단해야 했다. 실험 참가자들에게 미리 알려주지 않았지만, 깜박인 것이 사실은 단어들이었다. 매우 짧은 순간 단어가 보이게 한 다음에 그 위를 X 자로 덮었다. 단어들이 매우 짧은 순간 깜박인 뒤에 X 자로 덮여졌기 때문에, 실험에 참가한 사람들은 단어들이 나타났다는 사실조차 자각하지 못했다.

한 실험 조건에서는 깜박인 단어의 80%가 '적대적인' '모욕' '불친절' 같이 적대심과 관련 있는 것이었다. 다른 실험 조건에서 깜박인 단어들은 적대심과 전혀 관계가 없는 것들이었다. 그런 다음에 실험 참가자들은 다시 앞선 실험과 아무런 관련이 없는 것으로 여겨지는 실험에 응했다. 사람들이 타인에게 품는 인상에 관한 실험이었다. 실험 참가자들은 도널드라는 이름의 남자를 묘사하는 글을 한 단락 읽었다. "세일즈맨이 문을 두드렸다. 그러나 도널드는 그를 안으로 들이기를 거부했다."는 식으로 다소 적대감이 읽혀질 수 있는 글이었다.

적대심과 관련이 있는 단어들이 깜박이는 것을 본 사람들 중에서 도널드라는 사람에 대해 적대적이고 불친절하다고 판단한 비율이 적대심과 관련 있는 단어를 하나도 보지 않은 사람들이 그렇게 판단한 비율보다 더 높았다. 필에 대한 아내의 인상이 나의 마음속에 남아 있었던 탓에 내가 필의 행동을 보고 무례하거나 호전적이라고 판단한 것과 똑같은 이치였다.

바그와 피트로모나코의 실험에서 이런 정신 과정은 비의식적으로 이뤄진 것이 분명하다. 왜냐하면 실험 참가자들이 적대심과 관련 있는 단어들을 보았다는 사실을 전혀 알아차리지 못했기 때문이다. 그들은 도널드가 객관적으로 봐서 적대적인 사람이라고 믿었다. 그들은 도널드의 애매모호한 행동을 적대적인 것으로 해석한 것이 앞서 본 단어들 때문이라는 사실을 전혀 깨닫지 못하고 있었다. (이 실험은 잠재 의식의 영향이라는 유령을 흔들어 깨우는데, 사람의 태도와 행동이 광고에 등장하는 단어들의 깜박임에 영향을 받을 수 있는가 하는 문제도 그런 논란에 속한다. 이 문제는 제9장에서 살필 것이다.)

따라서 적응 무의식은 어떤 정보를 의식 안으로 받아들일 것인 지를 결정하면서, 문지기 그 이상의 역할을 한다. 그것은 또 자각 밖에서 정보를 해석하는 '스핀 닥터'(고위 정치인 등에 고용되어 언론과의 관계를 담당하는 특별 보좌관을 일컫는다/옮긴이)의 역 할도 맡는다. 우리가 내리는 판단들 중에서 가장 중요한 것은 타인 들의 동기와 의도와 기질에 관한 것이다. 이런 판단의 경우에 가급 적 신속히 내리는 것이 우리에게 유리하게 작용한다. 필의 예에서 보듯이, 이런 해석이 엉터리 자료(빌과 필을 혼동)를 근거로 할 때 가 간혹 있다. 따라서 부정확할 때가 있는 것이다. 그러나 적응 무 의식이 타인들의 행동을 해석하는 일을 상당히 정확하게 해 낼 때 가 훨씬 더 자주 있다.

느낌과 감정: 평가자로서의 적응 무의식

지금까지의 이야기를 종합하면, 적응 무의식은 우리의 감각에 닿는 정보를 추적하고, 그 정보 중 일부를 추가로 처리하기 위해 고르고, 이 정보의 의미를 해석하는 일에 최선을 다하는, 다소 냉정 하고 감정이 메마른 해석자로 비칠 수 있다. 이 초상화는 어떤 면 에서 보면 꽤 정확하다. 단지 적응 무의식을 인간적인 감정이라고 는 전혀 없는 '스타 트렉' 속의 벌칸들처럼 그리고 있다는 점만 빼 고는 말이다. 그러나 실제로 보면 그런 인상보다 진실과 거리가 먼 것도 없다. 적응 무의식은 선택하고 해석하는 데서 끝나지 않으며 느끼기도 한다.

진부한 공상 과학 소설들을 보면, 인간의 감정이 효율적인 의사 결정을 가로막는 '무게 초과 수하물'처럼 취급을 당한다. 그런 작품에는 한결같이 진짜 인간보다 훨씬 더 훌륭한 사상가이며 의사 결정자인 인조인간이 등장한다. 인조인간이 진짜 인간보다 더 훌륭할 수 있는 이유는 그들에게는 일을 망가뜨릴 위험이 있는 감정이 전혀 없기 때문이다. 그러나 소설의 끝부분에서 우리는 우리의 삶이 그런 인조인간의 삶과 결코 맞바꿀 수 없을 정도로 아름답다는 진리를 깨닫는다. 비록 감정이 우리가 비합리적인 행동을 하도록 만들고 적절하지 않은 결정을 내리게 할지라도, 우리는 사랑과 열정과 예술의 풍요로움을 위해 기꺼이 정밀도와 정확성을 희생하려 든다. 누가 무미건조하고 감정이 없는 인조인간의 삶을 살기를 원하겠는가?

이런 이야기들이 안고 있는 모순은 감정이 사고와 의사 결정에 미치는 영향을 과소평가하고 있다는 점이다. 오늘날엔 감정이 의사 결정을 방해하는 '무게 초과 수하물'이 아니라 기능적으로 아주 편리한 것이라는 점이 분명해졌다. 그렇다. 감정이 우리로 하여금 논리에 눈을 감게 하고, 무시무시한 결정을 내리도록 할 때가 종종 있다. 사람들은 격정의 폭발로 인해 간혹 자기 가족을 버리고, 마약에 취한 갱 두목을 따라 달아나기도 한다. 그럼에도, 감정이 현명한 결정을 내리도록 돕는 매우 유용한 지표가 되는 경우가 훨씬 더 잦다. 그리고 적응 무의식의 가장 중요한 기능이 이런 감정들을 일으키는 것이라는 점을 보여주는 예가 많다.

안트완 베차라(Antoine Bechara), 한나 다마지오(Hanna Damasio), 대니얼 트래널(Daniel Tranel), 안토니오 다마지오가 실

시한 실험을 보자. 이 실험에 참가한 사람들은 4개의 테이블 위에 놓인 카드 중 하나를 선택해 도박을 했다. 테이블 A와 B에 놓인 카드는 한 번에 돈을 많이 잃거나 많이 따도록 되어 있었으나 지속적으로 할 경우에 최종적으로 돈을 잃게 되어 있었다. 반면, 테이블 C와 D에 놓인 카드는 한 번에 돈을 조금 잃거나 조금 따도록 되어 있었으나 지속적으로 하는 경우에 최종적으로 돈을 따게 되어 있었다. 질문은 이것이었다. 사람들이 테이블 C와 D에서 카드를 고르는 것이 유리하다는 사실을 깨닫기까지 시간이 얼마나 걸리는가? 사람들은 그 사실을 어떤 식으로 깨닫는가? 이 질문에 대한 답을 얻기 위해서, 연구원들은 세 가지를 분석했다. 사람들이 선택한 카드와 그 카드를 선택한 이유, 그리고 카드 선택과 관련한 결정을 내리는 동안에 피부에 나타나는 전도력이었다. (피부에 전극봉을 붙여 측정한 피부 전도력은 짧은 시간 동안 발한(發汗)의 정도를 재는 것으로서, 사람이 순간적으로 느끼는 각성이나 감정을 보여주는 훌륭한 지표가 된다.)

4개의 테이블에서 뽑은 카드들을 다 시험한 뒤에, 참가자들은 C와 D의 카드를 선택하고 A와 B의 카드를 피했다. 그러면서도 그들은 왜 자신이 그런 식으로 카드를 고르고 있는지 그 이유에 대해서는 말로 표현하지 못했다. 말하자면, 두 테이블의 카드가 다른 두 테이블의 카드보다 승률이 높다는 사실을 의식적으로는 깨닫지 못했던 것 같았다.

그렇다면, 그들이 A와 B의 카드를 피해야 한다는 것을 어떻게 알게 되었을까? 몇 차례 시도한 뒤에, 참가자들이 테이블 A나 B에서 카드를 고를 것인가 말 것인가를 고민할 때, 그들의 피부 전도력이 크게 높아지는 현상이 나타났다. 이것은 적응 무의식이 그들에게 그 선택에 뭔가 잘못된 점이 있다는 신호를 보냈다는 뜻이다. 그들의 적응 무의식이 A와 B의 카드가 더 위험하다는 것을 알았으며, 무의식은 의식적인 정신이 무엇이 잘못되었는지 알기도 전에 재빨리 '직감'을 일으켰다.

연구원들은 또한 실험에 뇌의 '복내측 전두엽 영역'(ventromedial prefrontal region)에 손상을 입은 사람들을 포함시켰다. 콧등 바로 뒤에 자리 잡은 자그마한 이 뇌 부위는 '직감'의 유발과 관계있다. 이 부위에 손상을 입은 사람은 테이블 A와 B의 카드를 놓고 저울질을 할 때에도 피부 전도력의 상승을 보이지 않았다. 그들은 적절하지 않은 선택을 계속했으며 결국엔 돈을 잃고 말았다.

안토니오 다마지오와 그의 동료들은 이런 주장을 폈다. 비의식적 정신이 경험으로부터 뭔가를 배워서 그 사람에게 어떤 식으로 반응하라고 신호를 보내야 하는데, 전두엽 피질의 손상이 그 일을 막는다는 것이다. 정말 슬프게도, 이 능력을 상실하게 되면 실험실의 도박 게임에서 돈을 잃지 않는 요령을 배우지 못하는 것보다 훨씬 더 심각한 결과를 낳을 수 있다. 다마지오는 이 부위에 손상을 입은 뒤 심각한 기능 장애를 일으킨 환자 몇 사람의 상태에 대해 상세히 보고하고 있다. 그 환자들에게 그런 장애가 일어나는 이유는 비의식적 정신이 그들의 판단과 의사 결정을 안내할 직감을 일으키는 능력을 잃어버렸기 때문이다.

비의식적 목표 설정

당신이 열 살짜리 조카와 테니스 게임을 한다고 가정해 보자. 그런 경우에 당신은 그 시합을 이기기 위해 최대한 열심히 뛸 것인지(그리하여 경쟁적이고 강하고 싶은 당신의 욕망을 충족시킬 것인지), 아니면 당신의 조카가 이기도록 할 것인지(그리하여 자비롭고, 친절하고, 삼촌다운 존재로 남고 싶은 욕망을 충족시킬 것인지) 결정할 필요가 있다. 서로 상충하는 목표들 중에서 당신은 어느 쪽을 어떤 식으로 선택하는가? 한 가지 방법은 의식적으로 깊이 생각하여 선택하는 것이다. 그 문제를 거듭 생각한 끝에 조카와 시합을 하는 상황에선 안드레 애거시처럼 최선을 다하는 것보다는 다정한 존재로 남는 것이 더 중요하다고 결론을 내릴 수 있다.

현실에서도 이런 식으로 결정할 때가 자주 있다. 의식의 가장 중요한 특징 중 하나가 바로 목표 설정이다. 우리 인간은 아마 지구상에서 자기 자신과 환경에 대해 의식적으로 심사 숙고하고 미래를 위해 장기 계획을 수립할 수 있는 유일한 종(種)일지 모른다. 그렇지만 목표 설정에 필요한 요소가 의식뿐일까?

존 바그와 피터 골위처(Peter Gollwizer)와 그들의 동료들은 주변 환경 속에서 일어나는 사건들도 의식의 자각 밖에서 우리의 목표를 촉발시키고 우리의 행동을 이끌 수 있다고 주장한다. 다른 종류들의 사고가 습관적이고 자동적이고 비의식적일 수 있는 것과 똑같이, 목표 선택도 습관적이고 자동적일 수 있다. 아마 당신은 과거에 테니스 게임을 너무나 많이 했기 때문에 자동 조종 장치로 목표를 선택할 수 있을 것이다. 당신은 의식적으로 생각조차 하지 않으면서도 테니스 시합에서 조카가 이기도록 끌고갈 수 있다. 다른 종류들의 사고에서와 마찬가지로, 효율성과 속도의 측면에서 보면, 그런 자동적인 목표 선택에도 엄청난 이점이 따른다. 테니스 경기에 임할 때마다 얼마만큼 열심히 뛸 것인가 하는 문제를 놓고 깊이 고민할 필요가 없다. 당신의 자동적인 목표 선택 장치가 그 일을 대신해 준다. (예를 들면, 당신의 목표 선택 장치가 이렇게 말할 수 있다. "나이 어린 친척과 테니스 시합을 할 때면 서브마다 최선을 다하려고 노력하지 마라. 그러나 길 저 아래에 사는 몹시 불쾌한 녀석인 오글소프와 시합을 한다면, 그때는 윔블던의 결승전에 임하는 것처럼 전력을 다하라.")

그러나 효율성과 속도는 반드시 대가를 치르고 얻는 결실이다. 적응 무의식은 우리가 어떤 문제를 놓고 의식적으로 생각할 때와 다른 목표를 선택할 수 있다. 조카와 테니스 경기를 하다가, 당신이 매우 강한 볼과 높고 느린 볼을 교묘하게 섞으며 조카를 당혹스럽게 만들고 있다는 사실을 깨달을 수 있다. 그때는 당신이 깨닫지 못하는 사이에 당신의 내면에서 서로 충돌을 빚는 목표들이 불쑥불쑥 일어나는 순간이다. 조금 더 불길한 이야기를 하자면, 적응 무의식은 당신이 전혀 자각하지 못하고 있고 또 고의로는 절대로 행동에 옮기지 않을 목표까지 달성할 수 있다. 권력 욕구를 충족시키는 한 수단으로서, 성욕 같은 것이 그런 류의 목표에 속한다.

예를 들어, 바그와 그의 동료들은 일부 남자들의 경우에 권력과 여성에게 끌리는 현상 사이에 어떤 비의식적 연결을 보인다는 사실을 밝혀냈다. 그들의 연구는 이런 식으로 진행되었다. 우선 남자 대학생들에게 권력에 대한 생각을 일깨워 주었다. 그런 식으로 권력 개념을 각인시키는 것이 남학생이 여자 대학생에게 느끼는 매력에 어느 정도 영향을 미치는지를 파악하기 위해서였다. 남자 참가자들은 그 연구가 권력이나 성적 매력과 관련있다는 사실을 전혀 모르고 있었다. 여자 파트너와 함께 시각적 환상에 관한 연구에 참가하고 있는 정도로만 알고 있었다. 여자 파트너는 실은 실험 보조원이었다.

연구의 일환으로, 참가자들에게 일부 철자가 빠진 16개의 단어를 제시하고 그 공란을 메워 완전한 단어를 완성해 달라고 부탁했다. 그 단어 중 6개는 권력과 관련 있는 단어였다. BO_S(boss), _ _ NTROL(control), AUT_ _R_T_(authority)같은 단어를 완성하게 되어 있었다. 이 과정은 실험 참가자들에게 은밀히 예비 지식을 전하는 것에 지나지 않았다. 그런 식으로 단어를 완성하다 보면 그 사람의 사고에 권력이라는 개념이 조금 더 쉽게 접근할 수 있는 것으로 자리 잡게 된다.

단어를 완성하는 임무를 끝낸 뒤에 참가자들은 여자 파트너의 매력에 대해 평점을 매겼다. 일부 남자들, 즉 성적 공격성 측정에서 높은 점수를 받은 남자들의 경우에 권력 개념을 주입시키면 여자에게 더 강한 매력을 느끼는 것으로 나타났다(다른 남자들의 경우에는 권력 개념을 주입시키는 것과 여자들에게 끌리는 정도 사이에 전혀 아무런 관계가 없었다). 더욱이, 이 남자들은 자신이 방금 전에 맞춘 글자들과 자신이 여자에게 매력을 느끼는 정도 사이에 그런 연결이 있다는 점에 대해서는 상상조차 하지 못했다.

대체로 남자들은 어떤 행위가 성 추행으로 여겨질 때에는 그 행위를 하지 않는 것으로 알려지고 있다. 바그와 그의 동료들의 연구 결과를 일반화하면, 이 말이 진실일 수 있다. 성적 공격의 위험성이 높은 남자들은 자신에게 섹스와 권력의 비의식적 연상(聯想)이 있다는 사실을, 또 이 연상이 자동적으로 촉발된다는 사실을 자각하지 못하고 있다. 이런 자각의 결여가 성적 공격을 예방하는 것을 더욱 어렵게 만든다. 권력의 자리에 있는 남자들은 여자 부하들에 대한 자신의 행동이 선의(善意)에 의한 것이라고 믿을 수 있다. 왜냐하면 그 남자들이 자신의 감정이 권력이 있는 지위 때문에 촉발된다는 사실을 자각하지 못하고 있기 때문이다.

적응 무의식의 임무는?

따라서 적응 무의식은 우리의 정신 생활에서 매우 중요한 행정 간부의 역할을 맡고 있다. 정보를 수집하고, 수집한 정보를 해석하고 평가하며, 목표를 끊임없이 신속하고 효율적으로 설정해 나가는 것이다. 이것은 누구나 다 갖고 있는, 정신의 경이로운 능력이다. 미스터 D처럼 그 능력을 잃게 되면, 우리는 하루를 살아가는 일조차도 너무나 힘들다는 사실을 절감할 것이다. 그러나 적응 무의식은 선택할 정보를 어떻게 결정하며, 선택한 정보를 어떻게 해석하고 평가할 것인지는 또 어떻게 결정하는가? 그리고 어떤 목표를 설정할 것인지는 또 어떻게 결정하는가? 한마디로 말해, 적응 무의식의 과제는 무엇인가?

분명히, 비의식적 정신 과정은 적응력을 갖추기 위해서 세상을 정확히 평가하는 일에 관심을 가져야 한다. 샬롯 브론테(Charlotte Bronte)가 『제인 에어』(Jane Eyre)에 쓴 그대로이다. "열정은 광적인 이교도처럼 맹렬히 날뛸 수 있고, … 욕망은 온갖 종류의 헛된 것을 상상할 수 있다. 하지만 판단이 어떤 논쟁에서든 최종 발언권을 쥐고 어떤 의사 결정에서든 캐스팅 보트를 쥘 것이다." 모든 생명체는 먹이를 발견하고 위험을 피하고 후손을 낳을 수 있을 만큼 정확히 자신의 세계를 그릴 수 있어야 한다. 초기에, 사자를 '더불어 놀기 좋은 존재'로 보고, 식용 가능한 식물을 '무섭거나 역겨운 존재'로 본 영장류는 아마 오래 살아남지 못했을 것이다. 지금도 위험과 기회를 가장 빨리 간파할 수 있는 존재들이 엄청난 이점을 누리고 있다.

예를 들어, 베차라의 카드 게임 연구에 참가한 사람들은 어느 테이블에 놓인 카드가 승산이 가장 높은지를 비의식적으로 재빨리 눈치 챌 수 있었을 것이다. 왜 C와 D 테이블의 카드를 더 좋아하는지 그 이유를 말로는 표현하지 못하면서도 말이다. 이렇듯, 우리의 의식적인 정신은 가장 바람직한 행동이 어떤 것인지를 파악하는 데 너무 느리다. 그렇기 때문에 비의식적인 정신이 우리를 위해 그 일을 하면서, 해야 할 것을 말해주는 신호(예를 들면, 직감)를 우리에게 보낸다.

비의식적 정신이 주변 세계를 정확히 판단하는 일에 그처럼 신속하게 움직인다는 사실이 경이롭기는 하지만, 사람은 결코 정확성만으로 살아갈 수는 없는 존재이다. 세상에는 분석해야 할 정보가 너무나 많다. 그 정보들 중에서 주의의 초점을 받아야 할 것과 그냥 무시할 것을 따지면서 정보에 우선 순위를 매기는 것도 분명히 유리하게 작용한다.

중요한 농구 경기에서 마지막 몇 초를 남겨 놓고 볼을 드리블하는 대학팀 선수를 한번 떠올려 보자. 이 선수에게도 분석해야 할 것들이 너무나 많다. 상대팀의 수비를 어떻게 뚫을 것이며, 볼을 받아줄 동료 선수들이 어느 위치에 있으며, 지금 자신을 맡고 있는 상대팀 선수는 우리 편 센터가 더 잘 요리한다는 사실까지 고려해야 한다. 그런 복잡한 정보를 신속하게 처리하면서 훌륭한 행동을 선택하기란 결코 쉬운 일이 아니다.

그러나 우리는 지금 당장 눈앞에서 가장 중요한 일로 주의를 집중할 줄 아는 것은 너무나 당연하다는 식으로 생각하는 경향을 보인다. 이 농구 선수가 주의를 기울여야 할 다른 것들을 생각해 보라. 관중석 맨 앞 줄에 앉아 있는 팬들의 외침도 관심권에 들어올 수 있고, 치어리더들의 섹시한 율동도 있다. 그것뿐인가. 운동 선수 자신의 갈증에도 신경이 쓰일 수 있으며, 이튿날 제출해야 하는 역사 강의 레포트도 마음에 걸릴 수 있다. 그럼에도 불구하고, 선수는 이런 일들 대신에, 극장의 각광처럼, 지금 당장 중심 무대에서 벌어지고 있는 일에 초점을 맞추면서 나머지 일들을 모두 어둠 속에 묻어둘 수 있다.

뇌의 전두엽 피질에 손상을 입은 사람들은 주의의 초점을 맞출 곳을 찾는 것이 대단히 어려운 일이라는 사실을 깨닫는다. 이 부위에 손상을 입은 대학팀 농구 선수라면 운동의 기술적인 측면에서는 매우 노련할 수 있을지 몰라도 우리가 보기에 상당히 당혹스러운 모습을 연출할 것이다. 경기 종료 몇 초를 남겨 둔 중대한 시점인데도 그 선수는 볼을 내려 놓고 운동화 끈을 단단히 매거나 관중석 셋째 줄에 앉아 있던 팬들과 잡담을 나눌 수도 있다.

다마지오는 뇌종양 수술 중에 전두엽 피질에 손상을 입은 사업

가의 예를 들려준다. 이 남자는 읽기 능력이나 복잡한 사업 보고서들을 분석하는 일과 같은 지적인 능력의 상당 부분을 다시 회복했다. 그러나 그는 여러 가지 일들을 놓고 중요성의 경중을 따지는 일에는 백지 상태였다. 어떤 경우에는 하루 종일 자기 책상 서랍을 정리하며 보낼 수도 있다. 그에게는 그 일이 그날 끝내야 할 보고서를 마무리짓는 것보다 더 중요하게 여겨지기 때문이다.

그렇다면 정상적인 사람들은 어떤 식으로 자신에게 가장 긴요한 정보를 선택하여 그것에 주의의 초점을 맞추고 그 밖의 다른 일들을 옆으로 제쳐 놓을까? 앞에서 예로 든 그 칵테일 파티로 돌아가 보자. 시드니가 자신의 수술에 대해 이런저런 말을 늘어놓을 때에는 우리 모두는 그 말을 무시할 수 있었다. 그러나 그가 우리 이름을 들먹이는 순간에 돌연 우리의 주의가 그에게로 쏠리지 않던가. 이것은 곧 우리와 관계가 깊은 정보일수록 무의식적 여과기의 정보 리스트 'A'에 올라갈 확률이 높다는 것을 의미한다. 다마지오가 실례로 제시한 사업가는 자기 앞에 놓인 다양한 일들이 자신과 어떤 관계인지를 판단하지 못하는 것처럼 보인다. 보고서를 마무리 짓는 것이 자기 책상 속의 서류들을 정리하는 일보다 더 긴요하다는 사실을 깨닫지 못하는 것이다.

그럼에도 불구하고, 적응 무의식이 중요한 것과 중요하지 않은 것을 결정하는 기준으로 '자기 관련성'(self-relevance)이 꽤 적절하지는 않다는 점이 드러난다. 적응 무의식이 그런 결정을 내리는 기준은 자기 관련성보다는 구체적인 어떤 개념이나 카테고리가 어느 정도 접근 용이한가 하는 점이다.

'접근 용이성'(accessibility)은 기억 속에 들어 있는 정보를 활성화할 수 있는 잠재력을 말하는 것으로, 다소 전문적인 심리학 용어이다. 어떤 정보가 활성화(活性化) 잠재력이 큰 상태로 있을 때엔 약간의 자극만 줘도 쉽게 이용될 준비를 갖추게 된다. 그렇지 않고 활성화 잠재력이 낮은 때에는 그 정보가 그 사람의 환경 안으로 새로 들어오는 정보를 선택하고 해석하는 데 이용될 가능성이 낮다. 접근 용이성은 어느 카테고리의 자기 관련성뿐만 아니라 그 카테고리가 얼마나 최근에 동원되었느냐에 따라서도 결정된다. 예를 들어, 앞에서 언급한 바그와 피트로모나코의 연구에서 적대감이라는 개념의 접근 용이성은 실험에 참가한 사람들의 정신에서 높아지게 되는데, 그것은 바로 몇 분 전에 컴퓨터 모니터에 깜박인 단어들 때문이었다. 반드시 이 개념의 자기 관련성이 높았기 때문만은 아니었던 것이다.

접근 용이성을 결정하는 또 다른 요인은 그 개념이 과거에 얼마나 자주 사용되었느냐 하는 점이다. 인간은 비롯을 쉽게 들이는 존재이다. 과거에 세상을 판단하고 해석할 때 자주 동원된 개념일수록 나중에 활성화도 더 강하게 되는 법이다. 비의식적 정신은 우리가 처한 환경에서 나오는 정보들을 상시적으로 해석하는 방법을 발달시킨다. 심리학적으로 표현하면, 구체적인 어떤 생각과 카테고리의 경우에 과거에 빈번하게 동원된 까닭에 습관적으로 접근 가능한 대상이 된다고 말할 수 있다. 앞에서 예로 든 대학 농구 선수는 비슷한 경기를 수없이 많이 경험했을 것이며, 그 과정에 주의를 쏟아야 할 정보와 무시해야 할 정보를 두루 익히게 되었다. 그 농구 선수는 눈길만 돌려도 자기편 센터가 포워드보다 앞서서 수비수를 제치고 상대방 골밑으로 향하고 있는 것이 보인다. 이 정보가 치어리더들의 응원보다 더 중요한지 따위에 대한 결정은 신경 쓸 필요조차 없다.

적응 무의식이 정확성과 접근 용이성의 지배만 받는 것은 아니다. 사람들의 판단과 해석이 그런 기준들과 매우 다른 어떤 관심에 끌릴 때가 종종 있다. 말하자면, 이 세상을 자기 자신에게 기쁨을 가장 많이 주는 쪽으로 보려는 욕망이 바로 그것이다. 이것을 '좋은 기분'(feel-good) 기준이라고 불러도 무방하다. 제인 에어도 외숙모 리드 부인에게서 이런 동기를 관찰했다. 그녀가 죽음을 앞둔 리드 부인을 방문했을 때이다. "나는 그녀의 섬뜩한 눈을 보고는 그녀가 죽을 때까지도 나를 나쁜 인간으로 생각하기로 작정했다는 사실을 알았다. 부드러움이 배어들 틈이라고는 조금도 없고, 눈물을 흘려도 흐려지지 않을 눈빛이었다. 왜냐하면 내가 착한 인간이라는 믿음은 그녀에게 절대로 기쁨을 안겨주지 않고 오직 억울하다는 감정만 안겨줄 것이기 때문이다."

사회 심리학에서 배울 수 있는 가장 중요한 가르침 하나는, 리드 부인처럼, 사람들이 자신의 행복감을 계속 지켜나갈 수 있는 쪽으로 세상을 보려고 최대한 노력한다는 것이다. 우리 모두는 정보 조작의 달인이고, 합리화하는 사람이고, 위협적인 정보를 정당화하는 존재이다. 하버드 대학의 대니얼 길버트(Daniel Gilbert) 교수와 나는 이 능력을 '심리적 면역 체계'라고 부른다. 육체적 안녕을 위협하는 것으로부터 자신을 보호하는 육체적 면역 체계가 있듯이, 심리적 안녕을 위협하는 요소로부터 자신을 보호하는 심리적 면역 체계가 있는 것이다. 그 체계의 목적이 행복감을 간직하는 것이라면, 우리 각자는 최종적 스핀 닥터이다.

서구 문화권에서 성장해 자기 자신에 대해 독립적인 관점을 갖고 있는 사람들은 자신이 다른 사람들보다 우수한 점을 과장함으로써 자신의 행복감을 높이려는 경향을 보인다. 반면에 동아시아에서 자라서 상호 의존을 중요하게 여기는 사람들은 집단 구성원과의 공통성을 과장하려 드는 경향이 강하다. 말하자면, 상호 의존을 중요하게 여기는 문화권에서 자란 사람들은 긍정적인 자기관을 조장할 술책을 부릴 가능성이 낮다고 볼 수 있다. 그럼에도 불구하고, 자신의 행복감을 지키기 위한 비의식적인 자기 홍보 행위는 누구에게나 일어난다. 홍보의 형태만 다를 뿐이다. 우리가 좋은 기분을 느끼도록 만드는 것은 문화와 성격, 자긍심의 정도에 따라 다르다. 그러나 좋은 기분을 느끼고 싶은 욕망과 그 욕망을 비의식적 사고로 충족시키는 능력은 아마 보편적일 것이다.

그러면 심리적 면역 체계가 적응 무의식에서 차지하는 비중은 어느 정도인가? 우리가 상당히 의식적으로, 또 교묘하게 '좋은 기분'이라는 동기에 따라 행동할 때가 간혹 있다. 나를 항상 비판하기만 하는 사람을 피하려 드는 경우도 그런 예이다. 그리고 승진에 실패했을 때, 그 이유를 자신의 자질 부족으로 돌리지 않고 보스가 바보 멍청이라서 그렇게 되었다는 식으로 받아들이는 것도 물론 그런 예이다. 그럼에도, 적응 무의식이 나에게 들어오는 정보를 고르고 해석하고 평가하는 일에 중요한 역할을 맡는다는 사실을 감안한다면, 그것이 "내가 좋은 기분을 느끼도록 만드는 방향으로 정보를 고르고 해석하고 평가한다"는 원칙을 따른다고 해도 놀랄 이유는 전혀 없다. 더욱이, 적응 무의식이 의식적인 정신보다 훨씬 더 유능한 '스핀 닥터'라고 믿어도 좋은 이유도 있지 않은가. 프로이트가 강조했듯이, 심리적 방어 기제는 우리 정신 속의 뒷골목에서 작동할 때 제일 멋지게 돌아간다. 우리가 거기서 일어나고 있는 왜곡에 눈을 감도록 만들면서 말이다. 만약 사람들이 단지 좋은 기분을 느끼기 위해서 신념을 바꾸고 있다는 것을 안다면, 그 변화가 그 만큼 설득력 있게 다가오지 않을 것이다.

여기서 결정적인 의문이 한 가지 떠오른다. 정확성과 '좋은 기분'이라는 원칙이 어떻게 동시에 작용할 수 있는가? 이 두 요소가 양립 불가능한 때가 종종 있지 않는가. 기대하고 있었던 승진을 이루지 못한 잭을 고려해 보자. 만약에 정확성이 유일한 기준이었다면, 잭은 자신이 새로운 자리를 맡아 일을 처리해 낼 경험이나 능력이 부족하다고 결론을 내려야 했을지도 모른다. 그런데 그 대신에 그는 '좋은 기분'이라는 원칙을 이용하면서 보스가 바보 얼간이라고 결론을 내린다. 그렇지만 그가 스스로를 치켜세우면서 보스를 탓하는 것이 그에게 진정으로 가장 유익할까? 만약 그가 그 자리에 필요한 경험이나 능력을 갖추고 있지 않다면, 자존심을 죽이고 일을 더 열심히 하는 것이 더 낫지 않을까?

정확할 필요성과 좋은 기분을 느끼고 싶은 욕망 사이의 충돌은 '자기'의 중요한 전쟁터들 중 하나이다. 이 전투가 어떤 식으로 치러지고 또 이 전쟁이 어떤 결과로 마무리되는가에 따라서, 지금 이 순간 우리가 어떤 존재인지가 결정되고 우리가 우리 자신에 대해 어떤 기분을 느끼는지가 결정된다. 건전하고 잘 적응하는 인간이 된다는 측면에서 보면, 이 전투를 승리로 이끄는 최선의 길이 언제나 명백하게 드러나는 것은 아니다. 물론, 우리는 현실과 끊임없이 접촉해야 하고 또 자기 발달을 꾀할 수 있을 만큼 충분히 자신의 능력에 대해 알아야 한다. 그러나 적당한 수준의 자기 기만도 우리가 자신에 대해 긍정적인 관점을 고수하고 미래에 대해 낙관적인 견해를 갖도록 하면서 마찬가지로 유익하게 작용하는 것으로 확인된다.

다시 미스터 D를 방문하다

이젠 미스터 D가 무의식적 정신 과정을 상실함에 따라 무능력하게 된 것이 틀림없다는 사실을 충분히 이해했을 것으로 믿는다. 그는 지각 능력과 같은 저차원의 정신 과정만 잃은 것이 아니다. 고차원적인 인지 과정도 심각한 타격을 입었을 것이다. 적응 무의식은 학습과 선택, 해석, 평가와 목표 설정 등에 매우 적극적으로 개입하고 있으며, 이 능력들의 상실은 엄청난 재앙이 될 것이다.

그러나 비의식적 정신 과정이 적응력을 가졌다는 사실이 곧 그 과정에서 나오는 판단에 실수가 전혀 없다는 것을 의미하는 것은 절대로 아니다.

언제나 무결점의 판단이 나오지 않는 한 가지 이유는 이 세상을 정확하게 보는 것이 언제나 그 사람에게 유익한 것은 아니기 때문이다. 적당한 수준의 자기 기만도 마찬가지로 사람에게 유익한 것이다.

더욱이, 한 가지 특성 또는 과정이 자연 선택의 결과로 진화되었다는 말은 그것이 향상될 수 없는 완벽한 시스템이 아니라는 뜻이다. 인간의 시각 체계는 생존상 이점을 부여한다. 진화의 역사에서 보면, 사물을 매우 잘 볼 수 있었던 사람들이 시력이 떨어지는 사람들보다 생존 가능성이 더 컸다. 그러나 인간의 시력은 완벽하지 않다. 만약에 올빼미의 야간 시력을 갖게 된다면, 우리의 생존 조건은 훨씬 더 나아질 게 틀림없다. 마찬가지로, 비의식적 정신 과정도 대체로 이롭긴 하지만 완벽하지는 않다.

둘째, 인간에게 이로운 많은 장점은 언제나 그것을 상쇄할 약점과 함께 온다. 그 장점들이 대체로 유익하지만, 이롭지 않은 부산물을 낳는 것이다. 인간의 시각 체계도 당연히 시각적 착각을 일으킨다. 이 현상 자체는 적응의 결과는 아니며, 시각 체계의 부산물일 뿐이다. 마찬가지로, 많은 형태의 비의식적인 정신 과정이 안겨주는 이점(예를 들면, 우리가 애매한 정보와 맞닥뜨릴 때 '빈 칸을 채우면서' 대상과 사람을 신속하고 정확하게 분류할 줄 아는 능력)도 부정적인 영향(예를 들면, 사람들이 유별나게 분류하려 들면서 유형화와 편견을 만들어 내는 경향)을 미칠 수 있는 것이다. 더욱이, 우리의 정신생활 중에서 많은 부분이 의식의 밖에 있기 때문에, 우리는 종종 자신이 이 세상 또는 자신의 인격의 본질에 대해 어떻게 평가하고 있는지를 모르고 있다. 우리는 효율적이고 정교한 적응 무의식을 갖기 위해서 자기 통찰의 면에서 지불해야 하는 비용의 예들을 볼 것이다.

그러나 그보다 앞서 비의식적인 정신과 의식적인 정신이 어떻게 다른지를 보아야 한다. 평가와 목표 설정 같은, 우리가 고려했던 비의식적인 과정들 중 많은 것은 마찬가지로 우리의 의식에 의해서도 수행될 수 있다. 만약 비의식적인 정신이 그처럼 정교하고 광범위하게 퍼져 있다면, 의식의 기능은 도대체 무엇인가? 의식의 체계와 비의식의 체계는 근본적으로 다른가? 아니면 두 가지 체계는 똑같은 임무를 수행하는가?

제3장

책임자는 누구인가?

일상생활에서 일어나는 세세한 일들 중에서
노력을 전혀 필요로 하지 않는 '자동성'에 맡기는 것이 많을수록,
우리의 정신은 더욱 자유로워지고
그만큼 다른 일에 더 충실하게 매진할 수 있게 된다.

-윌리엄 제임스의 『심리학의 원리들』(Principles of Psychology)(1890) 중에서

정신 활동의 구분에 관한 윌리엄 제임스의 의견에 동의하지 않을 사람은 아마 거의 없을 것이다. 만약 사람들이 호흡과 언어의 이해, 물리적 세계의 지각에만 끊임없이 주의를 집중한다면, 제대로 처리되는 일이 하나도 없을 것이다. 그럼에도, 이 대목에서 아주 중요한 질문이 하나 제기된다. 우리가 비의식으로 넘길 수 있는 것들은 도대체 어떤 것들인가? 제임스의 글을 읽다 보면, 삶의 세속적 과제까지도 넘길 수 있다는 암시가 보인다. 회사의 경영 간부들이 본인은 정말 중요한 문제만을 해결하는 한편, 자잘한 일을 직원들에게 믿고 넘기는 것과 똑같은 이치이다. CEO에게는 사무실 바닥을 청소하는 일보다 회사의 장기적 발전 계획을 수립하는 일이 훨씬 더 바람직할 것이다.

그러나 우리의 비의식적 정신은 청소 요원도 아니고 하위직 관리자도 아니다. 지금까지 본 바와 같이, 전통적으로 의식의 '적절한 임무'로 여겨지던 일들, 즉 목표 설정과 해석, 평가도 비의식적으로 수행될 수 있다. 그러나 사람들이 비의식적으로도 상당히 정교하게 사고할 수 있다는 점을 인정하기만 하면, 금방 이런 의문이 떠오른다. 의식적 정신 과정과 비의식적 정신 과정의 상호 관계가 궁금해지는 것이다. 정신의 의식적인 부분과 비의식적인 부분 사이에 분업은 어떤 식으로 이뤄지는가? 의식은 정말로 CEO와 비슷한가? 어쨌든, 책임자는 누구인가?

아마 비의식 체계와 의식 체계는 둘 다 똑같은 규칙에 따라 똑같은 방식으로 작동할 것이다. 이 견해에 따르면, 인간은 필요 이상으로 두 개의 시스템을 갖춘, 축복 받은 존재임에 틀림없다. 만일의 경우에 대비해 예비 시스템까지 갖추고 있는 제트 여객기와 아주 비슷하다. 인간이 2개의 정보 처리 시스템을 갖추고 있는 이유는 아마도 우리 몸의 신장이 2개이고 폐가 2개인 것과 똑같은 이치일 것이다. 그렇다면 이런 주장도 가능하다. 효율적인 사고가 우리의 행복에 너무나 소중하기 때문에 인간이 똑같은 임무를 수행할 수 있는 정신을 2개나 개발했다고 말이다. 한 쪽 정신이 게으름을 피우는 상황이 벌어지더라도 그 태만을 메워줄 정신이 하나 더 있으니, 얼마나 멋진 일인가!

그러나 그 정신들은 틀림없이 그런 식으로 움직이지 않는다. 비록 프로이트가 무의식의 정교함과 어른다운 본질을 과소평가한 것은 사실이지만, 무의식이 의식적인 자기와 다른 특징을 갖고 있다는 그의 주장은 맞는 말이었다. 정보를 처리하는 두 개의 시스템은 각기 흥미로운 방식으로 서로 다른 기능을 맡도록 진화해 왔다.

의식과 진화, 기능

육체뿐만 아니라 정신과 뇌에도 도태의 압박이 작용한다는 전제에 동의하지 않을 사람은 거의 없을 것으로 안다. 인간이 다른 영장류와 매우 비슷한 뇌를 갖고 있다는 사실은 절대로 우연이 아니며 진화의 과거가 서로 비슷했던 결과이다. 그리고 인간의 전두엽 피질이 다른 동물들과 비교도 되지 않을 정도로 크고, 대형 원숭이들의 전두엽 피질이 두 번째로 크고, 여우원숭이와 안경원숭이 같은 원원류(原猿類)의 전두엽 피질이 가장 작다는 사실은 자연 선택의 힘 때문인 것이 거의 확실하다.

의식적 사고와 비의식적 사고의 역할 같은 정신의 본질을 이해하려고 노력하는 우리에게 이 같은 사실은 어떤 이야기를 들려주고 있는가? 진화론적 맥락에서 보면, 적응 무의식이 의식보다 훨씬 더 빨리 생겼다고 가정하는 것이 타당할 것이다. 즉, 의식이 비의식적 정신 과정보다 뒤에 얻어졌고, 그리하여 의식과 비의식적 정신이 서로 다른 기능을 갖게 되었다는 뜻이다. 비의식적 정신 과정은 유기체의 역사에서 일찍이 진화한 모든 생물학적 체계의 특징을 공유하고 있다. 예를 들면, 역사가 깊은 체계일수록 짧은 역사를 가진 체계에 비해 손상을 입거나 붕괴될 가능성이 조금 더 낮다. 역사가 깊은 체계는 개별 생명체에서도 초기에 나타난다. 그리고 역사가 깊은 체계일수록 비교적 늦게 나타난 적응들에 비해서 더 많은 종(種)에서 보인다. 이런 특징은 물론 비의식적 정신 과정에도 그대로 통한다.

만약에 사람들이 의식하지 않는 상태에서도 효율적으로 생각할 수 있다면, 굳이 의식이 발달한 이유는 무엇일까? 이 물음 앞에서, 의식이 놀랄 정도로 큰 생존상의 이점을 부여하기 때문이리고, 또 의식이 인간 정신의 보편적인 한 특징으로 자리 잡게 된 것도 바로 그 이점 때문이라고 결론을 내리고 싶은 유혹을 느낄지 모르겠다. 언뜻 보기에 이 결론이 아주 그럴 듯하게 들리지만, 그 문제는 아직 해결되지 않은 채 지금도 논쟁의 대상이 되고 있다.

데카르트의 학설이 두 가지 측면에서, 말하자면 정신이 육체와 분리되어 있지 않고 의식과 정신이 똑같은 것이 아니라는 측면에서 틀린 것으로 받아들여짐에 따라, 최근 들어 의식의 본질에 대한 관심이 폭발적으로 커지고 있다. 학계 안에서뿐만 아니라 대중 매체에서도 의식의 본질이 즐겨 다뤄지고 있다. 잡지 '디스커버'는 최근 이 물음을 '여태 풀리지 않고 있는 가장 중요한 미스터리들 중 하나'라고 규정지었다. 수 십 권의 책과 잡지, 전문가 학술 회의들이 이 주제만을 다루고 있다. 몇 년 전에 철학자 대니얼 데닛 (Daniel Dennett)은 의식을 논한 신간들에 대한 서평을 써 달라는 부탁을 받고는 간곡히 거절했다. 단지 그런 책이 너무 많다는 이유에서였다. 그의 계산으로 그때 서평 대상이 되었던 책만 무려 34권이나 되었다.

철학자들도 케케묵은 질문들을 다시 던지면서 새로운 열정으로 논쟁을 뜨겁게 벌이고 있다. 물리적인 뇌에서 의식이라는 주관적인 상태가 어떻게 생겨날 수 있는가? 의식적 경험의 본질은 무엇인가? 다른 동물 종(種)의 정신, 아니, 같은 인간의 정신이 어떠한지를 진정으로 이해하는 것이 도대체 가능하기는 한가? 의식을 가진 종은 인간이 유일한가? 의식은 어떤 기능을 갖고 있는가? 만일 의식이 어떤 기능을 갖고 있다면, 그 기능은 도대체 무엇인가?

이 질문들은 두 가지 유형으로 나뉜다. 의식은 도대체 어떤 모습인가? 그리고 의식은 도대체 어떤 일을 하는가? 우리는 현재 첫 번째 물음보다 두 번째 물음에서 더 큰 진전을 이루고 있다. 적어도 과학적인 의미에서는 그렇다. 의식의 본질에 관한 이론은 그것을 연구하는 철학자의 수만큼이나 다양하다. 그리고 이 질문을 과학적으로 파고드는 방법은 결코 명쾌하지 않다.

의식의 기능은 그래도 추적이 조금 더 가능한 질문이며, 나 또한 관심을 가장 많이 쏟고 있는 부분이다. 자기 지식을 얻는 최선의 방법을 고려하기 전에, 우리 자신을 아는 것이 그렇게 중요한가, 하는 질문을 적어도 어느 정도 파고들 필요가 있다. 통찰을 얻으면 (우리 자신에 대해 전에 몰랐던 것을 알게 되면) 도대체 어떤 변화가 일어나는가? 예를 들어, 자신이 어떤 행위를 하는 이유를 조금밖에 모르는 사람은 많은 통찰을 가진 사람과 다르게 행동하는가?

이런 이야기를 늘어 놓을 때 가장 쉽게 동원되는 비유가 바로 의식은 정신이라는 행정부에서 지위가 가장 높은 대통령이라는 것이다. 이런 식의 생각은 대통령의 눈길이 닿지 않는 곳에서 묵묵히 일하는 정부 기관과 보좌관, 부처의 관리와 참모 등으로 구성된 하나의 거대한 네트워크를 전제하고 있다. 이 네트워크가 바로 적응 무의식인 셈이다. 이 네트워크 없이는 어떤 정부도 순조롭게 운영될 수 없다. 정부에는 할 일이 너무나 많다. 한 사람으로는 도저히 감당할 수 없는 양이다. 대통령은 자신의 눈길이 닿지 않는 곳에서 묵묵히 활동하고 있는 수많은 (비의식적) 기관이나 공무원 없이는 역할을 제대로 수행하지 못한다. 대통령은 정책을 수립하고, 중요한 결정을 내리고, 중대한 문제가 발생할 때엔 그 일에 개입하면서 이 거대한 네트워크를 책임지고 있다. 분명한 것은 이런 활동에서 의식이 결정적인 기능을 발휘한다는 점이다. 적응 무의식은 의식 (대통령)을 보조하고 있으며, 의식에 보고도 한다. 그와 동시에 대통령도 그 네트워크와 접촉하지 않을 경우에 심각한 곤경에 처할 수 있다. 만일 대통령이 눈에 보이지 않는 곳에서 일어나고 있는 일들을 모르고 있다면(통찰력이 부족하다면), 적응 무의식의 대리자들은 대통령의 뜻과 반대되는 결정을 내리기 시작할 수 있다.

의식을 최고 경영자에 비유하는 것에 의문을 제기하는 전문가들도 있다. 의식이 그렇게 결정적인 역할을 맡지 않을 수 있다는 주장이다. 심지어 의식은 어떤 기능에도 기여하지 않는다는 극단적인 주장을 펴는 철학자들도 있다. '부수 현상설'로 불리는 학설이다. 의식은 모든 작업을 실제로 처리하는 노련한 비의식적 정신의 부산물에 지나지 않을 뿐이라는 주장이다. 의식은 게임장에서 기계에 돈을 집어넣지 않고 비디오 게임을 '즐기는' 아이와 비슷하다. 그 아이는 자신의 행위와 관계없는 화면을 보고 있다는 사실조차 인식하지 못한 채 조종 장치를 움직이고 있다. 아이(의식)는 자신의 행동을 통제하고 있다고 믿고 있다. 실제로는 기계 안에 든 소프트웨어(비의식)가 통제하고 있는데도 말이다.

이 관점에 따르면, 의식은 대통령보다 공보 담당 비서관에 더 가깝다고 철학자 대니얼 데닛은 강조한다. 공보 담당 비서관은 정신의 움직임을 관찰하고 그것에 대해 보고할 수 있지만 정책 결정에는 전혀 아무런 역할을 맡지 못하며, 백악관의 대통령 집무실의 잠긴 문 뒤에서 일어나는 결정 중 많은 것에 관여하지 못한다. 의식은 관찰자일 뿐 플레이어는 아니라는 뜻이다.

그러면 당신은 이런 질문을 던질 수 있다. 우리가 자신의 행위를 의식적으로 통제하고 있는 것처럼 느껴질 때가 너무나 자주 있는데, 어떻게 그런 일이 벌어질 수 있는가? 대니얼 웨그너(Daniel Wegner)와 탈리아 휘틀리(Thalia Wheatley)가 최근 실시한 연구가 한 가지 대답을 내놓는다. 의식적인 의지가 경험하는 것은 종종 상호 관계가 있는 자료 속의 '제3의 변수' 문제와 비슷한 어떤 착각이라는 것이다. 쉽게 풀이하면 이렇다. 우리가 어떤 생각을 했는데, 그 뒤에 어떤 행동이 따를 때가 있다. 그런 경우에, 우리는 그 행동을 야기한 것이 바로 그 생각이라고 가정한다. 실은 제3의 변수, 즉 비의식적인 의도가 그 의식적 사고와 행동 둘 다를 낳았을 수도 있는데 말이다.

예를 들어 보자. 내가 소파에서 일어나 무엇인가를 조금 먹기로 결정하는 것은 마치 의식적으로 의도한 행위처럼 느껴진다. 왜냐하면 몸을 일으키기 직전에 내가 "지금 딸기가 들어 있는 시리얼을 먹으면 아주 맛있겠구나."라는 생각을 품었기 때문이다. 그러나 먹고 싶다는 욕망이 무의식적으로 일어나면서 시리얼에 관한 의식적인 생각과 부엌으로 가는 행동을 똑같이 야기했을 수 있다. 의식적인 생각은 완전히 부수적으로 일어나면서 행위에 전혀 아무런 영향을 미치지 못할 수 있다. 하등 동물들을 보면, 의식이 먹이를 구하고 생존해 나가는 일에 불필요한 것처럼 보이는 것과 똑같다. 인간도 가끔 의식적인 생각이 일어나지 않는 가운데서도 의도한 것처럼 행동한다. 나 자신이 내가 하려는 행위에 대해 의식적으로 생각하지 않거나 그렇게 하기로 의도하지 않은 상태에서 시리얼을 갖고 오기 위해 소파에서 일어나는 행동도 그런 예에 속한다.

웨그너와 휘틀리는 의식적인 의지가 언제나 착각인 것이 아니라, 착각일 수도 있다는 점을 인정한다. 가장 합리적인 태도는 '의식을 최고 경영자로 보는' 극단적인 시각과 '의식을 부수 현상적인 공보 담당 비서관으로 보는' 또 다른 극단적인 시각의 중간이라고 나는 믿는다. 만약에 의식이 순전히 부수 현상적이라면, 자기 통찰에 관한 책은 별로 도움이 되지 않을 것이다. 그런 종류의 의식은 사람들에게 가만히 앉아서 자신의 행동을 관찰할 수 있는 멋진 의자를 제공할 수는 있지만, 그 관찰은 게임의 흐름이나 결과에 변화를 주지 못한다.

한편, 적응 무의식이 꽤 광범위하고, 목표 설정과 같은 고차원적인 행정 기능까지 맡고 있다는 점을 우리는 이미 확인했다. 따라서 나는 의식을 최고 경영자나 수석 코치로 보는 유추 또한 오해의 소지를 안고 있다고 생각한다. 우리는 우리의 의식적 '자기'인 우리가 자신을 완벽하게 통제하고 있다는 인상을 받을 수 있지만, 그것도 적어도 부분적으로는 착각임에 틀림없다.

철학자 오웬 플래너건(Owen Flanagan)은 미국 대통령들이 정부 정책을 통제한 정도를 보면 저마다 다 다르다는 점에 주목하면서, 의식의 역할을 조금 더 정확하게 보여주는 유추는 '의식을 로널드 레이건으로 보는 것'일 수 있다고 말한다. 많은 역사학자들에 따르면, 레이건 대통령은 대부분의 다른 대통령들에 비해 명목상 보스의 기질을 더 강하게 보이면서도 정부에 대한 통제권은 그렇게 많이 행사하지 않았다. 플래너건은 이렇게 말했다. "레이건은 똑똑하고 열심히 일하는 권력자들의 핵심 집단을 대신하는, 표정이 풍부하고 유쾌한 대변인이었다. 이 권력자들 일부는 외부에 알려져 있고, 일부는 알려져 있지 않다. 이렇게 말한다고 해서 레이건이 '위대한 커뮤니케이터'로서 역할을 하면서 책임감을 느꼈다는 점을 부정하는 것은 아니다. … 중요한 것은 레이건이 스스로 대통령답다고 느끼고 진정으로 대통령다웠을 수 있지만, 내부나 외부 사람들이 보는 것보다 통제가 느슨했을 수 있다는 사실이다."

달리 표현하면, 우리는 스스로 생각하는 것만큼 자신의 정신에 대해 알지 못하며, 자신의 정신에 대한 통제력도 생각하는 것만큼 강하지 않다는 뜻이다. 그럼에도 불구하고, 우리에게는 자신의 정신이 움직이는 방식에 영향을 미칠 수 있는 능력이 조금은 있다. 비록 적응 무의식이 우리의 시야 밖에서 똑똑하게 작동하고 있을지라도, 우리는 적응 무의식이 추론하고 목표를 설정하는 데 이용하는 정보에 대해서만은 영향을 미칠 수 있다. 이 책의 목표들 중 하나가 바로 그런 영향을 미칠 수 있는 방법을 제시하는 것이다.

1980년대 미국 코미디 프로 '새터데이 나이트 라이브'의 한 에피소드에서, 레이건 대통령은 재기가 뛰어나고 간교한 리더로 그려졌다. 그의 장기는 '위대한 커뮤니케이터'가 거의 전부인 것처럼 묘사되었다. 공개적인 자리에서 보면, 레이건은 유권자들이 잘 알았고 사랑했던, 아버지 같기도 하면서 약간 무능한 할리우드 배우였다. 그러나 그 이면을 보면, 그는 측근들을 배려하고 외국 지도자들과 협상도 곧잘 벌이는 냉혹한 공상가였다. (에피소드의 어느 한 장면에서 그는 이란의 지도자와 페르시아어로 전화 통화를 하면서 그 지도자를 엄하게 다룬다.) 이 책의 목표는 우리 모두가 그 에피소드에 등장하는 로널드 레이건을 조금 더 닮도록 만드는 것이다. 즉, 당신이 막후에서 벌어지고 있는 일을 어느 정도 알고 또 그 일을 조종할 줄 아는 고위 간부가 되도록 하는 것이 이 책의 목표 중 하나인 것이다.

적응 무의식과 의식의 특징들

하지만 막후에서 무슨 일이 벌어지고 있으며, 막후에서 벌어지는 일은 의식적 정신 과정과 어떻게 다른가? 이 정신 체계들의 다양한 기능을 세밀하게 파악하는 것도 유익하다. 다음 표에 각 기능들이 요약되어 있다.

적응 무의식

* 복합적인 체계
* 즉시적인 유형 탐지기
* 지금 이 순간, 이곳의 일에 관심을 둠
* 자동적임(빠르고, 부지불식간에 일어나고, 통제 불가능하고, 노력이 요구되지 않음)
* 융통성 없음
* 발달이 빠름
* 부정적인 정보에 민감

의식

* 단일적인 체계
* 일이 실제로 일어난 뒤에 점검하고 균형을 맞추는 평형기
* 장기적 관점을 취함
* 통제를 받음(느리고, 의도적이고, 통제 가능하고, 노력이 요구됨)
* 유연성
* 발달이 느림
* 긍정적인 정보에 민감

복합적인 체계, 단일적인 체계

앞에서 이미 언급한 바와 같이, 적응 무의식이라는 명칭은 약간 틀린 표현이다. 그 이름이 의식의 시야 밖에서 별도의 기능들을 수행하고 있는 모듈들의 총체를 뜻하기에는 어딘가 어색하기 때문이다. 우리 인간의 정신에 그런 모듈들이 있다는 사실을 확인하는 한 가지 방법은 뇌에 손상을 입은 환자들을 연구하는 것이다.

뇌의 다양한 부위들은 비의식적인 학습과 기억의 꽤 다양한 양상들과 관련 있는 것 같다. 일부 부위의 손상은 명시적 기억, 예를 들어 새로운 기억을 형성하는 능력을 해칠 수 있지만, 암묵적 기억 (예를 들면, 새로운 운동 기술을 익히는 능력)에는 전혀 손상을 입히지 않는다. 뇌졸중은 언어 능력에 손상을 입혀도 다른 인지 기능에는 전혀 영향을 미치지 않는다. 적응 무의식이 많은 독립적인 능력들의 컬렉션과 비슷하기 때문에, 내가 설명하는 적응 무의식의 특징들 중 어떤 것들은 일부 모듈에 더 잘 들어맞을 수 있다.

한편, 의식은 하나의 단일체처럼 보인다. 의식은 정확히 어디까지인가, 또 의식은 뇌의 기능과 정확히 어떤 식으로 연결되어 있는가 하는 문제는 아직 풀리지 않고 있다. 그러나 의식이 다양한 모듈들의 총체가 아니라 단일한 정신 체계인 것은 비교적 분명하다. (다중 인격 증후군의 정확한 본질과 빈도가 현재 논쟁의 주제가 되고 있을지라도) 다중 인격처럼, 의식이 2개 이상의 독립적인 체계로 나뉘는 특별한 경우가 있을 수 있다. 그러나 대부분의 사람들은 2개 이상의 의식적 자기를 갖고 있지 않다. 대통령은 어디까지나 한 사람뿐인 것이다. 비록 그 의식적인 자기가 생각하는 것만큼 통제력과 파워를 많이 갖고 있지 않을지라도 말이다.

유형 탐지기 대(對) 팩트(사실) 점검기

상당수의 심리학자들은 적응 무의식의 임무가 주변 환경에 나타나는 유형을 최대한 빨리 탐지하여, 그 유형이 좋은 것인지 나쁜 것인지에 관해 주인에게 신호를 보내는 일이라고 주장해 왔다. 그런 시스템에 명백한 이점이 있다. 그러나 그 강점도 당연히 대가를 지불하고 얻는 것이다. 분석이 빠를수록, 잘못을 저지를 위험성 또한 높아진다. 그렇기 때문에 환경에 대한 분석을 더 세세하게 내놓을 또 하나의 느린 정신 체계를 갖는 것이 바람직하다. 신속한 초기 분석이 저지를 수 있는 실수를 잡아내기 위해서다.

예를 들어, 조지프 르두(Joseph LeDoux)는 인간에게 비의식적 '위험 탐지기'가 있다고 주장한다. 우리에게 들어오는 정보들이 의식에 자각되기 전에 그것들을 평가하고 판단하는 무언가가 우리 내면에 있다는 말이다. 그 정보가 위험하다고 결론을 내리는 경우에, 위험 탐지기는 공포 반응을 일으킨다. 이 비의식의 분석이 매우 신속하게 이뤄지기 때문에 아주 조잡하고 실수를 저지를 때도 간혹 있다. 그러므로 이 실수를 바로잡아 줄 시스템을 하나 더 갖는 것은 대단히 유익하다.

당신이 산을 오르고 있는데 갑자기 오솔길 한가운데에 매끈한 갈색 물체가 눈에 들어온다고 상상해 보라. 그 순간, 당신의 머리에 떠오르는 생각은 뱀일 것이며, 그와 동시에 숨을 헐떡이며 걸음을 멈출 것이다. 그러나 조금 더 세밀히 분석한 결과 그 물체가 자그마한 나뭇가지로 확인된다. 그러면 당신은 가던 길을 계속 걸을 것이다. 르두에 따르면, 당신은 그 막대기 모양을 처음 보는 순간에 비의식적으로 대충 분석한 다음에 보다 세세하고 의식적으로 분석했다. 대체로 두 가지 시스템은 나쁘지 않은 조합이다.

지금 여기 이 순간에 대한 관심 대(對) 장기적 관점

비의식적인 유형 탐지기는 유용하긴 하지만 그 작용은 지금 여기 이 순간에 일어나는 일에 한정된다. 그것은 현재의 환경에 재빨리 반응하고, 유형을 능숙하게 탐지하고, 어떤 위험이라도 보이기만 하면 우리에게 경고를 보내고, 목표 달성을 위해 행동을 일으킨다. 비의식적인 유형 탐지기가 할 수 없는 것은 내일이나 다음 주, 또는 내년에 어떤 일이 일어날 것인지를 예측하고 그에 따라 계획을 수립하는 일이다. 적응 무의식은 또 과거를 깊이 생각하지도 못하고, 과거를 일관성 있는 '자기 서사'(self-narrative: 사람이 자신의 발달 과정에 대해 의미를 부여하며 이야기 형식으로 묘사하는 것을 말한다/옮긴이)로 통합시키지도 못한다. 예측하고, 마음속으로 모의 실험을 하고, 그것을 바탕으로 계획을 마련하는 일은 의식의 중요한 기능에 속한다.

미래와 과거라는 개념을 갖고 있고, 미래와 과거에 대해 언제든지 깊이 생각할 줄 아는 생명체는 그런 능력을 갖지 못한 생명체보다 장기 계획을 훨씬 더 효과적으로 수립할 수 있다. 이것 또한 생존에 엄청난 이점을 안겨 준다. 일부 하등 생명체의 경우에 미래를 계획하는 능력을 타고 난다. 다람쥐들은 겨울에 대비해 도토리를 저장할 줄 '안다'. 그리고 철새들은 보다 따뜻한 기후를 찾아 남쪽으로 날아가야 하는 때를 '안다'. 전개 가능한 온갖 미래를 곰곰 생각한 다음에 그 시나리오들을 과거와 연결시킬 줄 아는 유연한 정신 체계를 갖고 있는 경우에 얼마나 많은 이점을 누릴 수 있을 것인지 고려해 보자. 예를 들어, 농경은 과거에 대한 지식과 미래에 대한 생각을 요구한다. 씨앗을 뿌리고 어느 정도 시간이 흐르면 거기서 싹이 튼다는 사실을 떠올리지 못한다면, 어찌 오늘 씨앗을 뿌리는 수고를 하려 들겠는가?

의식이 미래를 위해 계획을 짠다는 생각은 어쩌면 그다지 놀랍지 않을지 모른다. 의식을 최고 경영자로 보는 모델을 인정하는 사람들은 의식의 중요한 기능 하나가 장기 계획에 관여하는 것이라는 데 쉽게 동의할 것이다. 훌륭한 CEO라면 자잘한 일은 직원들에게 넘기고, 장기 목표를 수립하고 그것을 구현하는 일에 시간을 투입할 것이다.

그러나 의식을 로널드 레이건으로 보는 우리의 모델은 장기 계획을 수립하는 일을 약간 다르게 묘사한다. 연방 정부(정신)는 하루 단위로 상당히 잘 움직이는 거대한 체계이다. 최고 책임자는 미래를 보고 장기적 목표를 설정하려고 노력할 수 있지만, 정책에 중요한 변화를 이루기가 어렵다는 사실을 깨달을 수 있다. 최고 책임자가 할 수 있는 최선의 길은 거대한 관료 조직이 코스를 약간씩 바꾸도록 그 조직을 조금씩 건드려주는 것이다. 사실, 정신의 나머지에 적절하지 않은 중요한 정책 변화를 추구하는 데는 위험이 따를 수 있다.

예를 들어 보자. 허먼이라는 사람은 비의식의 차원에 다른 사람들과의 친화에 대한 욕구가 있음에도 불구하고, 일을 자기 혼자서 처리할 때가 가장 행복하다고 믿는 고독한 사람이다. 그의 미래를 계획하고 그의 행동을 결정하는 것이 그의 의식적인 자기관(自己觀)이기 때문에, 허먼은 사람들이 많이 모이는 곳과 파티를 피하고 자기 집에서 일을 할 수 있도록 컴퓨터 컨설턴트를 직업으로 선택한다. 그러나 다른 사람들과의 친교를 원하는 그의 비의식적 욕구는 이런 선택에 의해 충족되지 않으며, 그것이 불행으로 이어지고 있다. 아마 의식을 가장 잘 이용하는 길은 우리 스스로를 적응 무의식이 순조롭게 작동할 수 있는 상황에 놓는 것이다. 비의식의 욕구와 특성이 무엇인지를 잘 간파하고 그에 따라 계획을 잘 세울 수 있게 될 때, 그런 상황이 가장 잘 성취된다.

하지만 우리의 비의식적 욕구와 동기가 무엇인지 어떻게 간파한단 말인가? 이것이야말로 백만 불짜리 질문이다. 우선 당장은, 미래를 생각하고 계획을 짜는 능력이 인간에게 엄청난 이점을 부여하기는 하지만 이 능력 또한 양날의 칼이라는 점만을 밝혀두고자 한다. 만약에 우리의 의식적인 소망들이 적응 무의식의 욕망과 상충한다면, 의식적 소망들을 따르는 것이 문제가 될 수 있다.

자동적 처리 대(對) 통제된 처리

사람들이 많은 행동(예를 들면, 자전거를 타거나 자동차를 운전하거나 피아노를 연주하는 행위)을 재빨리, 별다른 노력 없이, 또 의식적인 관심을 거의 기울이지 않고도 수행할 수 있다는 사실은 널리 잘 알려져 있다. 그런 복잡한 행동을 제대로 익히기만 하면, 우리는 자동 항법 장치에 놓인 상태에서 자신이 하고 있는 일에 대해 의식적으로 생각하지 않을 때 그런 행동을 더 잘 수행한다. 이 글을 컴퓨터 자판으로 두드리고 있는 지금, 나도 새끼손가락과 검지가 무슨 일을 하고 있는지 생각하기 시작하는 순간부터 오타가 나오기 시작한다. 운동 경기에서도 이런 현상이 보인다. 운동선수가 '무의식' 상태라고 할 때, 그 말의 뜻은 그 선수가 자신이 하고 있는 행위를 정확히 자각하지 않는 가운데 최상의 수준에서 실력을 발휘하고 있다는 뜻이다. 말하자면, 선수가 무아의 경지에 들어가 있는 것이다.

어떤 일이 진행 과정을 일일이 생각하지 않아도 저절로 이뤄지는 때가 종종 있다. 피아노 연주가 무의식적인 행위가 될 수 있는 것과 똑같이, 물리적 세계와 사회적 세계에 관한 정보를 처리하는 습관적인 방식도 무의식이 될 수 있다. 정말로, 적응 무의식의 두드러진 특징은 자동 항법으로 작동할 수 있는 능력이라고 할 수 있다. 자동적인 사고는 다섯 가지의 두드러진 특징을 보인다. 비의식적이고, 신속하고, 의도가 작용하지 않고, 통제가 불가능하고, 노력을 요구하지 않는 것이다. 사회 심리학자 존 바그가 강조한 것처럼, 다양한 종류의 자동적인 사고는 정도의 차이만 있을 뿐, 이 기준들을 어느 정도 충족시킨다. 이야기를 조금 쉽게 풀어나가기 위해서 자동성을, 이 기준들 전부 또는 일부를 만족시키는 사고라고 정의하는 것도 도움이 될 것이다.

이런 형태의 사고를 특징적으로 보여주는 예들은 이미 제2장에서 소개한 바 있다. 적응 무의식이 밖에서 들어오는 정보들 중에서 선택하고 해석하고 평가하는 방법이 바로 그것이다. 칵테일 파티 현상을 다시 한 번 떠올려 보자. 적응 무의식이 우리가 가담하고 있는 대화 외의 다른 대화를 모두 차단하는 동시에 다른 사람들이 말하는 내용을 모니터하고 있지 않던가. 그러다가 타인이 우리 이름 같은 중요한 단어를 말할 때면 우리에게 경각심을 일깨워주지 않던가. 이 정신 과정은 자동성의 기준 다섯 가지를 모두 충족시킨다. 이 과정은 재빨리 무의식적으로, 전혀 의도하지 않은 가운데 일어난다. 우리가 비의식적 여과기를 작동시킬 뜻이 전혀 없는데도 그 여과기가 작동하니 말이다. 그것은 통제 불가능하다. 이유는 우리 자신이 비의식적 여과기의 작동에 대해 거의 영향력을 행사하지 못하고, 또 우리가 비의식적 여과기의 작동을 멈추게 하려고 한다고 해서 그것이 작동을 그만두는 것도 아니기 때문이다. 마지막으로, 그 과정은 노력을 들이지 않고 저절로 일어난다. 비의식적 여과기의 작동에 정신적 에너지나 자원이 거의 요구되지 않는다는 뜻이다.

자동적인 사고의 또 다른 예는 사람들을 분류하여 어떤 범주에 집어 넣으려 드는 경향이다. 사람을 처음 만나게 되면 누구나 그 사람을 인종이나 성별이나 나이에 따라 재빨리 분류 정리한다. 그럼에도, 우리는 자신이 그런 분류 작업을 하고 있다는 사실조차 알지 못한다. 자동적으로 유형화 작업을 펴는 이 정신 과정은 타고난 것일 가능성이 크다. 우리는 만나는 사람들을 여러 카테고리로 분류하게 되어 있다. 그러나 그렇게 분류하는 항목들, 그러니까 우리의 고정 관념들의 내용물은 타고나지 않는 것이 확실하다. 누구도 다른 집단에 대해 특별한 고정 관념을 품은 채 태어나지는 않는다. 그러나 주변의 문화를 통해 고정 관념을 배우기만 하면, 우리는 무심히, 비의식적으로, 또 어쩔 수 없다는 식으로, 자제하려는 노력을 기울이지 않은 채 고정 관념을 적용하려 드는 경향을 보이게 된다. 이와 반대로, 의식적인 사고는 보다 느리고, 의도가 있으며(생각하고 싶은 것만을 생각한다), 통제 가능하고(생각을 바꿀 수 있다), 노력이 요구된다(마음이 산만하거나 다른 일에 정신이 팔려 있는 상황에서는 무엇인가에 의식적 정신을 집중하기가 어렵다).

적응 무의식의 경직성

정보를 신속하고 효율적으로 처리하는 시스템의 단점은 새롭고 서로 모순되는 정보들에 둔하게 반응한다는 점이다. 실제로 사람들은 종종 자신의 선입견에 맞춰 새로운 정보를 무의식적으로 왜곡한다. 따라서 그들이 자신의 선입견이 잘못되었다는 사실을 깨닫는 것 자체가 불가능해진다. 이런 현실을 가장 잘 보여주는 예가 바로 내가 학부모들과 교사들의 모임에서 만난 필이라는 사람에게 품었던 예단이 아닐까? 필이 무례하고 나서기를 좋아하는 사람이라는 말을 아내에게 들었던 터라, 그가 실제로 그렇지 않았는데도 나는 그를 그런 인물로 판단해 버렸다.

비의식적 체계가 어떤 유형이 깨어졌다는 사실을 재빨리 탐지할 때, 거기선 무슨 일이 벌어지고 있는가? 그때까지 사물을 보던 방식이 더 이상 적용되지 않는다는 점을 간파하고 있을까? 이런 경우를 가정해 보자. 회사의 어느 고위 간부가 자신이 지난번에 해고한 직원 2명이 작은 규모의 단과 대학 출신이었던 데 반해, 자신이 최근 승진시킨 직원 3명은 큰 주립 대학 출신이었다는 사실을 (비의식적 차원에서) 알아차렸다. 지금은 직원들 모두가 각자 맡은 임무를 처리하고 있다. 이 간부는 일단의 직원들을 평가하고 있다. 직원들 중 몇 명은 단과 대학을 다녔고, 다른 몇 명은 주립 대학을 다녔다. 두 집단은 일부 업무에서 서로 우열을 보였으나 전반적으로 비슷한 수준으로 일을 처리했다. 그렇다면 이 간부는 이 직원들을 어떤 식으로 평가할까?

똑똑하고 유연한 정신 체계는 이전에 매우 작은 표본을 바탕으로 얻은 상관 관계가 직원들이라는 보다 큰 표본에는 그대로 통하지 않는다는 사실을 쉽게 인식할 것이다. 그럼에도 불구하고, 비의식적 체계는 어떤 상관 관계를 배우기만 하면 상관 관계가 존재하지 않는 곳에서도 그것을 보려 들고, 따라서 그 상관 관계가 진실이라고 더욱 강하게 확신하게 된다. 앞에 예로 든 간부는 단과 대학을 졸업한 직원들을 평가할 때엔 직원들이 일을 잘못 처리했던 때에 초점을 맞출 수 있다. 반면에 큰 대학교를 졸업한 직원들을 평가할 때엔 그들이 일을 잘 처리한 때를 기억할 가능성이 크다. 따라서 이 간부는 출신 학교를 알면 직무 수행 능력을 짐작할 수 있다는 평소의 믿음을 더 강하게 품을 수 있다.

이보다 더 나쁜 것은 사람들이 자기도 모르는 사이에 자신들의 기대를 현실로 만드는 행동을 할 수 있다는 사실이다. 로버트 로젠탈(Robert Rosenthal)과 리노어 제이콥슨(Lenore Jacobson)이 공동으로 실시한 '자기 실현적(self-fulfilling) 예언'에 관한 고전적 연구가 그런 현상을 잘 보여준다. 이들의 연구에서 놀라운 사실이 밝혀졌다. 교사들은 학생들에게 기대의 눈길을 보내는 데서 그치지 않았다. 교사들은 행동을 통해서도 학생들에 대한 자신의 기대가 현실로 실현되도록 유도하고 있었다.

로젠탈과 제이콥슨은 초등학교 학생 모두에게 학년 초에 어떤 시험을 치르게 했다. 그런 뒤 교사들에게 그 학생들 중 일부는 매우 높은 점수를 받았기 때문에 학문적으로 '꽃을 활짝 피울' 것이 틀림없다고 말해주었다. 실제로는 이 말이 반드시 진실은 아니었다. 학문적으로 '꽃을 활짝 피울' 학생으로 분류된 학생들은 연구원들이 무작위로 선택한 아이들이었다. 학생이나 학부모들에게는 시험 결과에 대해 아무런 말을 해주지 않았다. 학문적으로 '꽃을 활짝 피울' 학생은 오직 선생들의 마음속에서만 다른 급우들과 달랐을 뿐이다.

학년이 끝날 때 연구원들은 모든 아이들을 대상으로 다시 테스트를 했다. 이번에는 진짜 IQ 테스트였다. 교사들이 마음속으로 학문적으로 '꽃을 활짝 피울' 학생으로 분류했던 아이들이 다른 학생들보다 월등히 높은 IQ 점수를 얻었다. 교사들이 그 아이들을 특별히 대했던 것이다. 말하자면, 교사들이 자신의 기대가 현실로 나타날 수 있는 방향으로 아이들을 가르쳤다는 뜻이다. 학생들에 대한 교사들의 기대는 의식적인 것이지만, 그 교사들이 자신들의 기대를 현실화시키는 방법은 의식적이지 않았다. 교사들이 자기 학생들이 잘 할 것이라고 기대할 때에는 자기도 모르는 사이에 학생들에게 개인적으로 더 많은 관심을 기울이고, 그 학생들에게 질문을 더 자주 던져 대답하게 만들고, 공부에 관한 피드백을 더 멋지게 해주기 마련이다.

미러 새드커(Myra Sadker)와 데이비드 새드커(David Sadker)도 비의식의 차원에서 작동하는 '자기 실현적 예언'의 예를 한 가지 보여주고 있다. 이 예언은 미국 학급의 남학생과 여학생의 성적에 영향을 미치고 있다. 의식적 차원에서는 대부분의 교사들이 남학생과 여학생을 똑같이 다루고 있다고 믿고 있다. 이 연구에서, 새드커 부부는 교사들에게 학급 토론 장면을 담은 비디오 테이프를 보여주고 토론에 소년과 소녀 중 어느 쪽이 더 많이 기여하고 있다고 생각하는지를 물었다. 교사들은 소녀들이 소년들보다 더 자주 참여했다고 대답했다. 교사들이 소년들이 소녀들에 비해 말을 3배 정도 더 많이 한다는 사실을 깨달은 것은, 새드커 부부가 교사들에게 테이프를 보면서 소년과 소녀가 말하는 횟수를 세어보라고 주문한 뒤의 일이었다.

교사들이 비의식의 차원에서 종종 소녀보다 소년들을 더 호의적으로 다루고 있으며, 그 결과 소년들이 학급에서 더 우수한 성적을 올린다고 새드커 부부는 주장한다. 비의식적 정신은 매우 빨리 결론을 내린다("내 수학 수업을 듣는 학생들 중에서 소년들이 소녀들보다 더 똑똑해."). 이렇게 되면 교사들은 소년들에게 유리한 방향으로 움직이게 된다. 심지어 교사들이 모든 학생들을 똑같이 다루고 있다고 의식적으로 믿고 있을 때조차도 그런 일이 벌어진다.

적응 무의식이 신속히 결론을 내리면서 그 결론과 정반대의 증거가 나와도 좀처럼 태도를 바꾸지 않으려 드는 경향에서, 우리 사회가 안고 있는 가장 골치 아픈 문제 몇 가지의 원인을 찾을 수 있다. 제9장에서 논할 인종적 편견도 그런 문제 중 하나이다. '적응력이 뛰어나다'는 적응 무의식이 그런 그릇된 추론을 끌어내는 이유는 무엇인가? 다시 말하지만, 정신 과정들이 생존상의 이점을 제공해 왔다는 사실이 곧 그것들이 실수로부터 자유롭다는 것을 의미하지는 않는다. 실제로 그런 과정들이 안겨주는 이점(예를 들면, 신속한 평가와 분류)이 불행한 결과를 낳는 때가 종종 있다.

생각하기도 전에 행동부터

어린이들은 자동 항법 장치로 행동하는 경향을 특히 더 강하게 보인다. 아이들 스스로가 자신이 하고 있는 일을 자각하거나 그런 짓을 하는 이유를 알기도 전에 적응 무의식이 먼저 교묘한 방법으로 아이들의 행동을 안내하고 나서는 것이다. 암묵적 학습과 암묵적 기억 같은 비의식적인 기술들은 어린이들이 의식적으로 정교하게 추론할 능력을 갖추기 전에 나타난다. 영아들은 출생 때나 그 전(엄마의 자궁 속에 있을 때)에 일어난 일들을 암묵적(비의식적)으로 기억하는 능력을 갖고 있다. 반면에, 사물들을 명시적(의식적)으로 기억하는 능력은 출생 후 만 1년이 될 때까지도 발달하지 않는다. 더욱이, 명시적 기억에 관여하는 것으로 보이는 뇌의 부위들은 암묵적 기억에 관여하는 뇌 부위보다 한참 뒤에 발달한다.

어른들도 똑같은 상황에 처하는 때가 종종 있다. 어른들도 자신의 비의식적 정신에는 접근조차 하지 못하며, 자신의 머릿속에서 벌어지고 있는 일들을 이해하기 위해서는 의식적인 통역관에게 의존해야 한다. 적어도 어른들에게는 세련되고 똑똑한 통역관이 하나 있는데, 이 존재가 종종 머릿속의 이야기를 정확히 구성해 낸다. 어린이들은 대체로 암흑 속에 묻혀 있다고 볼 수 있다. 왜냐하면 어린이들의 의식적 통역관이 서서히 발달하고, 따라서 비의식적 정신이 무엇을 하고 있는지를 짐작할 만큼 정교함을 아직 갖추지 못했기 때문이다. 어린이가 처하는 이런 곤경이 인간 정신의 발달에 관심이 많은 심리학자들에게 딜레마를 안겨주고 있다.

사람들이 무엇을 생각하고 있는지를 파악하는 가장 쉬운 방법은 바로 그 사람에게 질문을 던지는 것이다. 인지 발달에 관한 많은 연구들은 어린이들의 '자기 보고'에 의존한다. 의식 체계가 비의식 체계보다 훨씬 더 느리게 발달하기 때문에, 오로지 어린이들의 자기 보고에만 의존하는 경우에 특정 기술이나 특징이 발달하는 연령에 대한 분석이 잘못될 수 있다. 정신의 발달에 관한 몇몇 유명한 연구에도 이런 실수가 저질러지고 있다.

* 아이들은 언제 '절감 원리'를 배우는가? 수지와 로즈마리는 둘 다 똑같이 반시간 동안 피아노를 연습했다. 수지의 어머니는 수지에게 피아노를 연습한 데 대한 보상으로 아이스크림을 하나 준 반면에, 로즈마리는 아이스크림을 받지 않고 피아노를 연습했다. 이런 경우에 누가 피아노 연주를 더 좋아했을까? 대부분의 어른들은 로즈마리가 피아노 치는 행위를 더 좋아했을 것이라고 말한다. 거기엔 수지가 부분적으로 아이스크림이라는 보상에 자극을 받아 피아노를 연습했을 것이라는 가정이 깔려 있다. 로즈마리는 어떤 보상도 받지 않고 피아노를 연습했기 때문에 아마 피아노 연주라는 순수한 즐거움에 더 강하게 끌렸을 것이라는 판단이다. 이것이 바로 '절감 원리'(discounting principle)로 알려진 예이다. 그럴 듯한 다른 원인(아이스크림)이 있다는 점에서, 한 가지 요인(피아노 연주에 대한 본래의 관심)의 역할에 대한 평가를 낮추려 드는 경향을 말한다.

발달 심리학자들은 어린이들이 이 절감 원리를 이용하기 시작하는 연령에 많은 관심을 가져왔다. 그런 연구는 전형적으로 이런 식으로 진행된다. 조사 대상이 된 아이들에게 수지와 로즈마리의 이야기 같은 것을 들려준다. 그런 다음에 아이들에게 누가 피아노 연습을 더 좋아했을 것이라고 생각하는지를 묻는다. 여덟 살이나 아홉 살이 되기 전에는 어린이들은 '가산 원리'(additivity principle)를 이용하는 것 같다. 이 원리에 따라, 아이들은 보상을 받고 어떤 행위를 한 사람이 그 행위를 더 좋아한다고 판단했다(본래의 관심 + 보상= 더 큰 관심). 여덟 살이나 아홉 살에 이르면 아이들은 절감 원리를 이용하기 시작한다. 보상을 받고 어떤 일을 하는 사람은 보상을 받지 않은 사람보다 그 일을 덜 좋아한다는 식으로 판단하는 것이다(예를 들면, 본래의 관심 + 보상= 더 작은 관심).

그러나 아이들의 말 대신에 행동을 근거로 한 연구들은 아이들이 여덟 살이나 아홉 살이 되기 훨씬 전부터 절감 원리를 이용할 수 있다는 점을 보여준다. 이 연구들은 어떤 식으로 진행되는지 보자. 아이들에게 보상을 주고 직접 재미있는 활동을 벌이게 한다. 그러고 나서 아이들이 그 활동에 끼어드는 횟수가 어느 정도인지를 관찰함으로써 그 활동에 대한 아이들의 관심을 측정한다. 예를 들어, 마크 레퍼(Mark Lepper)와 데이비드 그린(David Greene), 리처드 니스벳은 네 살에서 다섯 살 사이의 유치원 아이들에게 펠트펜으로 그림을 그리라고 부탁했다. 그 당시에 펠트펜으로 그림을 그리는 놀이는 어린이들에게 무척 기묘하고 재미있는 활동이었다. 어린아이들 일부에게는 펜으로 그림을 그리는 데 대한 보상으로 '훌륭한 놀이꾼 증서'라는 것을 주고 나머지 아이들에게는 그것을 주지 않았다.

조금 뒤 자유 시간에 연구원들은 펠트펜들을 교실에 비치해 놓고 아이들이 그 펜을 갖고 노는 시간이 어느 정도인지를 관찰했다. 예상한 바와 같이, 일찍이 보상을 받았던 아이들이 보상을 받지 않은 아이들보다 펜을 갖고 노는 시간이 훨씬 짧았다. 아이들이 자신의 행동에 절감 원리를 적용하고 있는 것처럼 보였다. 아이들이 마치 '훌륭한 놀이꾼 증서'를 얻기 위해 펜을 갖고 노는 경우에는 그 펜을 지나치게 좋아해서는 안 된다는 식으로 결론을 내린 것처럼 보였다.

그렇다면 여덟 살이나 아홉 살이 될 때까지 아이들이 타인들의 행동에 대해 설명할 때 이 같은 절감 원리를 이용하지 않는 이유는 무엇인가? 아마 적응 무의식이 의식적인 통역관보다 앞서 절감 원리를 배우기 때문일 것이다. 아이들이 절감 원리에 따라 행동하는 이유는 그들의 무의식적인 추론 체계(예를 들면, 아이들이 교실에서 펜을 갖고 놀 것인지 여부)가 행동을 이끌고 있기 때문이다. 그러나 의식적으로 행동을 해석하고, 그런 행동이 일어난 이유를 말로 보고하는 것은 의식 체계의 임무인데 이 체계가 절감 원리를 배우고 적용하는 데는 더 많은 시간이 걸린다.

사람들의 행동과 말 사이에 나타나는 이런 괴리는 성인이 되어서도 계속된다. 어른들도 보상을 받고 하는 행위에 대해 관심을 낮추는 경우가 종종 있는 것 같다. 아무런 제약이 없는 자유 시간을 지켜보고 있으면, 어떤 행위(글자 맞추기 게임 등)에 가담한 대가로 보상을 받은 사람들이 그런 보상을 전혀 받지 않은 사람에 비해 그 행위에 더 적은 시간을 보낸다. 그러나 사람들이 말로 보고한 내용을 바탕으로 분석하면, 그들은 그런 행위에 대한 관심을 줄이지 않는 것 같다. 그들은 보상을 받지 않은 사람들만큼이나 그 행위를 좋아한다고 말했다.

이 연구에서 엿볼 수 있는 것처럼, 정말로 두 개의 정신 체계가 있다면, 말하자면 사람들이 무엇을 할 것인지를 결정하는 비의식적인 체계와 할 말을 결정하는 의식적인 체계가 있다면, 이 두 체계가 서로 일치하도록 하는 방법이 있을까? 또 어떻게 하면 비의식적 체계가 이미 알고 있는 것들을 의식적 체계가 더 잘 추론하도록 할 수 있을까? 의식이 절감 원리를 배우기까지 시간이 조금 더 많이 걸리는 것 같다는 점을 감안한다면, 아마 절감 원리를 응용하기 위해서는 조금 더 많은 자극이 필요할지 모른다. 말하자면, 비의식적 체계의 경우에 보상 앞에서 본래의 관심을 깎아내릴 준비가 상당히 되어 있는 반면에, 의식적 체계는 보상에 대해 조금 더 조심스럽게 생각하는 것 같다는 뜻이다.

나도 이 가설을 놓고 제이 헐(Jay Hull)과 짐 존슨(Jim Johnson)과 함께 연구를 실시한 적이 있다. 그 연구에 참가한 대학생들에게 재미있는 퍼즐을 풀게 한 뒤에 보상을 내놓았다. 그런 뒤에 학생들의 행동을 분석했더니, 이런 종류의 다른 많은 연구에서와 마찬가지로, 보상이 퍼즐에 대한 관심을 떨어뜨리는 것으로 확인되었다. 퍼즐 게임을 어느 정도 한 뒤에 가진 휴식 시간에 보상을 받은 대학생들이 보상을 받지 않은 학생들에 비해 퍼즐을 갖고 노는 시간이 더 적었다.

그러나 흔히 그렇듯이, 보상을 받은 대학생들도 설문 조사에 앞서 자신의 행동의 원인들에 대해 곰곰 생각해 보라는 요구를 받지 않는 경우에 설문 조사에서는 퍼즐을 좋아하지 않는다고 보고하지 않았다. 사람들을 이런 식으로 깊이 생각하게 하는 것은 대부분의 경우에 그들의 행동에 영향을 미치지 않았다. 다시 말해, 학생들이 보상을 받은 행위에 여전히 덜 가담했다는 뜻이다. 반면에, 학생들이 깊이 생각하게 만드는 분위기는 그 행위에 대한 선호도에 대해 말로 하는 보고에는 영향을 미치는 것으로 드러났다. 그런 분위기에서, 어떤 행위에 대해 보상을 받은 사람들은 그 행위를 덜 좋아한다고 보고했다. 이 같은 결과들은 이런 것을 암시한다. 보상을 받은 어떤 행위에 대해 신중하게 생각할 때면, 사람들은 그 행위를 덜 좋아해야 한다고 추론하면서 거기에 절감 원리를 적용한다. 그러나 만약에 그들이 그 행위에 대해 주의 깊게 생각하지 않는다면, 그들의 의식 체계는 발달 단계에서 비교적 늦게 배우는 절감 원리를 적용하지 못한다. 심지어 적응 무의식이 이미 절감 원리를 적용하고 있음에도 불구하고, 의식에서는 그것이 어려운 것이다.

＊아이들은 언제 '마음의 이론'을 배우는가? 어느 시점에 이르러, 사람은 마음을 갖고 있는 존재가 자기만이 아니라는 사실을 깨닫게 된다. 타인들 역시 마음을 갖고 있다는 사실을 알게 되는 것이다. 그렇다고 타인들의 머릿속을 직접 들여다보면서 마음이 있는지 없는지 확인할 수는 없는 노릇이기 때문에, 우리는 심리학자들이 '마음의 이론'이라고 부르는 것을 발달시킨다. 다른 사람들도 우리와 똑같이 생각과 믿음과 감정을 갖고 있다는 추론이 바로 그것이다.

우리는 인간과 생명이 없는 물체들은 서로 매우 다르다고 믿는다(인간은 마음을 갖고 있지만 바위에는 마음이 없다). 우리는 종종 타인들이 바라보는 곳으로 눈길을 돌린다(그들이 우리가 생각하고 있지 않은 것을 생각하고 있는지 알고 싶어 한다). 우리는 자신이 다른 존재인 것처럼 꾸밀 수도 있다(다른 사람의 생각과 감정을 흉내냄으로써 그렇게 보일 수 있다). 그리고 우리는 종종 다른 사람들을 속이려고 노력한다(그들로 하여금 거짓 믿음을 품도록 유도할 수 있다). 이 모든 것들은 우리 모두가 '마음의 이론'을 갖고 있다는 사실을 보여주는 증거이다. 우리는 바위인 것처럼 꾸미거나 나무를 속이려고 애쓰지 않는다. 그런 것들에는 믿음과 생각과 감정을 담는 마음이 없다고 단정하기 때문이다.

마음의 이론은 네 살 때 쯤 발달한다는 것이 정설로 받아들여지고 있다. '틀린 믿음 패러다임'(false-belief paradigm)이라 불리는 실험에서 아이들의 동작을 살펴보면 그렇게 드러난다. 마음의 이론을 살피는 전형적인 연구를 보면, 흔히 아이들에게 어떤 사람이 뭔가를 보이지 않는 곳에 놓는 장면을 보여주게 된다. 예를 들어, 아이들은 매트라는 사람이 캔디 하나를 상자에 숨긴 뒤에 방을 나가는 모습을 볼 것이다. 그런 뒤에 샐리가 그 방으로 들어가서 캔디를 발견하여 그것을 몇 미터 떨어진 곳에 있는 바구니에 놓는다. 샐리가 방을 나간 다음에 매트가 돌아오면, 무대가 정지된다. 매트는 캔디를 어디서 찾을까? 자신이 숨겨 놓고 간 상자일까, 아니면 샐리가 숨겨 놓은 바구니일까? 네 살짜리 아이들 대부분은 이 물음에 "매트가 숨겨 놓은 상자"라고 대답한다. 그들은 매트가 아직 그 상자 안에 캔디가 그대로 있다고 믿을 것이라고 생각한다. 왜? 샐리가 캔디를 바구니로 옮기는 것을 매트가 보지 못했으니까. 그러나 대부분의 세 살짜리 아이들은 매트가 방으로 들어가면 샐리가 캔디를 숨겨 놓은 바구니를 뒤질 것이라고 말한다. 그러므로 세 살짜리 아이들은 자신의 지식과 타인의 지식을 구분하지 못하는 것 같다. 그들 자신이 캔디가 바구니에 들어 있다는 사실을 알고 있기 때문에 매트 역시 그 사실을 알고 있을 것이라고 단정 짓는 것이다. 세 살짜리 아이들의 경우에는 아직 타인들이 자신의 것과 다른 믿음을 가질 수 있다는 사실을 말해주는 마음의 이론이 제대로 발달되어 있지 않다.

아니면 그 세 살짜리 아이들도 마음의 이론을 갖고 있는 것일까? 웬디 클레멘츠(Wendy Clements)와 요세프 페르너(Josef Perner)는 '틀린 믿음'에 관한 재미난 연구를 실시했다. 이 연구에서 세 살짜리 아이들조차도 마음의 이론을 갖고 있는 것으로 드러난다. 적어도 암묵적 혹은 비의식적 차원에서는 마음의 이론이 있는 것 같았다. 이들의 연구는 매트가 캔디를 어디서 찾을 것 같은가, 하는 질문을 던지는 외에 매트가 방으로 돌아올 때 아이들이 바라보는 곳을 관찰했다는 점을 빼고는 앞에 설명한 연구와 아주 비슷하다.

그렇다면 세 살짜리 아이들이 시선을 매트가 캔디를 숨긴 곳으로 주었을까, 아니면 다른 누군가에 의해 캔디가 옮겨진 곳으로 주었을까? 이 연구원들은 아이들이 먼저 매트가 캔디를 찾을 것으로 예상되는 곳으로 시선을 줄 것이라고 짐작했다. 만약에 적절한 마음의 이론이 있었다면, 아이들은 자신들이 캔디가 들어 있다고 알고 있는 곳이 아니라 매트가 알고 있는 곳으로 눈길을 주어야 했다. 그러나 적절한 마음의 이론이 없다면, 아이들은 매트가 알고 있는 곳이 아니라 자신들이 캔디가 들어 있는 것으로 알고 있는 곳으로 눈길을 주어야 했다.

'매트가 어느 곳을 뒤질까?'라는 질문에서는 앞의 연구와 똑같은 결과가 나왔다. 아주 어린 아이들(만 2년 4개월에서 2년 10개월 사이) 중에서 그 질문에 '정답'을 내놓은 아이가 거의 전무했다. 말하자면, 아이들 거의 모두가 매트가 캔디를 찾아 바구니를 뒤질 것이라고 대답했다는 뜻이다. 아이들 자신들이 캔디가 들어 있는 것으로 알고 있는 곳을 말했던 것이다. 이것은 그 아이들에게는 아직 마음의 이론이 없다는 것을 암시한다. 그 아이들보다 나이가 더 많은 아이들의 집단에서는, 그 질문에 '정답'을 내놓은 아이들의 비율이 점저 높아졌다. 네 살 정도로 나이가 올라가면 연구 대상이 된 아이들 대부분이 정답을 제시했다.

그러면 매트가 그 방에 다시 들어갔을 때 아이들이 본 곳은 어디였을까? 나이가 가장 어린 아이들의 경우에는 시선이 말로 보고하는 내용과 일치했다. 아이들은 자신이 캔디가 들어 있는 것으로 알고 있는 바구니를 바라보았으며, 대답도 그렇게 했다. 즉 아이들의 시선을 살피거나 말로 대답을 요구한 측정은 똑같이 이 아이들에게는 마음의 이론이 없다는 점을 보여준다. 그러나 두 가지 측정은 만 세 살쯤에 이르면 극적으로 갈린다. 아이들은 '매트가 어디서 캔디를 찾을 것 같은가?'라는 질문에는 바구니라고 대답하면서도 정작 시선은 매트가 먼저 캔디를 넣었던 상자로 보내고 있었다. 이 아이들의 행동을 바탕으로 판단하건대, 마음의 이론이 실제로는 아이들의 말을 통해 드러나는 것보다 더 빨리 발달한다고 볼 수 있다. 3년 8개월 이상 된 아이들은 정확한 곳을 바라보았고, 말로 하는 대답도 정답을 제시했다.

이와 비슷한 여러 연구 결과에 대한 최선의 설명은 이렇다. 시선과 언어로 하는 대답이 각기 다른 속도로 발달하는 다른 종류의 지식을 반영하는 것이라고 보면 무난하다. 아이들의 시선을 측정하는 것은 비의식적이고 암묵적인 형태의 지식을, 나의 표현법을 빌리면 적응 무의식에 의해 획득되는 지식을 관찰하는 것이다. 반면에, 말로 하는 대답을 분석하는 작업은 발달에 시간이 조금 더 걸리는, 마음의 이론에 대한 의식적인 이해를 파악하는 것이다.

심지어 인간이 아닌 영장류도 초보 수준의 마음의 이론을 갖고 있다는 증거가 있다. 앞에서 언급한 것과 비슷한 실험에서 영장류들이 바라보는 곳을 근거로 판단할 때, 영장류에서도 마음의 이론이 잠힌다. 그러므로 매우 어린 아이들뿐만 아니라 인간 외의 영장류까지도 비의식의 차원에서 행동을 안내하는 마음의 이론을 갖고 있을지도 모른다. 이 관점은 절감 원리에 대한 아이들의 이해에 관한 문헌의 내용과도 상당히 맞아떨어진다. 어떤 측면에서 보면, 언어 측정에 지나치게 의존하는 발달 심리학자들의 경우에 아이들에게 관심을 적절히 쏟지 않고 있을지도 모른다. 발달 심리학자들은 말로 표현하는 아이들의 의식 체계를 연구하고 있다. 그런데 이 시스템은 적응 무의식보다 훨씬 늦게 발달할 수 있다.

 의식적인 정신 체계가 무의식적인 정신 체계를 따라잡을 수 있는가? 아마도 사람들의 의식적 능력은 삶의 초기에 특별히 제한적인 것 같다. 그러나 성인에 이르면, 사람들은 의식적 자기를 활짝 꽃피우게 된다. 그리고 자신들의 적응 무의식에 대해서도 더 큰 통찰을 얻게 된다. 비록 나이가 들면서 사람들의 의식적인 이론과 통찰이 더욱 정교하게 다듬어지는 것이 분명함에도 불구하고, 사람들이 결코 완벽한 통찰을 얻지는 못한다고 믿어도 좋은 이유가 있다.

 한 가지 예가 바로 사람들이 주변 환경 속에서 복잡한 유형들을 탐지하는 능력이다. 앞에서 이미 본 바와 같이, 비의식적인 체계는 유형 탐지에 신속하고 정확하며 또 매우 탁월하다. 제2장에서 예로 든 파웰 레위키, 토머스 힐, 엘리자베스 비조트의 연구를 다시 떠올려 보자. 실험에 참가한 사람들은 X 자의 위치를 맞추는 실력이 갈수록 나아졌고, 그 규칙을 바꿔 버리자마자 실력이 형편없이 떨어졌다는 사실에서도 실험 참가자들이 그 지식을 얻었다는 사실이 확인된다. 그럼에도, 참가자들 중에서 그 규칙을 의식적으로 배운 사람은 한 사람도 없었다. 이 경우에 적응 무의식이 의식적인 정신보다 학습 능력이 월등히 더 나았다.

여러 연구 보고서들은 두 가지 변수 사이의 상호 관계를 탐지하는 일(예를 들면, 사람들의 머리카락 색깔과 성격 사이에 상관 관계가 있는지 여부)에는 의식적인 체계가 무척 서툴다는 사실을 보여준다. 그런 상호 관계를 탐지하기 위해서는 상호 관계가 매우 강해야 하며, 사람들은 그 관계를 잘못 파악하게 할 위험이 있는 기존의 이론을 전혀 갖고 있지 않아야 한다.

예를 들어 보자. 많은 사람들은 겨울에 코트를 걸치지 않고 외출하면 감기에 걸릴 위험이 더 커진다고 줄기차게 믿고 있다. 차가운 날씨에 노출되는 것과 감기에 걸릴 위험 사이에 어떤 관계가 있다는 증거가 전혀 없는데도 그런 믿음을 버리지 않는다. 많은 사람들은 눈과 코를 손으로 비비는 행위와 감기에 걸릴 위험 사이의 관계에 대해서는 전혀 인식하지 못하고 있다. 코감기 바이러스가 우리 몸속으로 침투하는 길이 코와 눈이라는 사실을 뒷받침하는 증거가 상당히 많음에도 불구하고, 사람들은 그걸 모르고 있는 것이다. 적응 무의식도 완벽하지 않으며 이 상호 관계를 알지 못하고 있을 것이다. 아니, 어떻게 보면 적응 무의식의 경우에 이 상호 관계를 인지하고 있을지도 모르겠다. 적응 무의식이 우리가 눈을 더 자주 건드리지 않도록 막고 있는지 누가 아는가?

적응 무의식은 부정적인 정보에 더 민감한가?

이제 우리는 비의식적인 정신 과정과 의식적인 정신 과정의 차이점에 대해 매우 깊이 생각해야 할 시점에 이르렀다. 사람의 뇌 안에서 노동의 분리가 이뤄지고 있는 것은 아닐까? 무의식이 부정적인 정보에 의식보다 더 민감한 식으로 말이다.

앞에서 설명한 대로, 조지프 르두는 동물과 사람들이 주변 환경을 재빨리 파악하는 '전(前)의식 위험 탐지기들'을 갖고 있다는 점을 보여주었다. 감각을 전달하는 시상(視床)은 우리에게 들어오는 정보가 의식적 자각에 닿기 전에 먼저 그것을 평가한다. 시상은 어떤 정보가 우리에게 위험하다고 결정하는 경우에 즉각 공포 반응을 촉발시킨다. 진화론적 차원에서 보면, 뇌가 위험한(부정적인) 자극에 공포 반응을 가능한 한 빨리 유발하는 것이 적응력을 얼마나 높일 것인지 쉽게 확인된다.

또 안트완 베차라와 그의 동료들이 실시한 실험을 떠올려 보자. 사람들이 승률이 높은 카드를 선택하도록 이끄는 본능적인 반응이 일어나지 않던가. 그 본능적 반응은 사람들이 의식적으로 어느 카드의 승률이 가장 높은지를 깨닫기 전에 나온다. 테이블 A와 B의 카드들은 한 번에 돈을 많이 따거나 많이 잃게 되어 있지만 계속 그 카드를 선택하는 경우에 결국 돈을 잃게 되어 있었다. 반면에 테이블 C와 D의 카드들은 돈을 조금 따거나 조금 잃게 되어 있지만 줄곧 그 카드로 하면 돈을 따게 되어 있었다. 사람들은 테이블 A와 B의 카드를 피하라고 경고하는 본능적 반응(그들의 피부가 보이는 전도력 반응으로 확인할 수 있다)을 재빨리 일으켰다.

하지만 그들의 적응 무의식이 어떻게 그런 위험을 파악할 수 있을까? 한 가지 가능성은, 적응 무의식이 다양한 카드들의 짝을 마음속으로 계속 추적하며 계산하다가 결국엔 테이블 A와 B의 카드가 손실을 부를 수 있다는 사실을 파악했을 수 있다. 아니면 적응 무의식이 그보다 훨씬 더 단순한 전략을, 말하자면 큰 손실을 피하라는 전략을 갖고 있을 수 있다. 만약 무의식의 체계가 부정적인 정보에 특별히 더 민감하다면, 가끔 테이블 A의 카드에서 나온 큰 손실에 초점을 맞춰야 한다. 이런 발견이 암시하는 바는 비의식이 언제나 올바른 선택을 하지는 않는다는 것이다. 예를 들어, 테이블 A와 B의 카드들이 간혹 큰 손실을 부르기는 하지만 대체로 높은 승률을 보이는 경우에 적응 무의식은 돈을 가장 많이 따게 할 카드를 피하게 할 수 있다.

긍정적인 정보와 부정적인 정보가 뇌의 서로 다른 부위에서 처리된다는 사실을 뒷받침하는 증거가 갈수록 늘어나고 있다. 그럼에도 불구하고, 다양한 뇌 부위에서 어떤 의식적 정신 과정이 일어나고 또 어떤 비의식적 정신 과정이 일어나는지는 아직 명쾌하게 밝혀지지 않고 있다. 그러나 적응 무의식이 주변 환경에서 벌어지고 있는 부정적인 사건들을 막는 파수꾼의 역할을 맡도록 진화되어 온 것만은 분명한 것 같다.

적응 무의식은 똑똑한가, 아니면 우둔한가?

그렇다면 어느 정신이 더 똑똑할까? 여러 연구원들이 제기한 질문이다. 특히, 사회 심리학자 앤터니 그린왈드(Anthony

Greenwald)가 이 물음에 관심을 많이 쏟았다. 그린왈드는 무의식적 인지는 극히 제한적인 방식으로만 정보를 분석하는 원시적인 체계라고 결론을 내렸다. 그는 현대의 연구가 프로이트의 무의식과 매우 다른 종류의 무의식을, 꽤 덜 똑똑한 무의식을 보여주었다고 주장했다.

그린왈드가 연구를 진행한 방법을 보도록 하자. 그는 의식적으로는 지각할 수 없을 정도로 빠른 속도로 사람들에게 단어들을 제시하는 방식을 주로 택했다. 몇 차례의 연구 결과, 그런 식으로 잠재 의식에 제시되는 단어들도 사람들의 반응에 어느 정도 영향을 미칠 수 있다는 사실이 확인되었다. 예를 들어, 신 드레인(Sean Draine)과 그린왈드는 사람들에게 컴퓨터로 단어들('evil' 'peace' 등)을 제시하면서 그 단어들이 좋은 의미를 갖고 있는지 나쁜 의미를 갖고 있는지를 아주 빨리 판단하도록 했다. 실험에 참가한 사람들에게는 알려주지 않았지만, 이 단어들 앞에 의미상으로 좋거나 나쁜 뜻을 지닌, '예비 지식을 주는' 단어들을 먼저 내보냈다. '예비 지식을 주는' 단어들은 매우 빨리 깜빡였기 때문에 참가자들은 의식적으로는 볼 수 없었다. 그럼에도 불구하고, 그 단어들이 두 번째 단어에 대한 사람들의 반응에 영향을 미쳤다. 앞선 단어의 의미가 두 번째 단어와 정반대일 때, 예를 들어 'peace' 앞에 잠재 의식의 수준에서만 읽을 수 있는 속도로 'murder'(살인)라는 단어를 보여주었을 때 사람들이 실수를 범하며 'peace'를 나쁜 의미라고 판단하는 경향이 더 강했다. 앞선 단어가 의미상으로 다음 번 단어와 비슷할 때, 예를 들어 'peace'라는 단어 앞에 아주 빨리 'sunset'(일몰)을 보여주었을 때는 사람들이 실수를 저지를 확률이 낮아지며 대부분이 'peace'를 좋은 의미로 판단했다. 대부분의 심리학자들은 이런 현상을, 사람들이 잠재 의식에 제시되는 단어를 볼 수 있을 뿐만 아니라 그 의미까지 파악한다는 증거로 받아들인다. 두 번째 단어에 대한 판단이 방해를 받거나 도움을 받는 것이 그 때문이라는 주장이다.

그러나 그린월드는 무의식적 정신이 잠재의식의 차원에 제시된 단어들을 인식하고 처리하는 능력은 제한적이라고 주장한다. 예를 들어, 의미가 서로 다른 2개의 단어를 함께 제시하는 경우에 무의식적 정신이 그 글의 의미를 이해한다는 증거는 전혀 없다. 'enemy loses'라는 단어들을 보자. 연속되는 문장의 한 부분으로 읽으면, '적이 패하다' 정도로 풀이되어 긍정적인 의미를 담고 있지만, 단어 하나하나를 빨리 깜박이면, 사람들은 두 단어의 의미를 한 묶음으로 파악하지 못하고 단어 각각의 의미를 끌어낸다(이 예의 경우에 부정적인 의미로 받아들여진다). 그러므로 무의식적 정신의 인지 능력은 제한적일 수 있다.

그러나 이런 결론은 우리가 지금까지 살핀 내용 중 많은 부분과 상충한다. 예를 들어, 비의식적인 정신이 환경에 묻혀 있는 유형을 탐지하는 일에서 의식적 정신보다 더 탁월하다는 연구도 이 결론과 맞지 않는다. 하지만 우리의 정신이 겨우 몇 백 분의 1초 동안 본 정보를 판단하는 일에 서툴다고 해서 그리 놀랄 일은 아니지 않는가. 그보다는 우리의 정신이 그렇게 짧은 찰나에도 단어 하나의 의미를 어떤 식으로든 탐지한다는 사실이 더 놀라운 일이 아닌가? 실제로 이 대목에서 종종 간과되는 사실은, 무의식적 정신이 이런 임무에서 의식적 정신보다 일을 더 훌륭하게 처리해낸다는 점이다. 비록 무의식적 정신이 잠재의식에만 보이는 단어들에 대해 아주 초보적인 판단을 할 수 있을 뿐이라고 할지라도 뭔가를 보았다는 사실조차 까마득히 모르고 있는 의식적 정신보다는 여전히 더 훌륭하지 않은가? 이런 임무에서는 무의식적 정신이 의식적인 통역관보다 훨씬 더 똑똑하다.

사람들이 자신에게 들어오는 정보를 검사하고 처리할 시간을 더 많이 갖게 되면 어떻게 될까? 지금까지 살핀 바와 같이, 적어도 몇 가지 임무에서는 그래도 비의식적 정신이 의식적인 자기보다 앞선다. 유형 탐지가 바로 그런 임무에 속한다. 한 연구를 보자. 똑같은 사람들을 대상으로 여러 차례 실험을 실시했다. 어느 실험에서는 일곱 차례 제시된 문제들을 바탕으로 어떤 복잡한 규칙을 적용했다. 그런데 사람들이 그 복잡한 규칙을 배울 수 있는 것으로 확인되었다. 그들이 오래 전에 제시된 규칙을 의식적으로 기억하지 못하는 게 분명한데도 그 규칙을 떠올렸던 것이다.

확실히, 적응 무의식은 보다 유연한 의식적인 정신과 모순되는 부당한 편견과 고정 관념에도 집착하고, 융통성 없고, 유연하지 않을 수 있다. 그럼에도, '각각의 체계가 어느 정도 똑똑하고 어느 정도 우둔한가?'라는 질문에 똑떨어지는 대답은 있을 수 없다. 그 대답은 당신이 그 정신들에게 어떤 일을 해주기를 원하는가에 따라 달라질 수 있다. 어떤 면(예를 들면, 유형을 탐지하는 일)에서는 적응 무의식이 의식적인 정신보다 더 똑똑하다. 그러나 다른 면에서는 적응 무의식이 덜 똑똑하다. 결론은 두 가지 정신이 서로 다르다는 것이다. 그리고 그 다름에 '똑똑하다'든가 '우둔하다'든가 하는 딱지를 붙이는 것은 어디까지나 독단적이다. 그보다 더 유익한 접근법은 그 다름을 세밀히 분석하고, 두 가지 체계의 기능을 이해하려고 노력하는 것이다.

적응 무의식은 환경을 재빨리 둘러보고 거기서 어떤 유형을 탐지하도록 설계된, 보다 일찍 발달하는 체계이다. 특히 생명체에 위험을 안겨줄 수 있는 유형들에 더 민감하다. 적응 무의식은 유형을 쉽게 배우지만 한 번 배운 유형은 쉽게 잊지 않는다. 적응 무의식은 추론에서 상당히 경직된 모습을 보이고 유연하지 못하다. 적응 무의식은 일찍 발달해서 사람이 성장한 후에도 계속해서 그 사람의 행동을 안내한다.

이에 반해, 의식적 자기는 훨씬 더디게 발달하며 유형 탐지 같은 일부 분야에서 적응 무의식을 절대로 따라잡지 못한다. 그러나 의식적 자기는 비의식적인 학습의 속도와 효율성이 균형을 이루도록 하는 역할을 하며, 사람들로 하여금 미래에 대해 보다 신중하게 생각하고 계획을 마련하도록 한다.

비의식적 사고와 의식적 사고를, 서로가 최적의 상태에서 협력 관계를 유지하며 작동하도록 매우 잘 설계된 체계로 보는 관점이 그럴 듯해 보일지도 모르겠다. 그러나 그런 관점은 잘못되었다. 우선, 종합적 설계 같은 것은 전혀 없다. 현실 세계의 공학에서는 낡은 설계를 완전히 내팽개치고 무(無)에서 새로운 설계를 만들어낼 수 있다. 예를 들어, 라이트 형제는 이륜 마차 대신에 공중을 나는 기계를 만들기 위해 거기에 날개를 달려고 노력했다. 그들은 새롭게 시작할 수 있었으며, 마음속에 최종 목표(하늘을 나는 행위)를 간직한 채 비행기 부품을 모두 스스로 만들었다. 이와 반대로, 자연선택은 생명체의 현재 상태를 바탕으로 작동한다. 그래서 새로운 시스템은 낡은 시스템에서 진화한다. 누군가가 마음을 가다듬고 앉아서 인간 정신의 전체 디자인을 위한 청사진을 그리는 것이 아닌 것이다. 진화는 인간 정신이 이미 가진 것을 바탕으로 일어난다.

인간의 정신은 믿기 어려운 성취이다. 아마도 지구의 역사에서 가장 눈부신 성취가 아닐까 싶다. 그러나 이 같은 사실은 정신이 가장 적절하게 또는 가장 완벽하게 설계된 시스템이라는 것을 의미하지 않는다. 우리가 우리 자신에 대해 의식적으로 알고 있는 지식은 우리 자신을 위험하게 만들 만큼 꽤 제한적일 수 있다.

제4장

나는 누구인가?

우리 인간의 가장 심각한 착각은 우리라는 존재가
스스로 생각하는 그대로라고 믿는 것이다.

-H. F. 아미엘의 『앙리 프레데릭 아미엘의 일기』(1889) 중에서

조지 버나드 쇼(George Bernard Shaw)의 연극 '피그말리온' (Pygmalion)을 보면, 헨리 히긴스가 거칠기 짝이 없는 꽃 파는 소녀 엘리자를 세련되고 사랑스런 여인으로 변화시킨다. 그러면서도 그는 자신의 고약한 성격에는 어떤 변화도 추구하지 않는다. 히긴스는 자신이 품위 있고, 편견을 갖고 있지 않으며, 매우 존경할 만한 의도를 품은 세련된 영국 신사라고 확신한다. 그런 까닭에 그는 자신이 야비하고, 여자를 싫어하고, 지배하려 들고, 까다롭게 구는 인간이라는 사실을 보지 못한다. 실내복을 냅킨 대용으로 사용하고 포리지(오트밀에 우유 또는 물을 넣어 만든 죽/옮긴이)가 담긴 소스 냄비를 깨끗한 식탁보 위에 올려놓고 욕을 일삼는 그를 가정부 미시즈 피어스가 크게 나무라자, 히긴스는 진정으로 당혹스러워 한다. 그는 친구 피커링 대령에게 이렇게 말한다. "이봐, 피커링,

저 여자는 나에 대해 정말로 괴상한 생각을 품고 있어. 나를 보라고. 숫기도 없고 소심한 남자잖아. 다른 남자들처럼, 난 나 자신이 진정으로 성숙한 존재라고 느꼈던 적이 한 번도 없었어. 그런데도 저 여자는 내가 독단적이고 고압적이며 두목처럼 구는 사람이라는 생각을 버리지 않아. 도대체 왜 그런 식으로 생각하는지, 이유를 모르겠어.”

어쩌다가 히긴스가 자신의 성격에 대해 이 정도로까지 모르게 되었을까? 프로이트가 말한 억압이 그 범인일 수 있다. 거울을 똑바로 들여다보면서 현실 속의 자신의 모습을 그대로 보지 않고 자신을 세련된 영국 신사로 보는 경우에, 히긴스는 정신적 고통을 피할 수 있을 것이다.

그러나 그보다 더 간단한 설명이 가능하다. 사람들이 일상적으로 드러내는 기질과 특징, 성격들 중 많은 것이 적응 무의식의 한 부분이고, 사람들은 그 부분에 직접적으로 접근하지 못한다는 것이다. 따라서 사람들은 어쩔 수 없이 다른 원천들을 바탕으로 자신의 성격에 관한 이론들을 구성하는 수밖에 없다. 그들이 부모와 문화로부터 배운 것들과 그들 자신이 되고 싶어 하는 존재에 대한 생각들이 그 원천일 수 있다. 이 구성들은 불안을 피하려는 욕구와 억압보다는, 우리의 비의식적 성격들에 직접적으로 접근할 수 있는 길이 없는 상황에서 자기 자신에 관한 일관성 있는 이야기를 만들어내야 하는, 매우 단순한 필요성에서 비롯된다. 헨리 히긴스처럼, 사람들은 자신의 비의식적인 성격이나 능력과 일치하지 않는 이야기를 자주 지어낸다.

이런 사실이 놀랍게 들리는 이유는 사람들이 자기 자신에 대해 알고자 하는 중요한 것들 중 하나가 바로 자신의 성격이기 때문이다. "나는 진정으로 정직한 사람인가?" "나에겐 교사로 성공할 자질이 있는가?" "나도 훌륭한 부모가 될 수 있을까?" 사람들이 스스로에게 "나는 누구인가?"라고 물을 때 알기를 원하는 것이 바로 이런 자기이다. 델포이의 그리스 신탁이 사람들에게 알 것을 권한 것도 자기이며, 셰익스피어에 따르면, 자기는 우리 모두가 충실해야 하는 것이다.

그러나 적응 무의식과 의식적 자기가 똑같이 주변 환경에 규칙적으로 반응하는 유형을 갖고 있다는 점에 대해 논의하고 있는 마당에, 단 하나의 자기에 대해 이야기하는 것은 이치에 닿지 않는다. 적응 무의식과 의식적 자기의 구분은 지금까지 성격에 관한 심리학적 이론에서 대체로 무시되어 왔다.

성격 심리학의 현재 상태

고든 올포트(Gorlon Allport)는 성격에 대해 어떤 사람의 '특유한 행동과 사고'를 결정짓는 심리적 과정들이라고 정의했다. 오늘날에도 여전히 올포트가 처음 제안했을 때만큼이나 유효한 정의이다. 인간 성격의 본질에 관한 정의들 중에서 이것만큼 근본적이고 또 많은 관심을 끌었던 것도 없었으며, 이 정의만큼 논쟁의 소지가 많은 정의도 없었다. 성격 심리학 분야에는 서로 상충하는 접근 방식들이 뒤엉켜 있다. 그 접근 방식들은 심지어 다음과 같은 근본적인 물음에서도 의견의 일치를 보지 못하고 있다. 인간의 행동을 결정하는 단 하나의 핵심적인 자기가 있는가? 만약에 있다면, 그것은 도대체 무엇이며, 또 그것은 어떤 방식으로 측정할 수 있는가?

인간의 성격에 접근하는 중요한 방법들을 대략적으로 보도록 하자. 고전적인 정신분석 이론부터 살피자. 이 이론에 따르면, 성격의 두드러진 특징은 사람들이 성적 충동이나 공격 충동과 같은 억압된 욕망을 다루는 방식에서 나타난다. 이드와 자아, 초자아 사이의 갈등과 타협, 휴전이 우리라는 존재를 규정짓는다. 성격에 접근하는 중요한 방법들 중에서 유일하게 인격의 형성에 무의식의 힘을 강조하는 접근법이다.

심리주의 스펙트럼의 반대편 끝에 행동주의가 자리 잡고 있다. 행동주의는 우리가 예측하기를 원하는 것이 행동인데 행동을 예측한다면서 왜 사람의 내면을 봐야 하는가 하고 반문한다. 수적으로 줄어들고 있음에도, 내적인 심리적 구성이 아니라 행동을 결정하는 외적인 우발적 사건에만 초점을 맞추고 있는 행동주의자들이 여전히 있다.

심리주의 스펙트럼에서 중간에 위치하는 이론이 현상학적 접근법이다. 사람이 어떤 행동을 하는 이유를 이해하려면, 그 사람이 자신에 대해 내놓는 구체적 해석과 그 사람이 자신의 사회적 세계에서 발견하는 의미를 면밀히 검토하면서, 반드시 세상을 그 사람의 눈으로 들여다볼 수 있어야 한다고 주장한다. 사람이 자기 자신에 대해 품고 있는 것들로 이뤄져 있는 자기 개념(self-concept: 사람이 사회적인 맥락 속에서 자신에 대해 품고 있는 주관적인 인식을 말한다/옮긴이)을 연구함으로써, 많은 사회 심리학자들은 이 접근법을 채택하고 있다. 비록 이 접근법이 전형적으로 의식에 관한 질문을 비켜가고 있음에도 불구하고, 연구원들은 대부분 사람들이 자신의 해석들에 대해 잘 알고 있다고 단정해 왔다.

지난 몇 년 동안에 성격 연구를 지배해 온 이론은 '특성 접근법' (trait approach)이다. 모든 사람에게서 공통적으로 발견되는 근본적인 성격적 특성 몇 가지를 찾아내려고 노력하는 접근법이다. 이 접근법은 특성의 기원에 관한 이론들에 관심을 쏟기보다는 사람들이 자기 자신이나 타인의 성격을 평가하는 성격 테스트의 결과를 양적으로 분석하는 작업에 더 많은 관심을 쏟고 있다.

성격을 정교하게 분석한 결과, 5가지 기본적인 특성이 발견되었다. 외향성, 정서적 안정성, 친화성, 성실성, 경험에 대한 개방성이 그것들이다. 이 특성들은 성격을 이루는 기본적인 벽돌들이며, 우리 모두는 이 특성들을 어느 정도씩 다 갖고 있다. 각자가 이 특성들을 결합시키는 방식에 따라 그 사람의 핵심적인 또는 '진정한' 자기가 정의된다. 이 특성 접근법은 인간의 성격적 특성들이 어느 정도 유전되는지를 연구하는 행동 유전학자들에 의해 채택되고 있다. 행동 유전학자들은 주로 서로 다른 가정에서 자란 일란성 쌍둥이의 성격을 비교 분석하는 방법으로 연구 활동을 벌인다. 대체로 개인의 성격에 나타나는 차이의 20-50%가 유전적인 요인에 따른 것으로 여겨지고 있다.

이 모든 접근법들과 대조적으로, 포스트모더니스트들은 단 하나의 일관된 성격 또는 자기는 절대로 있을 수 없다고 주장한다. 이들에 따르면, 오늘날과 같은 복잡한 세상에서, 사람들이 서로 상충되는 다수의 영향력에 노출되고 있기 때문에 '나'에 대해서 단 하나의 통일된 감각을 갖기가 무척 어렵다. 우리의 문화와 역할, 사회적 환경이 변함에 따라 우리의 자기도 유동적이고 변할 것이다. 그렇기 때문에 사람들이 내면에 갖고 있는 핵심적인 특성들을 측정하거나 정의하려는 노력은 어떤 것이든 무의미하다는 것이 포스트모더니스트들의 설명이다.

미셸과 임금님의 옷

이 중요한 접근법들은 서로 거의 공통점이 없으며, 성격의 본질에 대해 근본적으로 다른 가설들을 내놓고 있다. 더욱이 1968년에 발표된 성격 연구에 대한 어느 리뷰에서, 미국 스탠포드 대학의 월터 미셸(Walter Mischel) 박사는 이 접근법들 중에서 성격 연구의 결정적인 기준, 즉 사람들의 실제 행동을 어느 정도 예측하게 하는 올포트의 기준을 만족시키는 접근법은 하나도 없다는 사실을 발견했다. 외향적인 사람이라면 내향적인 사람보다 친구들을 더 쉽게 사귀어야 하고, 성실한 사람은 성실하지 않은 사람보다 마감일을 더 자주 지킬 수 있어야 한다. 그러나 미셸은 성격적 특성과 행동 사이의 관련성은 별로 크지 않다는 사실을 발견했다.

이 소식이 심리학계를 발칵 뒤집어 놓았다. 그 말은 곧 성격 심리학자들이 측정하고 있던 특성들이 사람들의 행동을 예견하는 일에는 점성술의 별자리보다 더 나을 것이 없다는 뜻이었기 때문이다.

미셸은 단순히 그 문제를 지적하는 데서 그치지 않았다. 그는 그 문제가 발생하는 이유까지 진단했다. 우선, 성격을 연구하는 전문가들이 사람들의 성격과 별도로 사람들의 행동에 영향을 미치는 사회적 상황을 과소평가했다는 비판을 내놓았다. 예를 들면, 어떤 사람이 마감일을 준수할 것인지 여부를 예측하는 데엔, 그가 처한 상황에 대해 아는 것이 성실성 테스트에 나타난 점수보다 더 유익할 수 있다는 지적이었다. 마감일을 지키지 않을 경우에 어떤 결과를 낳을 것인지, 그 사람에게 시간이 어느 정도 있는지, 그 사람이 처리해야 할 일이 어느 정도 남았는지 등이 더 중요하다는 뜻이다. 상황이 사람에게 미치는 영향은 매우 클 수 있으며, 성격에 나타나는 개인적 차이를 압도할 만큼 큰 경우도 더러 있다.

이 주장이 성격 심리학자들과 사회 심리학자들 사이에 거친 싸움을 촉발시켰다. 성격 심리학자들은 사람의 행동을 예견하는 지표로 개인적인 차이를 내세우는 반면에, 사회 심리학자들은 사회적 상황의 본질과 사람들이 그 상황을 어떤 식으로 해석하는가 하는 점에 운명을 거는 존재들이다. 이 전투가 볼썽사나운 모습으로 전개될 때도 종종 있었다. 양 진영의 연구원들은 '상관 계수'(correlation coefficient)와 '효과의 크기'를 무슨 요술 방망이처럼 상대방을 향해 휘두르면서 자기네 것이 더 크다고 주장하곤 했다. 그럼에도 불구하고, 이 전투는 몇 가지 중요한 교훈을 드러냈다는 점에서 유익했다. 전통적으로 인식되어 오던 것과 달리, 인간의 행동을 예측하기 위해 알아야 할 사항은 성격적 변수가 전부가 아니라는 가르침이었다.

특성 연구를 비판하는 한편으로 사회적 상황의 중요성을 강조함으로써, 미셸은 종종 성격 이론의 '적(敵)그리스도'로 불려왔다. 그러나 그가 성격적 특성과 행동 사이의 낮은 상관성에 관해 내놓은 두 번째 설명은 간혹 간과되었다. 사회적 상황이 중요함에도 불구하고 여전히 성격이 그 사람의 행동을 예상하게 하는 훌륭한 근거가 된다는 내용이었다. 이를테면, 성격을 개념화하는 작업이 적절히 이뤄지지 않았다는 지적이었다. 아이러니하게도, 개인들의 성격적 차이가 행동에 나타나는 편차를 제대로 설명할 수 있도록 하기 위해서 그 차이를 어떤 식으로 측정하고 개념화해야 하는지를 보여준 사람들이 바로 미셸과 그의 동료들이다.

미셸에 따르면, 성격은 우리가 사람들을 분류할 때 이용할 수 있는 그런 정적인 특성들의 집합으로 보기보다는 사람이 상황을 해석하는 방식을 결정하는 독특한 인지적, 감정적 변수들의 집합으로 해석하는 것이 더 바람직하다. 사람들은 다양한 상황을 습관적으로 해석하고 평가하는 방법을 갖고 있는데, 사람들의 행동에 영향을 미치는 것은 바로 이런 해석들이다.

바바라라는 학생의 인지적, 감정적 성격 체계는 학업 성적이 떨어질 때 그녀가 위협을 느끼도록 만들며, 그녀가 공격적으로 행동할 가능성이 높은 때도 바로 그런 때이다. 샘이라는 사람의 인지적, 감정적 성격 체계는 그가 중요한 타인들로부터 무시당하고 있다는 느낌을 받을 때 위협을 느끼게 하며, 그가 공격적으로 행동할 가능성이 가장 높은 때는 남에게 무시당할 때이다. 이 관점에 따르면, 단 하나의 성격적 특성을 바탕으로 바바라나 샘이 어느 정도 공격적인지를 결정하려고 노력하는 것은 터무니없는 것처럼 들린다. 그보다는 각자가 사회적 상황을 어떤 식으로 해석하고 이해하는지, 그에 따라 어떤 행동을 할 것인지를 파악할 수 있어야 한다.

사람들이 자신의 인지 체계와 감정 체계를 어느 정도 자각하고 있는지는 아직 완벽하게 밝혀지지 않고 있다. 사실 정신분석 이론을 제외하고는 의식적 정신 과정과 비의식적 정신 과정의 역할을 비교해 가며 많은 이야기를 들려주는 성격 이론은 거의 없다. 성격 심리학에 관한 학자들의 새 논문을 묶은 어느 책은 자그마치 967쪽에 이른다. 출판사가 책에 대해 '성격 심리학에 관한 책으로는 지금까지 출간된 책들 중에서 가장 포괄적인 책'이라고 설명하고 있다. 그러나 색인을 훑어보면 그 논문 중에서 의식이나 무의식을 언급한 부분이 얼마 되지 않는다는 사실을 알 수 있다. 그리고 정신분석학과 관련 있는 항이 몇 개 더 있으나, 현대의 '적응 무의식'(혹은 그와 비슷한 용어)에 관한 항은 하나도 없다.

성격, 그리고 성격과 행동의 관계를 둘러싼 많은 혼란은 의식적인 체계와 비의식적인 체계를 구분하지 않는 데서 비롯되었다. 나는 미셸이 말하는 '인지적, 감정적 성격 체계'가 적응 무의식의 한 부분을 이루고 있다고 믿는다. 반면에, 다른 성격 이론들은 사람들이 자기 자신에 대해 의식적으로 해석하는 것에 초점을 더 많이 맞추고 있다.

두 개의 성격: 적응 무의식과 의식적인 자기

나의 핵심적인 주장은 인간의 성격이 두 곳에 거주하고 있다는 것이다. 적응 무의식, 그리고 자기에 대한 의식적 '해석들'이 바로 그곳이다. 적응 무의식은 올포트의 성격 정의를 충족시킨다. 적응 무의식은 사회적 환경을 해석하는 독특한 방식들을 갖고 있으며 또 사람의 행동을 이끄는 꾸준한 동기도 갖고 있다. 이런 성향과 동기들은 간접적 기법(즉, 자기 보고식 설문은 아니라는 뜻이다)으로 측정될 수 있다. 그것들은 아주 어린 시절에 뿌리를 내리며, 부분적으로 유전자에 의해 결정되고 쉽게 바뀌지 않는다.

그러나 의식적 자기도 올포트의 정의를 충족시킨다. 사람들은 비의식적인 성향과 동기에 직접 접근하지 못하기 때문에 다른 원천들을 바탕으로 의식적인 자기를 구축해야 한다. 그런 식으로 만들어지는 자기는 라이프 스토리, 형성 가능한 자기들, 명백한 동기들, '자기 이론'(self-theory), 그리고 자신의 감정들과 행동들의 원인에 대한 믿음 등으로 이뤄진다. 미국 작가이며 저널리스트인 존 디디온(Joan Didion)이 말하듯이, "우리는 살아가기 위해서 자기 자신에게 이야기를 들려준다".

이상하게도, 이 두 가지 자기들은 비교적 독립되어 있는 것 같다. 사람들이 의식적으로 구축하는 자기가 비의식적인 자기와 조화를 이루는 경우가 거의 없다는 사실을 뒷받침하는 증거들이 점점 더 늘어나고 있다. 이런 사실에 따른 결과 하나가 바로 두 개의 성격이 서로 다른 종류의 행동을 예견하고 있다는 점이다. 적응 무의식은 통제되지 않고 암묵적인 반응에 영향을 더 많이 미치는 반면에, 구성된 자기는 계획적이고 명시적인 반응에 더 많은 영향을 미치는 것 같다. 예를 들어, 직장 동료와 언쟁을 벌일 것인지 말 것인지를 신속히 결정하는 과정은 권력과 친화에 대한 비의식적 욕구의 통제를 받는 것 같다. 직장 동료를 만찬에 초대할 것인가 하는 문제와 같은 사려 깊은 결정은 그 사람의 의식적 동기의 통제를 받을 것이다.

사람들은 비의식적 성격을 직접 관찰하지 못한다. 그런 까닭에 비의식적 성격은 간접적으로 추론하는 방법밖에 없다. 일례로, 자신의 행동(예를 들면, 동료 직원들과 말다툼을 벌이는 횟수를 관찰하는 것도 아이디어다)을 잘 관찰하는 존재가 되는 것도 자신의 비의식적 성격을 파악하는 한 방법이다. 그렇다면 이런 식의 통찰은 어느 정도 중요한가? 이 통찰이 완벽할 필요는 없다. 왜 그럴까? 약간의 긍정적인 착각이 우리에게 이롭게 작용하기 때문이다. 그러나 대체로 보면 자신의 적응 무의식의 본질에 대한 추론을 정확히 하는 것이 유익하다.

적응 무의식의 성격

적응 무의식이 환경에 반응하는 방식은 꽤 독특하고 안정적이며, 따라서 올프트의 성격 정의를 충족시키고 있음을 보여주는 증거가 상당히 있다. 조너선 밀러(Jonathan Miller)의 말을 들어보자. "인간들은 자신의 인지 능력과 행동 능력 중에서 놀랄 정도로 많은 부분을 '자동적인 자기'의 존재에 의존하고 있다. 그럼에도, 정작 인간들에겐 자동적인 자기에 대한 의식적인 지식이 전혀 없다. 그렇기 때문에 인간들은 자동적인 자기에 대해 통제력을 거의 발휘하지 못한다."

비의식에 '만일 어떤 일이 벌어진다면 그땐 어떤 식으로 대처한다'는 식의 판단이 있다

지금까지 본 바와 같이, 월터 미셸과 그의 동료들은 사람들에겐 저마다 사회적 세계에 반응하는 방식을 결정짓는, 한 묶음의 독특한 인지적, 감정적 변수들이 있다고 주장했다. 이 전문가들은 사람의 행동을 이끄는 '성격 조정 체계'(personality mediating system)를 구성하고 있는 요소를 5가지 제시하고 있다. 인코딩

(encodings: 사람이 자기 자신뿐만 아니라 타인들과 상황을 해석한 것들을 일컫는다), 자기 자신과 사회적 세계에 대한 기대들, 정서와 감정들, 목표와 가치, 능력과 자동 조절되는 계획들이 그 요소들이다. 한마디로 요약하면, 사람들에겐 어떤 상황에서 구체적인 행동 방식을 결정짓는, '만일 어떤 일이 벌어진다면, 그땐 어떤 식으로 대처한다'는 명백한 규칙이 있다는 것이다. "만약에 무시당하고 있다는 느낌이 든다면, 나는 화를 내고 공격적으로 바뀔 것이다."라는 식으로 말이다.

미셸의 인지 및 감정 체계를 구성하고 있는 5가지 요소는 모두 적응 무의식의 특징이기도 하다. 상황을 습관적으로 해석하는 것도 그렇다. 예를 들어, 이 인코딩들을 어떤 식으로 측정할 것인지에 대해 생각해 보라. 한 가지 방법은 사람들에게 그저 어떤 것에 대해 어떤 식으로 인식하고 이해하는지에 대해 보고해 달라고 부탁하는 것이다. 사람들이 누군가가 자신에게 관심을 쏟지 않는다는 사실을 깨달을 때 보일 반응을 파악하려면, 아마 다음과 같은 설문지를 고안할 수 있을 것이다.

당신이 지난 몇 주 동안 당신의 보스가 당신에게 그다지 관심을 쏟지 않는다는 사실을 눈치 챘다고 가정해 보라. 당신은 그 보스의 관심 부족을 어떻게 해석할 것인가? 당신의 반응에 가장 가깝게 묘사한 문장을 골라라.

(a) 그(그녀)는 나의 능력을 굳게 믿고 있다.

(b) 그(그녀)는 나의 능력에 대한 믿음을 버렸다.

(c) 그(그녀)는 매우 바쁘다. 그 사람의 무관심은 나와 전혀 무관하다.

이런 설문에 대한 사람들의 대답이 그들의 의식적 신념 체계에 관해 흥미로운 이야기를 풀어놓을 수 있다. 그러나 그들의 대답은 그들이 무시당하고 있다고 느끼는 그 상황을 적응 무의식이 실제로 어떤 식으로 해석하고 있는지에 대해서는 거의 아무런 이야기를 들려주지 않는다. 여기서 적응 무의식의 근본적인 특성 한 가지를 떠올려 보라. 우리가 적응 무의식이 정보를 선택하고, 해석하고, 평가하는 방식에 접근하는 것은 절대로 불가능하지 않던가. 그렇기 때문에 사람들에게 자신의 비의식적인 반응을 보고해 달라고 주문하는 것은 괜한 헛수고일 뿐이다. 사람들은 자신이 어떻게 반응할 것인지에 대해 전혀 알지 못한다.

그에 대한 대안으로, 우리는 사람들의 행동을 면밀히 관찰하면서 어떤 일이 벌어지는 경우에 그들의 적응 무의식이 보일 반응의 유형을 추론하려고 노력할 수 있다. 결코 쉬운 작업은 아니지만, 이 접근법은 의식적인 설명 체계를 우회하며 비의식에 코드화되어 있는 것들에 직접 닿을 수 있다. 미셸과 그의 동료들이 채택한 접근법이 바로 이것이다. 한 연구에서, 그들은 어느 수용 시설에 사는 아이들이 다양한 상황에서 행동하는 특별한 방식에 유념하면서 그들을 몇 시간 동안 체계적으로 관찰했다. 그것을 바탕으로 그들은 아이들이 다양한 상황에서 보일 반응의 유형을 추론할 수 있었다.

예를 들어, 연구원들은 다섯 가지 상황에서 어린이들이 언어적으로 어느 정도 공격성을 띠게 되는지를 관찰했다. 친구가 가까이 다가올 때, 친구가 집적거릴 때, 어른이 칭찬할 때, 어른이 어떤 경고를 할 때, 어른이 처벌할 때 등으로 나눠 아이들을 살핀 것이다. 몇몇 아이들은 어른들로부터 경고를 받을 때 매우 공격적으로 반응했으나 다른 상황에서는 비교적 공격적이지 않은 모습을 보였다. 반면에 친구가 다가올 때에는 매우 공격적으로 반응했지만 다른 상황에서는 비교적 공격적이지 않은 아이들도 있었다. 이 아이들 각각의 '행동상의 특징'은 시간을 두고 지켜봐도 그리 변화가 없었다. 그 특징들은 아이들이 다양한 상황을 해석하는 방식들을 보여주는 것 같았다.

이런 결과가 꽤 간단하고 심지어 명백해 보일지라도, 이 연구 방법은 대부분의 성격 심리학자들이 각 개인의 차이를 연구하는 방식과 매우 대조적이다. 성격적 특성을 연구하는 사람들이라면 소년들에게 표준 설문지를 주고, 그 소년들을 공격성의 특성에 따라 분류할 것이다. 이런 식의 연구에는 각 소년이 특정 상황의 본질과 상관없이 그들의 행동을 예견하게 하는, 일정 수준의 공격성을 갖고 있다는 전제가 깔려 있다.

그러나 여기서는 특성 접근법이 틀림없이 매우 유용하지 않을 것이다. 왜냐하면 이 접근법이 다음과 같은 사실을 고려하지 않기 때문이다. 1) 소년들의 공격성은 그들이 상황을 어떻게 해석하느냐에 따라 달라진다는 사실이 배제되고 있다. 예를 들면, 소년들이 상황을 어느 정도로 위협적인 것으로 받아들이는가 하는 문제가 고려되지 않고 있다. 2) 모든 소년들이 어느 한 상황을 똑같이 해석하지 않는다는 사실도 무시되고 있다. 3) 소년들의 상황 해석은 시간이 흘러도 별로 변하지 않는다는 사실도 제외되었다. 4) 해석은 적응 무의식에 의해 이뤄진다는 사실이 고려되지 않았다. 이런 여러 가지 사항들을 두루 고려할 때에만 소년들의 행동을 꽤 잘 예측할 수 있을 것이다. 소년들에게 설문지를 나눠준 뒤에 그에 대한 대답을 바탕으로 아이들에게 단 한 가지의 성격적 특성을 부여하는 것보다 훨씬 더 훌륭한 결과를 얻을 것임에 틀림없다.

유형 탐지: 상시적 접근 용이성

적응 무의식이 정보를 판단할 때 동원하는 한 가지 규칙은 접근 용이성이다. 즉, 하나의 카테고리 또는 개념이 얼마나 활성화되어 있는가 하는 것이 중요한 규칙이라는 뜻이다. 샬롯과 사이먼이라는 사람을 고려해 보자. 샬롯에게는 '지성' 카테고리가 '우정'보다 접근성이 더 높다. 반면에 사이먼은 그 반대다. 이것은 곧 이런 의미이다. 사이먼과 샬롯이 새로운 직장 동료 마샤를 만날 때, 사이먼의 경우에 마샤가 얼마나 다정다감한지를 파악하여 기억할 가능성이 큰 반면에, 샬롯의 경우에는 그녀가 얼마나 똑똑한지를 파악하여 기억할 가능성이 더 크다. 심리학자 조지 켈리(George Kelly:1905-1967)는 이런 접근 가능한 카테고리들을 사회적 환경에 대한 우리의 해석을 안내하는 '탐지 유형들'(scanning patterns)이라고 불렀다.

많은 실험을 거친 결과, 이런 탐지 유형들이 사람들로 하여금 사회적 환경에서 오는 정보들을 재빨리 효율적으로 잡아채도록 하는 것으로 확인되었다. 한 연구에서, 실험 참가자들에게 다른 사람에 관한 문장 24개를 신속히 제시했다. 한 문장에 2초씩 매우 빠른 속도였다. 당신도 그 실험에 참가하고 있다고 가정해 보라. 당신이 어떤 사람에 관한 문장을, 예를 들어 'admitted his blunder'(그의 실책을 인정했다)라는 문장을 이제 막 읽었는데, 스크린에 다른 문장이 나타난다. 'stole from his friend's wallet'(친구 지갑에서 훔쳤다)

라는 문장이 나올 수 있다. 그러면 당신은 정보 과부하를 겪을 것이다. 모든 정보들을 다 추적하는 일이 어렵게 되고, 그 사람이 어떤 인물인지를 떠올리기가 어렵다는 사실을 깨닫게 될 것이다.

여기서 정보 과부하가 느껴지지 않는다면, 당신에겐 정보의 조직화에 도움을 주는 비의식적인 탐지 유형들이 이미 확보되어 있다. 이보다 앞서 실시한 실험에서 참가자들 중 일부는 상시적으로 접근 가능한 카테고리로 '정직'을 갖고 있는 것으로 확인되었다. 즉, 이 사람들이 다른 사람들을 판단하는 첫 번째 기준들 중 하나가 정직이라는 뜻이다. 나머지 참가자들에게는 정직이 상시적으로 접근 가능한 카테고리가 아니었다. 정직이 다른 사람들을 판단할 때 규칙적으로 동원하는 특성이 아니라는 뜻이다. 그 실험에서, 정직이 상시적으로 접근 가능한 카테고리였던 사람들이 그 문장들을 가장 쉽게 읽었으며, 그 사람에 대한 인상도 쉽게 형성했다. 왜냐하면 제시된 문장들 중 상당수가 정직과 관계있었고 또 그들이 그 문장을 처리할 준비가 잘 되어 있었기 때문이다. 이와 대조적으로, 정직이 상시적으로 접근 가능한 카테고리가 아닌 사람들의 경우에 그 실험에서 정보 과부하를 느낄 가능성이 더 컸으며, 타인에 대한 인상을 형성하는 데도 서툴렀고 제시된 문장들을 떠올리는 일에도 어려움을 더 많이 겪었다. 그것은 마치 우리가 타인들에 관한 확실한 정보를 얻기 위해 접근 가능한 카테고리에 따라 안테나를 높이 세우고 있는 것이나 마찬가지이다. 이때 안테나가 탐지하는 정보는 우리가 접근할 준비를 갖추고 있는 정보가 된다. 그리고 이 과정은 의식적 자각이 전혀 없는 가운데서 신속히 일어난다.

그렇지만 (정직 같은) 카테고리가 일부 사람들에게만 상시적으로 접근 가능한 범주가 되는 이유는 무엇일까? 조지 켈리는 사람들이 자신의 환경을 이해하고 그것을 바탕으로 미래의 환경을 예측하기 위하여 구성 개념들을 개발한다고 주장한다. 각자의 배경과 학습의 역사를 바탕으로, 사람들은 이 세상을 파악하는, 규칙적이고 색다른 방법들을 개발한다. 정직이라는 구성 개념은 이 사람에게 더 유용할 수 있고, 우정이라는 구성 개념은 저 사람에게 더 유용할 수 있다. 어떤 특별한 형태의 구성 개념, 즉 우리의 내면 깊은 곳에 저장된, 의미 있는 타인에 대한 개념은 특별히 상시적으로 접근 가능하게 되는 것 같다. 그 개념은 우리가 새로운 사람을 만날 때면 어김없이 적용된다.

전이: 새로운 것에서 옛것을 보다

미국 작가이며 저널리스트인 재닛 말콤(Janet Malcolm)의 저서 『정신분석』(Psychoanalysis: The Impossible Profession)을 보면, 한 분석가가 다른 분석가에게 이런 질문을 던진다. "이런 인간 관계를 당신이라면 뭐라고 부르겠어요? 관계를 맺고 있는 사람들은 서로를 객관적인 모습 그대로 보지 않아요. 그보다는 자신들의 어릴 적 욕구와 어릴 적 갈등이라는 틀 안에서 서로를 보고 있지요." 그러자 그 분석가는 "저라면, 그걸 인생이라고 부르겠군요."라고 대답한다.

전이, 즉 어릴 적 부모에게 품었던 감정을 새로운 인간 관계 위에 포개 놓는 현상을 발견한 프로이트의 업적은 그의 발견 중에서 '가장 독창적이고 가장 근본적인 발견'으로 불려왔다. 프로이트는 주로 오이디푸스 콤플렉스 같은, 무의식적 성적 충동과 공격 충동이 환자와 분석가인 자신의 관계에 어떤 식으로 표출되는 지에 관심을 쏟았다. 미국 정신과 의사인 해리 스택 설리번(Harry Stack Sullivan: 1882-1949)은 전이에 대해 그보다 훨씬 더 넓은 관점을 취했다. 어떤 사람이 누군가를 처음 만날 때 그 사람의 과거 인간 관계가 새로 만난 사람에 대한 인식에 미칠 수 있는 영향에 대해 논했던 것이다.

전이는 정신분석적 용어로서가 아니라, 비의식이 사회적 정보를 처리하는 시스템의 일부분으로 받아들여질 때 가장 잘 이해된다고 사회 및 성격 심리학자인 수전 앤더슨(Susan Andersen)은 주장한다. 말하자면, 적응 무의식에서 전이에 대한 이해가 가장 명쾌하게 이뤄진다는 말이다. 제1장에서 무의식이 존재하는 이유를 논할 때처럼, 앤더슨은 전이를 사람들이 불안을 야기하는 생각과 감정(예를 들면, 내가 그 사람을 사랑하는 이유는 그가 나의 아버지를 닮았기 때문이다)을 숨겨야 하는 무의식적 동기에 뿌리를 박고있는 것으로 가정할 필요가 전혀 없다고 주장한다. 대신에, 전이는 일상 생활의 정상적인 기능의 한 부분일 수 있으며, 이 기능은 사회적 인지에 관한 현대적 연구에서 가장 잘 이해되고 있다. 우리의 정신에 박힌 타인들의 표상들은 다른 상시적인 카테고리처럼 기억 속에 저장된다고 앤더슨은 주장한다. 중요한 타인과의 관계들의 표상은 그 타인이 특별히 자신과 관계있는 까닭에 수시로 마음에 떠오른다. 그렇기 때문에 그것들은 상시적으로 접근 가능한 것이 되어 우리가 새로 만난 사람들을 해석하고 평가하는 일에 종종동원된다. 한마디로 요약하면, '정직'이나 '친절' 같은 구성 개념이활성화되어 새로운 사람에게 적용되는 것과 똑같은 이치로, '나의 어머니' 또는 '헨리 삼촌' 같은 특별한 사람의 구성 개념 역시 새로 만나는 사람들에게 적용될 수 있다.

어느 전형적인 연구에서, 앤더슨은 먼저 참가자들에게 자신의 인생에서 중요한 사람의 이름을 나열하도록 한 뒤에 그 사람들이 어떤 부류인지를 파악하기 위한 질문에 대답해 달라고 부탁했다. 그런 다음에 겉보기에 이것과 달라 보이는 연구에서, 참가자들은 자신이 한 번도 만나지 않은 사람에 대한 묘사를 듣는다. 앤더슨은 참가자들이 새로 만나게 될 사람들 중 한 사람을, 그 참가자가 자신의 인생에서 중요한 인물이라고 밝힌 사람의 특징들을 공유하는 사람이 되도록 세심하게 주의를 기울였다. 당신이 이 연구에 참여했다고 가정해 보자. 그러면 당신에게 몇 사람에 대한 정보가 주어질 것인데, 그들 중 한 사람이 당신의 삶에서 중요한 인물(예를 들면, 당신의 어머니)의 특징을 일부 공유하고 있는 것으로 드러날 것이다.

앤더슨과 그녀의 동료들은 사람들이 자신의 인생에서 중요한 인물을 닮은 사람을 처음 만날 때 특별히 다르게 반응한다는 사실을 발견했다. 그 사람에 대한 정보도 더 잘 기억했으며, 그 사람에 대해서 자신의 인생에서 중요한 그 인물과 비슷한 평가를 내리는 경향을 보였다. 예를 들어, 당신이 어머니에게 좋은 감정을 품고 있다면, 당신은 어머니를 닮은 사람에게 긍정적인 반응을 보일 것이다. 만약에 당신의 어머니에게 부정적인 감정을 갖고 있다면, 당신은 새로 알게 된 사람을 싫어할 것이다.

사람들은 이런 정신 과정을 어느 정도 자각하고 있을까? 앤더슨은 그 과정이 비의식의 차원에서 재빨리 일어난다고 주장한다. 이런 식은 절대로 아닌 것이다. "음, 소피아가 나의 어머니를 많이 닮았구나. 그렇다면 그녀도 마음씨가 따뜻하고 사람들을 잘 보살피겠지." 그렇게 하는 것이 아니라, 적응 무의식은 새로운 정보를 재빨리 골라서 해석하고 평가한다. 이때 접근 가능한 카테고리가 동원된다. 이 경우에는 우리 인생에서 중요한 사람의 접근 가능한 표상들이 동원되었다. 처음 만난 사람이 중요한 인물을 닮았다는 점을 암시하는 정보가 잠재 의식에 제시되면, 해석 과정을 돕기 위해 전이가 일어난다. 비록 처음 만난 사람이 자신의 인생에 중요한 인물과 어떤 특징을 공유하고 있다는 사실을 자각하지 않더라도, 사람들은 여전히 중요한 인물에 대한 감정을 새로 만난 사람에게 전이한다. 본인이 자각하지 못하는 상태에서 일어나는 이 전이는 사람들이 처음 만난 사람에게 각각 다르게 반응하도록 만드는 중요한 원천인 것 같다.

정신분석 쪽으로 경도된 사람들에게, 앤더슨의 연구가 전이와 대상 관계에 관해 이미 알려진 내용과 상당히 일치하는 것으로 보일 수 있다. 실제로 어떤 측면에서 보면 일치하기도 한다. 그러나 적응 무의식을 연구하는 전문가들에게는 앤더슨의 연구가 두 가지 점에서 색다르게 들린다. 먼저, 그녀는 통제된 실험에서 전이를 체계적으로 연구하기 위해 새로운 방법을 개발했다. 둘째, 그녀가 억압이나 저항 또는 불안 회피 같은 이론적인 구성 개념들을 추가로 소개할 필요성을 전혀 느끼지 않는 가운데 전이가 현대의 사회적 인지 이론(예를 들면, 중요한 타인에 대한 구성 개념들을 포함하여 상시적으로 접근 가능한 모든 종류의 구성 개념들이 사람들의 판단과 행동에 어떤 식으로 영향을 미치는지에 관한 이론들)으로 쉽게 설명될 수 있다는 점을 보여주었다. 전이는 적응 무의식의 정상적인 기능의 일부분이며, 반드시 역동적인 무의식의 한 부분을 이룰 필요는 없다.

애착의 실용 모형들

과거의 인간 관계가 비의식에 영향을 미친다는 사실을 보여주는 증거는 애착 관계에 관한 연구에서도 추가로 나오고 있다. 원래 이 연구는 유아들이 부모와의 사이에 형성하는 애착의 내적 작동 모델(internal working model: 영아가 양육자와의 상호 작용을 통해 구성하는, 자기와 타인과 인간관계에 대한 인지적 표상을 말한다/옮긴이)에 초점을 맞추었다. 유아와 부모 사이의 애착은 실험을 위해 별도로 마련한 환경에서 유아가 자기 부모나 낯선 사람과 어떤 식으로 상호 작용하는지를 관찰하는 방법으로 측정된다. 부모에게 방을 몇 차례 들락거려 달라고 부탁한다. 그러면 연구원들이 부모가 방을 드나들 때마다 유아가 그 만남과 헤어짐에 어떤 식으로 반응하는지를 유심히 관찰한다. 이 반응을 바탕으로 유아들은 각각 안정적 애착 유형, 회피적 애착 유형, 또는 불안한/상반된 감정이 공존하는 애착 유형을 가진 아이로 각각 분류될 수 있다.

안정적 애착 유형을 가진 아이들은 부모가 곁을 떠날 때 낙담했다가 부모가 돌아오면 다시 편안한 모습을 되찾았다. 그런 아이의 부모는 대체로 아이의 요구 사항에 민감하게 반응하고 또 아이의 요구를 잘 들어주었다. 회피적 애착 유형을 가진 아이의 부모는 대체로 부모와 가까워지려는 아이에게 좌절감을 안겨주는 사람이다. 실험 과정에 그런 아이들은 부모가 곁을 떠나도 별로 실망하지 않고 부모가 돌아와도 별로 위안을 얻지 못했다. 불안한/상반된 감정이 공존하는 애착 유형을 가진 유아들의 부모를 보면, 전형적으로 아이들에게 둔감하다가도 금방 언제 그랬냐는 듯이 지나치게 애착을 쏟기를 반복하는 인물이었다. 이런 애착 유형을 보이는 유아들은 타인과 친해지려는 마음을 품으면서도 혹시 그들이 자신의 욕망에 화답하지 않을지 모른다고 두려워하며, 실험 중에도 부모가 곁을 떠날까 불안해하는 모습을 보인다. 이외에도 네 번째 애착 유형이 최근에 확인되었다. '혼란스런'(disorganized) 애착 유형이라고 불린다. 이런 애착 유형을 가진 유아들은 모순적인 반응을 보인다. 부모와 떨어질 때에는 울다가도 부모가 돌아오면 부모를 무시해 버리곤 한다. 일부 연구원들은 이런 애착 유형을 가진 유아들의 경우에 부모들이 의기소침하거나 냉담한 사람일 가능성이 크다고 주장한다.

이런 애착 스타일들이 내면화되어 부모와 자식 사이의 관계뿐만 아니라 타인들과의 관계에도 결정적인 영향을 미치게 된다는 이론이 일반적으로 받아들여지고 있다. 예를 들어, 한 연구는 생후 만 1년을 넘긴 아이들의 애착 스타일을 측정해 두었다가 나중에 그 아이들이 열 살이나 열한 살이 되었을 때 여름 야영 활동에서 하는 행동을 관찰해 비교했다. 회피적 애착 유형이나 불안한/상반된 감정이 공존하는 애착 유형을 가졌던 아이들과 비교할 경우에, 유아일 적에 안정적인 애착 유형을 보인 아이들은 야영 활동에서 친구들과 더 많은 시간을 함께 어울렸으며, 다른 친구들을 긍정적인 측면으로 평가하는 경향을 더 강하게 보였다.

지난 몇 년 사이에, 연구원들은 어른들의 애착 유형을 연구했다.

여기서 연구원들은 과거의 중요한 관계(예를 들면, 부모와의 관계)를 보는 습관적인 방식이 현재의 인간관계에서, 특히 연인과의 관계에서 상대방의 행동을 보는 시각에 영향을 미친다고 주장한다. 성인들의 애착 유형을 측정하는 한 방법은 사람들에게 연인 관계에 대한 느낌을 보고해 달라고 부탁하는 것이다. 그 방법엔 사람들이 자신의 감정을 쉽게 파악하고, 감정을 글로 쉽게 나타낼 수 있다는 전제가 깔려 있다. 한 연구에서는 사람들에게 어른들의 애착 관계 세 가지를 묘사해 주고 자신에게 가장 잘 어울리는 관계를 선택해 달라고 부탁했다. 예를 들어, 당신이 다음과 같이 묘사한 항을 선택한다면, 당신의 연인 관계는 불안한/상반된 감정이 공존하는 관계로 분류될 것이다. "나는 다른 사람들이 나 자신이 원하는 만큼 나와 가까워지고 싶어 하지 않는다는 사실을 깨닫고 있다. 나의 파트너가 진정으로 나를 사랑하지 않거나 나와 함께 지내기를 원하지 않는 것이 아닌가 하고 걱정할 때가 종종 있다. 나는 다른 사람과 완전히 하나가 되기를 원한다. 그런데 그런 욕망이 가끔 다른 사람들을 놀라게 만들어 나로부터 멀어지도록 한다."

성인의 애착을 측정하는 두 번째 방법은 '성인 애착 인터뷰' (Adult Attachment Interview)이다. 여기엔 사람들에게 자기 부모와의 관계를 묻는 긴 인터뷰가 포함된다. 인터뷰에 나서는 사람은 인터뷰 대상이 하는 말뿐만 아니라, 말을 하는 태도와 비언어적인 반응에도 관심을 쏟는다. 이 방법을 이용하는 연구원들은 사람들이 자신의 애착 유형을 충분히 자각하지 못한다고 가정하고 있다. 그렇기 때문에 인터뷰를 하는 동안에 그 사람의 행동을 근거로 어떤 애착 유형인지 추론할 필요가 있다. '성인 애착 인터뷰'는 성인들의 애착을 측정하는 방법으로 유효한 것 같다. 그것은 청소년기의 문제 행동(예를 들면, 범죄나 마약 복용, 학교 중퇴, 10대 임신) 같은 흥미로운 것도 예측하게 하고, 사람들이 자식들과의 사이에 형성해 놓은 끈도 예측하게 한다.

지금까지는 이야기가 꽤 간단하다. 성인의 애착 유형을 측정하는 방법은 두 가지(본인이 직접 보고하는 설문지와 '성인 애착 인터뷰')가 있다. 두 가지 모두 상당히 훌륭한 방법인 것 같다. 중요한 사회적 행동들을 예측하게 한다는 점에서 보면 그렇다. 그러나 여기도 단점이 있다. 두 가지 방법 사이에 상관성이 그리 크지 않다. 당신이 이 방법에서 안정형 애착 유형을 갖고 있는 것으로 나타나더라도, 저 방법에서도 안정형 애착 유형으로 분류될 확률은 아주 낮다.

이처럼 두 방법이 일치된 결과를 내놓기가 어려운 이유에 대한 설명 하나는 그 방법들이 서로 다른 종류의 애착을 측정하고 있기 때문일 수 있다는 것이다. 일례로, '성인 애착 인터뷰'는 그 사람이 부모와의 관계에 대해 품고 있는 기억에 주로 의존하는 한편, 본인이 직접 보고하게 하는 방식은 현재의 연인이나 배우자와의 관계에 대한 인식에 초점을 맞추고 있다. 그런데도 이 분야에서 활동하는 대부분의 연구원들은 부모와의 관계에 대한 기억과 연인이나 배우자와의 관계에 대한 관점이 똑같은 애착 유형의 영향을 받고 있다고 단정한다.

아마도 '성인 애착 인터뷰'는 적응 무의식의 중요한 특징이 된, 상습적인 차원의 애착을 건드릴 것이다. 반면에 본인이 직접 작성하는 설문지는 조사 대상자가 자신의 애착 관계에 대해 품고 있는 의식적인 믿음을 건드릴 것이다. 하지만 어떻게 이런 일이 가능한가? 애착 관계의 내적 모델처럼 근본적인 문제에서도 서로 동의하지 못할 정도로 단절된 시스템들이 같은 사람의 내면에 있을 수 있는 것인가? 이 질문에 대한 대답은 '있을 수 있다'가 될 것이다. 애착만 아니라 성격의 다른 기본적인 부분에서도 그럴 수 있다.

이원적인 동기와 목표

인생에서 가장 중요한 목표를 리스트로 만든다면, 대부분의 사람들이 맨 위에 올릴 항목들은 아마 긴밀한 인간관계와 인생의 성공(예를 들면, 직업), 그리고 권력일 것이다. 성격 심리학에 이 3가지 동기를 연구하는 전통이 오래 전부터 내려오고 있다. H. A. 머레이(Murray)와 데이비드 맥클랜드(David McClelland) 같은 심리학자들은 관계와 성취, 권력에 대한 욕구의 크기가 그 사람의 성격을 이루는 중요한 요소라고 주장했다.

이 동기들이 적응 무의식의 성격을 이루는 중요한 부분이라는 것이 증거에 의해 점점 더 강력히 입증되고 있다. 머레이와 맥클랜드는 이 기본적인 동기들이 반드시 의식적이지는 않으며, 따라서 간접적으로 측정되어야 한다고 주장했다. 그들은 '주제 통각 검사'(Thematic Apperception Test)를 이용할 것을 옹호했다. 이 방법을 이용하는 경우에, 실험 대상자들이 한 세트의 표준적인 그림들을 보면서 이야기를 엮어내는데, 이 이야기들을 바탕으로 실험 대상자들이 관계나 권력이나 성취에 대한 욕구를 어느 정도 표현하는지를 풀어낸다.

다른 연구원들은 사람들이 자신의 동기에 대해 보고하도록 하는 설문지를 개발했다. 여기엔 사람들이 자신의 동기에 대해 잘 알고 있으며 그 동기를 자유롭게 보고할 수 있다는 전제가 깔려 있다. '주제 통각 검사'와 자기 보고 설문지 중 어느 것이 동기를 측정하는 방법으로 더 나은가 하는 문제를 놓고 논란이 뜨겁게 일어났다. 나의 생각은 이렇다. 그 논란에 대한 대답은, 두 가지 방법 모두가 유효하며 각각의 방법은 서로 다른 차원의 동기를 파악하고 있다는 것이다. 하나는 적응 무의식에 있는 동기이고, 다른 하나는 의식적인 해석 체계의 일부이다.

데이비드 맥클랜드와 그의 동료들은 유력한 어느 잡지에서 이런 주장을 폈다. 첫째, 그들은 자기 보고 설문과 '주제 통각 검사' 사이에 상관성이 없다는 점을 강조했다. 만약 새라라는 사람이 설문을 통해 자신은 애착 욕구를 강하게 느낀다고 보고한다 하더라도, 우리는 그녀가 '주제 통각 검사'를 통해 비의식적으로 표현할 그 욕구의 크기에 대해서는 사실상 아무것도 알지 못한다. 둘째, 이 전문가들은 두 가지 기술이 동기를 측정하는 유효한 방법이긴 하지만 그 동기가 서로 다른 형태라고 주장했다. '주제 통각 검사'는 암묵적 동기들을 평가하는 반면에, 명시적인 자기 보고는 의식적인 동기들을 측정한다.

암묵적 동기들은 사람들이 어린 시절에 얻는 욕구로서, 자동적이고 비의식적이다. 의식적인 동기들은 사람들이 자신의 욕구에 대해 품고 있는 의식적인 이론이며 비의식적인 욕구와 다를 때가 종종 있다. 예컨대, 맥클랜드는 '주제 통각 검사'와 자기 보고 설문지로 사람들의 친화 욕구를 각각 측정한 연구 보고서를 발표했다. '주제 통각 검사'로 측정한 사람들의 친화 욕구는 사람들이 며칠 동안 시도 때도 없이 걸려 오는 모르는 사람의 전화에도 통화를 하려 할 것이라는 식으로 예측했다. 반면에 자기 보고 방식의 친화 욕구는 그렇게 예측하지 않았다. 자기 보고 방식으로 측정하는 친화 욕구는 보다 계획적인 행동 반응을 예측하는 데 도움이 된다. 예를 들면, 사람이 혼자 있거나 다른 사람과 함께 있을 때 선호하는 행동 유형 같은, 보다 신중한 행동 반응을 예측하는 데 더 적합한 것 같다. 맥클랜드가 그리는 그림은 동시에 나란히 작동하면서 서로 다른 유형의 행동에 영향을 미치는 두 개의 독립적인 체계의 그림이다. 우리의 용어로 표현한다면, 적응 무의식과 의식의 설명 체계는 서로 다른 유형의 행동에 영향을 미치는, 일단의 욕구들과 동기들을 저마다 갖고 있다고 할 수 있다.

비의식적인 동기들과 의식적인 동기들 사이의 이런 분리는 비의식적 애착 유형과 의식적 애착 유형을 논할 때 확인한 분리와 매우 비슷하다. 이 분리는 또한 의존 욕구(다른 사람과 연합하고 교류하고 싶어 하는 욕망) 같은 몇 가지 다른 종류의 동기들의 특징이기도 한다. 의존 욕구를 측정하는 테스트들이 많이 개발되었다. 그 중 일부는 명시적인 자기 보고 방식의 설문이고, 또 몇 가지는 암묵적인 도구이다. 두 종류의 도구들은 그야말로 약간의 상관성만 보일 뿐이며, 서로 다른 종류의 행동을 예측하는 경향을 보인다. 게다가, 여자들은 의존 욕구를 명시적이고 의식적으로 측정하는 경우에 더 높은 점수를 받는 반면에, 남자들은 비의식적 측정에서 더 높은 점수를 받는 경향을 보인다. 의존 욕구에 대한 간접적인 측정은 비의식적 동기를 건드리는 것 같은 반면에, 자기 보고 설문은 의식적인 동기를 일깨우는 것 같다.

우리는 우리 자신을 다른 사람들이
우리를 보는 것과 똑같이 보고 있을까?

사람의 성격에 두 가지 측면, 즉 비의식적 측면과 의식적 측면이 있고 각각의 성격이 독특한 행동을 촉발하고 있다면, 다른 사람들이 우리의 성격을 어떤 식으로 알게 되는지를 고려해보는 것도 흥미로운 작업이다. 사람들은 우리의 암묵적인 동기와 특성(예를 들면, 암묵적 친화 욕구)을 반영하고 있는, 자동적이고 통제되지 않는 우리의 행동들을 보면서 어떤 인상을 받을 수 있다. 아니면 사람들은 우리의 명시적 동기를 반영하는, 통제되고 사려 깊은 행동에서 어떤 인상을 받을 수도 있다. 사람들은 적응 무의식에서 나오는 행동들에 적어도 어느 정도는 관심을 주는 것 같다("짐은 자신이 수줍음을 탄다고 말하지만, 그가 파티의 활력소일 때가 자주 있다."는 말에서 그런 예를 볼 수 있다). 만약에 그렇다면, 다른 사람들이 우리 본인보다 우리에 대해 더 잘 알고 있을 수도 있다. 리처드 루소(Richard Russo)의 소설 『조연』(Straight Man)에 등장하는 한 인물의 말처럼. "진실은 우리가 우리 자신에 대해서 절대로 확실히 알 수 없다는 거야. … 우리는 어떤 일을 한 뒤에야 겨우 무엇을 하려 했는지 알 수 있을 뿐이거든. … 그것이 우리가 배우자와 자식, 부모, 동료와 친구들을 두고 있는 이유야. 왜냐하면 누군가는 우리가 우리 자신에 대해 아는 것보다 우리를 더 잘 알아야 하기 때문이지."

이런 놀라운 결론을 뒷받침하는 증거가 일부 있다. 첫째, 어떤 사람이 자신의 성격에 대해 생각하고 있는 것과 다른 사람들이 그 사람의 성격에 대해 생각하고 있는 것 사이에 일치하는 부분이 그다지 많지 않다. 둘 사이에 조화를 이루는 수준은 성격적 특성에 따라 다소 달라진다. 예를 들어, 사람이 어느 정도 외향적인가 하는 부분에서는 본인의 의견과 타인들의 의견이 대체로 일치하는 경향을 보인다. 그러나 다른 대부분의 성격적 특성에 대해서는 본인의 판단과 타인들의 판단이 일치하는 비율은 그저 그런 정도이다 (40%대). 그러므로 수지라는 여자가 자신의 정직성과 상냥함에 대해 판단한 내용은 그녀의 친구들이 그녀의 그런 부분에 대해 판단하는 내용과 조금만 같을 뿐이다.

더욱이, A라는 사람을 놓고 그가 어떤 존재인지를 평가할 때에는 다음과 같은 현상까지 벌어진다. 타인들에게 A라는 사람이 어떤 사람인지 평가해 달라고 부탁하라. 그리고 A에게도 자신이 어떤 존재인지 평가하도록 하라. 그런 다음에 그 평가들을 놓고 서로 비교해보라. 그런 경우에 타인들이 평가한 내용과 A 본인이 평가한 내용 사이에 비슷한 점보다는 타인들이 평가한 내용들 사이에 비슷한 점이 더 많을 것이다. 제인과 밥, 샘, 데니샤가 수지의 정직성과 상냥함에 대해 평가하고, 수지도 자신의 정직성과 상냥함에 대해 평가한다고 가정해 보자. 그러면 제인과 밥, 샘, 데니샤의 평가들 사이에 서로 일치하는 부분이, 네 사람의 평가가 수지 본인의 평가와 일치하는 부분보다 더 많을 것이다.

그렇다면 어느 쪽의 평가가 더 정확할까? 수지의 상냥함에 대해 본인인 수지가 더 잘 알까, 아니면 그녀의 친구들이 더 잘 알까? 이 물음에 대한 답을 얻기 위해, 일부 연구원들은 어떤 사람이 실제로 하는 행동을 누가 더 잘 예측하는지를 살펴보았다. 또 그 사람 본인이 자신의 성격에 대해 평점을 매긴 것이 더 정확한지 아니면 다른 사람들이 그 사람의 성격에 대해 내린 평점이 더 정확한지를 분석했다. 예를 들어, 수지가 모르는 사람을 만날 때 신경이 얼마나 예민해지는지를 측정한다고 상상해 보자. 그런 경우에, 수지 본인이 자신의 성격에 대해 얼마나 외향적이고 상냥한지를 밝힌 보고서를 기준으로 삼는 것이 타당할까, 아니면 그녀의 친구들이 보고한 내용이 더 믿을 만할까? 동료들의 보고(수지의 친구들이 내린 평점)가 그 사람 본인이 직접 쓴 보고(수지 자신이 내린 평점)보다 그 사람의 행동을 더 잘 예측한다는 사실을 뒷받침하는 증거가 있다. 예를 들어, 어느 연구에서 대학생들이 방금 처음 만난 사람과 잡담을 나누게 될 때 자신이 얼마나 신경이 날카로워지고 말이 많아질 것인지를 예측한 부분을 보면 친구들이 예상한 것보다 정확도가 떨어졌다.

다른 연구 보고서들에 따르면, 사람들은 타인의 행동을 예측하는 일보다 자신의 행동을 예측하는 일에 더 서툴렀다. '몇 주 동안 대학 캠퍼스에서 벌어질 자선 운동에 동참한다는 뜻에서 꽃을 살 계획인가?'라는 설문에 대학생들은 지나칠 정도의 장밋빛 예측을 내놓았다. 83%가 꽃을 살 것이라고 대답했다. 그러나 실제로 꽃을 산 대학생은 43%에 지나지 않았다. '다른 학생들 중에서 꽃을 살 대학생들은 어느 정도 될까?'라는 설문에 더 정확한 대답을 내놓았다. 그들은 다른 대학생들 중에서는 56% 정도가 꽃을 살 것 같다고 대답했다. 실제로 꽃을 산 43%에 훨씬 더 가까운 수치이다.

또 다른 연구서를 보자. 여기서는 사람들이 자신은 수입 중 평균 2.44달러를 자선 단체에 기부할 것 같다고 대답한 반면에 다른 사람들은 겨우 1.83달러를 기부금으로 내놓을 것 같다고 대답했다.

다시 한 번 사람들은 다른 사람들에 대한 예측에 더 정확한 것으로 확인되었다. 실제 기부액은 1.53달러였다.

사람들이 자신의 행동을 정확히 예측하지 못하는 한 가지 이유는 자신이 다른 사람들보다 더 고매하고, 친절하고, 도덕적인 행위를 할 가능성도 더 높다고 믿기 때문이다. 또 다른 이유는 사람들이 자신의 행동을 예측할 때와 다른 사람들의 행동을 예측할 때 서로 다른 종류의 정보를 근거로 삼는다는 점이다. 다른 사람들의 행동을 예측할 때, 우리는 대체로 평균적인 사람들을 통해 축적한 경험에 의존한다. 이 경험에는 사람들이 직면할 상황적인 제약("꽃을 살 뜻이 있는 사람들 중 많은 사람들이 아마 꽃을 파는 사람과 맞닥뜨리지 못할 수 있다.") 같은 것에 대한 우리의 직감도 포함된다. 우리 자신의 행동을 예견할 때에는 주로 자신의 성격에 대한 '내부 정보'("나는 다른 사람을 기꺼이 돕는 친절한 존재이다.")에 의존한다. 이것은 두 가지 이유 때문에 문제가 될 수 있다. 내부 정보에 주로 의존하다 보면 상황이 자신의 행위에 미치는 제약을 간과하게 된다. 꽃을 파는 사람을 만나지 못할 가능성도 그런 제약에 포함된다. 둘째는, 우리가 본 바와 같이, 사람들의 내부 정보는 그들의 성격에 대한 완전한 이야기가 아니며 완벽하게 정확할 수도 없다는 점이다.

하지만 누가 우리의 성격에 대해 더 훌륭한 판단을 내리는가, 하는 질문에 대해 말하자면, '우리 자신과 다른 사람들 중에서 어느 쪽이 더 정확한 판단을 내리는가'라고 묻는 것은 이치에 맞지 않을 수 있다. 수지와 그녀의 친구들은 수지의 성격에 대해 다른 시각을 가질 수 있다. 그러나 어떤 의미에서 보면 양쪽의 의견 모두가 '맞을' 수 있다. 수지의 친구들은 그녀의 행동에 드러나는 적응 무의식에 안테나를 더 예민하게 맞추고 있었을 것이다. 특히, 그녀 자신이 의식적으로 모니터하거나 통제하지 않는 행동들이 친구들의 관심권에 들어왔을 수 있다. 수지가 모르는 사람을 만날 때면 안절부절못하며 머리카락을 만지는 행위도 이에 속한다. 반면에 수지는 자신이 불편한 사회적 환경에 처하는 경우에 신경이 예민해지는 정도에 대해 평소 품고 있던 일반 이론에 근거해 자신을 평가할 것이다.

수지의 친구들은 무의식적이고 통제되지 않는 수지의 미래 행동을 예측하는 데 정확성을 조금 더 보일 것이다. 예를 들면, 그녀가 첫 데이트에서 얼마나 안절부절 허둥댈 것인지에 대한 예측이 이에 속한다. 그러나 수지의 자기관(自己觀)은, 그녀가 첫 데이트를 받아들일 것인가 하는 물음과 같은, 보다 통제되고 신중한 행동을 예견하는 데 더 정확할 것이다. 수지는, 자신의 적응 무의식과 조화를 이루지는 않지만 그래도 여전히 자신이 의식적으로 점검하고 통제하는 행동들을 예측하는 '구성된 자기'(constructed self)를 갖고 있다.

구성된 자기

적응 무의식적 성격과 따로 존재하는 의식적인 자기의 본질은 도대체 무엇인가? 지금까지 자기 개념에 관한 연구가 아주 많이 진행되었다. 자기 개념이 어떤 식으로 사람들이 자신에 관한 정보를 조직하고, 모호한 정보를 해석하고, 행동하는 것을 돕는지에 관한 연구도 그런 연구에 포함된다. 이 연구는 또한 자기의 다양한 기능들과 자기의 감정적 의미를 검토하고, 자기 개념이 문화권에 따라 어떻게 다른지를 분석한다.

그러나 '자기'를 연구하는 이론가들은 자기 개념이 어느 정도 의식적이고 어느 정도 비의식적인지를 논하는 데에는 대체로 과묵한 편이다. 상당수의 혼란스런 발견들(이미 검토한, 성격의 암묵적 측정과 명시적 측정이 서로 다른 종류의 행동을 예측한다는 보고서도 그 중 하나임)을 명쾌히 정리하기 위해서, 나는 이 문제에 초점을 맞추는 것이 매우 중요하다고 생각한다. 적응 무의식 안에 거주하고 있는 자기 개념의 양상들과 자기에 관한 의식적인 믿음들로 이뤄진 자기 개념의 양상들을 구분할 필요가 있는 것이다.

노스웨스턴 대학의 댄 맥애덤스(Dan McAdams)는 의식적인 자기 개념의 중요한 한 부분을 연구했다. 사람들이 자신과 관련해서 엮어내는 라이프 스토리를 분석한 것이다. 그는 의식적 자기 개념을 '사람들이 자신의 과거와 현재, 미래에 관해 들려주는 하나의 연속적인 이야기'라고 정의한다. 이 이야기의 중요한 기능은 그 사람 자신의 수많은 측면들을 하나의 일관된 정체성으로 통합시키는 것이라고 맥애덤스는 주장한다. 그 정체성은 오랜 기간을 두고 보면 안정적인 모습을 보이지만 동시에 언제든지 수정에 노출되어 있다. 맥애덤스의 연구에 따르면, 이 정교한 시스템의 중요한 역할은 자기의 서로 다른 부분들을 하나의 일관된 이야기로 연결시키는 것이다.

사람들이 풀어놓는 라이프 스토리는 외적 현실과 완벽하게 일치하지도 않고 또 일치할 필요도 없다고 맥애덤스는 주장한다. 라이프 스토리는 역사학자가 객관적인 사실에 근거하여 내놓는 보고서이기보다는 사람들이 자신들의 삶에 관해 풀어놓는 해석이라고 할 수 있다. 그러나 하나의 라이프 스토리가 몽땅 꾸며낸 이야기일 수는 없다. 자신의 라이프 스토리가 현실의 삶과 전혀 관계가 없는 사람은 종종 정신병원 신세를 져야 한다. 맥애덤스가 훌륭한 라이프 스토리라고 판단하는 잣대 하나는 그것이 적어도 다소 현실에 바탕을 두고 있는가 하는 점이다.

라이프 스토리가 그 사람의 성격에 접근하는 놀라운 한 방법임에도 불구하고, 다른 전문가들은 그 스토리들이 사람의 행동을 결정하는 요소로서, 그 행동에 대해 사후에 설명하는 것에 비해 대단히 중요하다는 점에 의문을 표시했다. 성격 심리학자 로버트 맥크레이(Robert McCrae)는 이 문제를 이렇게 요약했다. "나는 라이프 스토리에 대해 어떻게 생각해야 할지 아직 잘 모르겠다. 제트 기류가 기후 시스템을 주도하듯이, 라이프 스토리는 우리의 삶을 안내하는 통합적인 주제인가? 아니면 라이프 스토리는 우리의 인생사의 골자를 구체적인 사건에 어울리게 적절한 형태로 바꿔 전달하는, 다소 자기 합리화이며 부차적인 퇴고(推敲)인가?"

맥크레이의 물음은 제3장에서 의식의 역할과 관련해서 논한 문제들의 핵심을 건드리고 있다. '의식은 비디오 게임장에서 놀이 기구에 동전을 넣지도 않고 조종 손잡이를 돌리며 자동차 경주 게임을 즐기는 아이와 비슷한가?' 하는 의문과 상통하는 것이다. 이 아이는 자신의 의식적 의지와 목표와 전혀 무관한 전시용 프로그램이 게임기 스크린에 나타나고 있다는 사실을 전혀 자각하지 못하고 있다. 아이 본인은 화면에 나타나는 행위를 자신이 통제하고 있는 것처럼 느끼고 있지만, 실제로는 전혀 그렇지 않다.

그러나 이 같은 견해는 틀림없이 지나치게 극단적이다. '의식을 로널드 레이건으로 보는' 비유와 일맥상통하는데, 사람들이 자신의 특성과 동기에 대해 의식적으로 믿고 있는 바는 (그들이 생각하는 것만큼 강하지 않을지라도) 틀림없이 원인의 역할을 한다. 의식적인 자기 체계가 완전히 부수 현상적일 수는 없다. 앞에서 살펴본 바와 같이, 애착과 자극에 관한 명시적 믿음들은 일부 중요한 사회적 행동에 영향을 미친다.

예를 들어, 상당수의 이론가들은 사람들이 스스로 되고자 하거나 되어야 한다고 여기고 있는 인간형을 의식적으로 구성하려는 노력이 중요하다는 점에 주목해 왔다. 정신분석 이론에서, 어린이들은 자기 부모들의 도덕적 태도에 대한 판단을 바탕으로 자신의 초(超)자아의 일부로 '자아 이상'(ego ideal)을 개발하는 것으로 여겨진다. 사람들이 도덕적 딜레마에 봉착할 때 내리는 결정이나 그들이 경험하게 되는 감정에 이 자아 이상이 중요한 역할을 맡는다. 사회 심리학자들은 또 대안적인 자기의 구축의 중요성에 대해 논의했다. 사람들은 자신이 되고 싶어 하는 인물상(예를 들면, 성공한 변호사)과 되어야만 한다고 느끼는 존재(예를 들면, 부모)와 되고 싶지 않은 존재(예를 들면, 마약 밀매인)에 대한 정신적 구성 개념들을 갖고 있다. 가능한 자기들(possible selves: 헤이즐 마커스(Hazel Markus)와 폴라 누리우스(Paula Nurius)가 만든 용어로, 사람이 자신의 잠재력과 미래에 대해 어떤 식으로 생각하고 있는지를 보여준다/옮긴이)은 우리 자신에 대한 희망과 두려움을 의식적으로 구체화한 것이며, 이 구성들은 적어도 어느 정도는 우리의 행동에 영향을 미친다.

핵심은 바로 이것이다. 사람들이 자신의 성격을 묘사할 때, 종종 자신의 의식적인 이론들과 구성들에 대해 보고하고 있으며, 이 이론과 구성들은 그들의 적응 무의식의 성향과 동기와 일치하거나 일치하지 않을 수 있다는 점이다.

비의식적 성격과 의식적 성격의 기원

사람에게 두 개의 '자기', 이를테면 서로 아주 느슨하게 연결되는 비의식적인 자기와 의식적인 자기가 있다면, 도대체 이 체계들은 어디서 오는 것일까? 기질과 같은 적응 무의식적 성격 중 일부의 경우에 유전적인 요소를 갖고 있다는 점을 보여주는 증거가 있다. 문화와 경험이 무의식적 성격의 형성에 어떤 역할을 하는 것도 명백하다. 적응 무의식의 대표적인 특징은 자동성이며, 이 자동성 덕분에 정보들이 비의식적으로 신속하게 처리된다. 어떤 구성 개념이 자동성을 얻을 수 있는 한 가지 방법은 엄청난 반복이다. 인간들이 미셸이 논한, '만일 어떤 일이 벌어진다면 그땐 어떤 식으로 대처한다'는 식의 해석 유형이나 사회 심리학자들이 논한, 상시적으로 접근 가능한 구성 개념 같은 것을 가진 상태에서 세상에 태어나는 것은 아니다. 어린 시절의 경험에 뿌리를 박고 있는 이 구성 개념들은 빈번한 이용을 통해서만 자동성을 띠게 된다.

여기서 말하는 어린 시절의 경험이란 도대체 어떤 것인가? 데이비드 맥클랜드와 그의 동료들은 이런 가설을 제시한다. 의식적인 동기들은 보다 명시적인 부모의 가르침에서 비롯되는 반면에, 비의식적인 동기들은 유년기 초기에 뿌리를 박고 있다는 것이다. 자신들의 의견을 검증하기 위해, 맥클랜드와 그의 동료들은 30대 초반의 성인들을 인터뷰하면서, 그들의 비의식적인 동기(예를 들면, 주제 통각 검사의 그림들에 대한 반응)와 의식적이고 명시적인 동기들(자기 보고 설문에 대한 대답)을 측정했다. 이 연구에 얽힌 재미난 일화 하나는 인터뷰 대상이 된 사람들의 어머니들도 25년 전에 인터뷰의 대상이 되었다는 사실이다. 이 어머니들은 당시에 자녀 양육에 관한 이야기를 많이 털어놓았다. 25년이라는 세월을 두고 엄마와 자식을 각각 대상으로 실시한 인터뷰를 바탕으로, 연구원들은 성인이 갖는 암묵적 동기나 명시적 동기가 어릴 적의 양육 관행에 따라 어떻게 달라지는지를 살필 수 있었다.

말을 배우기 전의 초기 양육 경험은 암묵적 동기와 상관 관계가 있지만 명시적 동기와는 별다른 관계가 없다는 사실을 보여주는 증거가 일부 있다. 예를 들어, 엄마가 아기에게 젖이나 우유를 먹이는 시간이 어느 정도 규칙적이었는가 하는 점은 성인이 된 후의 암묵적 동기와 상관성을 보였으나 명시적인 성취 욕구와는 별다른 관계를 보이지 않았다.

그러나 말을 배운 이후의 경험은 암묵적 동기보다는 명시적 동기와 더 큰 상관성을 보인다. 예를 들어, 아이에게 화가 나더라도 말대꾸를 하지 말라고 가르치는 것은 명시적 동기와 상관 관계를 보였으나 암묵적 친화 욕구와는 상관 관계를 보이지 않았다. 그리고 아이들이 배워야 할 것을 명시적으로 정해 놓은 부모 밑에서 자란 아이들은 명시적 성취 욕구를 보였으나 암묵적 성취 욕구는 보이지 않았다.

따라서 비의식적인 자기와 의식적인 자기는 그 사람의 문화적, 사회적 환경의 영향을 받는 것 같지만, 그 영향이 작용하는 방식은 서로 다르다고 볼 수 있다. 어린아이의 적응 무의식의 형성을 결정 짓는 초기의 감정적 경험은 틀림없이 문화적 바탕을 갖고 있다. 문화에 따라 아이를 키우는 관행이 눈에 띄게 다르다는 점을 감안한다면, 아이의 적응 무의식은 문화의 영향을 받지 않을 수 없다. 사람들이 자기 자신과 관련해 의식적으로 개발하는 이론들도 문화적, 사회적 환경에 따라 달라진다.

자기 통찰을 위한 가르침

우리 자신의 비의식적인 성격을 더 잘 이해하려면, 우리의 시야를 가리고 있는 베일을 걷어내는 것만으로는 턱없이 부족하다. 여하튼, 성격을 직접 볼 수 있는 방법이 전혀 없기 때문이다. 그래서 우리는 어쩔 수 없이 자신의 비의식적인 성격에 대해서는 어디까지나 현명하게 짐작하는 수밖에 없다.

그런데 사람들이 자신의 의식적 구성 개념들이 비의식적인 성격과 조화를 이루지 못한다는 사실을 깨닫지 못하는 이유는 무엇인가? 세월이 흐르다 보면, 사람들은 자신의 진짜 모습이 스스로 생각하는 것과 다르다는 사실을 깨닫게 되지 않을까? '피그말리온'에 나오는 헨리 히긴스가 자신이 불경스런 말을 싫어하고 세련되고 가슴 따뜻한 신사가 아니라는 사실을 깨닫지 못하는 이유는 무엇일까? 어떻게 사람들이 자신의 진정한 모습을 어처구니 없을 만큼 까맣게 모르고 있을 수 있는가?

한 가지 이유는, 사람들이 자신에 대해 지나치게 긍정적인 관점을 갖고 있고 또 자신의 흠이나 결점을 자세히 살피지 않을 동기를 갖고 있다는 점이다. 사람들이 자신을 들여다볼 때 장밋빛 색안경을 끼고 본다는 사실을 뒷받침하는 증거는 상당히 많다. 어느 정도까지는 사람들이 그런 식으로 자신을 긍정적으로 보는 것이 건강에 좋다. 우리가 스스로를 사람들에게 실제보다 조금 더 인기 있고 외향적이며 친절한 존재라고 생각한다고 해서 해로울 게 뭐가 있겠는가?

또 다른 이유는, 사람들이 아마 부모의 명백한 가르침을 통해서 자신에 대한 의식적 이론을 개발하기만 하면, 그 이론의 부당성을 증명하기가 대단히 어려울 수 있다는 점이다. 우리는 자신의 행동이 의식적인 이론들과 부합하지 않는 때보다 부합하는 때를 더 잘 기억할 수 있다. 심지어 일치하지 않는 부분을 코앞으로 디밀어도, 우리는 그것을 예외라며 쉽게 무시해 버린다. 미시즈 피어스가 헨리 히긴스에게 바로 그날 아침에 히긴스가 "그의 부츠와 버터, 그리고 갈색 빵"에 대고 욕을 퍼부었다고 일러주자, 히긴스는 이렇게 대답한다. "아 그것! 운율이었을 뿐이에요. 미시즈 피어스, 시인에게는 너무나 자연스런 표현이지요." 욕설을 퍼붓는 미숙한 인간은 그냥 그의 자기 서사의 일부가 될 수 없으며, 따라서 그는 자기 서사와 반대되는 증거라면 어떤 것이든 쉽게 무시할 수 있다.

그러나 틀림없이 우리는 자신의 의식적 개념들이 지나치게 망가지기를 바라지 않는다. 자신의 한계와 능력과 가능성을 제대로 아는 것이 유익할 때가 자주 있다. 예를 들어, 경력을 선택해야 하는 입장이라면, 자신의 비의식적인 성격이 변호사에 더 잘 어울리는지, 세일즈맨에 더 잘 어울리는지, 아니면 서커스단의 곡예사에 더 잘 어울리는지를 알면 상당히 유리할 것이다.

의식적인 자기와 비의식적인 자기가 서로 조화를 이루지 않을 경우에 어떤 결과가 나타나는지를 연구한 논문은 극히 드물다. 예외적으로 이 분야의 연구에 몰두하는 사람을 꼽는다면, 독일 포츠담 대학의 요아힘 브룬슈타인(Joachim Brunstein) 교수와 미국 미시간 대학의 올리버 슐타이스(Oliver Schultheiss) 교수이다. 여러 연구를 통해, 그들은 주제 통각 검사를 이용하여 사람들의 비의식에 들어 있는 개인적인 동기(성취 욕구와 권력 욕구)와 공동체적 동기(친화 욕구와 친교 욕구)를 측정했다. 이들은 또 같은 동기의 측정에 자기 보고의 방법도 포함시켰다. 앞에서 논한 연구 보고서에서와 마찬가지로, 이들도 사람의 비의식적 동기와 의식적 동기 사이에 일치하는 것이 거의 없다는 사실을 발견했다.

그러나 일부 개인의 경우에 비의식적인 동기와 의식적인 동기가 조화를 이루었다. 이런 부류의 사람들은 두 가지 동기가 서로 조화를 이루지 못하는 사람들에 비해 정서적으로 더 큰 행복감을 누렸다. 한 연구에서는 학기 초에 학생들의 비의식적 목표와 의식적 목표를 측정했다. 그런 다음에 몇 주일 동안 그 학생들의 정서적 행복감을 추적했다. 그 결과, 의식적 목표와 비의식적 목표가 서로 일치하는 학생들이 학기가 진행될수록 정서적 행복감을 더 크게 느끼는 현상이 나타났다. 의식적 목표가 비의식적 목표와 일치하지 않은 학생들의 경우에 같은 기간에 정서적 행복감의 감소를 보였다. 이런 결과를 분석한다면, 적응 무의식적 성격과 적어도 어느 정도는 일치하는 의식적 이론들을 개발하는 것이 그 사람 본인에게 유익하다는 결론이 나온다.

어떻게 하면 적응 무의식적 성격과 의식적 성격을 일치시킬 수 있는지를 살피기 전에, 사람들이 대체로 간과하는 적응 무의식의 또 다른 측면을 먼저 둘러볼 필요가 있다. 예를 들어, 이런 질문을 던질 수 있다. 사람들은 자신의 감정과 판단과 행동의 원인을 어느 정도로 잘 알고 있는가?

제5장

나는 왜 이렇게 행동하고 있는가?

진정으로 말하지만,
나는 나 자신이 왜 이렇게 슬픈지 이유를 몰라 답답해 미치겠다.
내가 왜 이렇게 슬픈지,
그 이유를 도대체 모르겠어. …
나 자신에 대해 알아야 할 게 아직 너무도 많아.

-셰익스피어의 '베니스의 상인' 1막 1장(1596)

사람들은 자신의 판단과 감정과 행위의 원인들을 얼마나 잘 알고 있을까? 심리학 문헌을 들여다보면, 자신이 왜 그런 식으로 반응하는지 이유를 몰라서 자신의 행동에 대한 설명을 억지로 만들어내는 사람들의 예가 많이 나온다. 신경과 의사 올리버 색스(Oliver Sacks)의 환자 중에 코르사코프 증후군을 앓던 미스터 톰슨이라는 사람을 보도록 하자. 코르사코프 증후군은 '기질성(器質性) 기억 상실'의 한 형태로, 이 병에 걸리면 새로운 경험을 기억하는 능력을 잃게 된다. 정말 슬프게도, 미스터 톰슨은 1초 전에 일어난 일조차 기억하지 못했다. 당신이 그 사람에게 자신을 소개한 뒤 방을 나갔다가 몇 분 후에 다시 돌아오면, 그는 방금 전에 당신을 만난 기억을 전혀 떠올리지 못할 것이다.

미스터 톰슨처럼 코르사코프 증후군에 걸린다는 것은 도대체 어떤 의미일까? 이렇게 가정해 보라. 당신의 의식이 한 편의 영화와 비슷한데, 그 영화는 수백 편에 달하는 영화들의 장면을 이어 붙인 것이다. 몇 초마다 다른 영화 속의 장면이 나타난다. 각 장면은 그 전이나 후의 장면과 전혀 연결되지 않는다. 미스터 톰슨은 그 전의 장면을 하나도 기억하지 못한다. 그렇기 때문에 각각의 장면은 그 야말로 새로운 영화다. 등장인물도 새롭고, 배경도 새롭고, 대사도 새롭다.

우리의 라이프 스토리를 엮을 기억의 실을 잃는 것은 얼마나 무서운 일인지 모른다. 단 한 가지, 말하자면 미스터 톰슨이 자신의 곤경에 대해 거의 자각하지 못한다는 사실만 빼고는. 그에게는 앞의 '장면'에 대한 기억이 전혀 없기 때문에 불연속의 느낌도 없다. 그의 의식은 지금 이 순간에만 단단히 뿌리를 박고 있다. 자신이 무엇을 잃어 버렸다는 생각도 전혀 없다. 더 나아가, 그는 자꾸 새로워지기만 하는 세상의 각 장면에 의미를 부여하는 일에 대단히 뛰어났다. 그는 '새로운' 경험 하나하나를 설명할 줄거리를 스스로 창조해냈다.

만약 당신이 그의 방으로 들어간다면, 그가 당신을 한때 자신이 운영했던 식료품점에 들어서고 있는 고객으로 생각하며 맞이할 수도 있다. 그러면서 그는 당신에게 파스트라미 샌드위치를 원하는지, 아니면 햄 샌드위치를 원하는지를 물을 것이다. 직후에 '찰칵' 하고, 장면 전환이 일어난다. 이번에는 그가 당신의 흰색 코트에 주목하면서 새로운 이야기를 창조할 것이다. 이제 당신은 길 저 아래에 사는 정육점 주인이 된다. 또 다시 '찰칵' 하고 새로운 장면이 나타난다. 정육점 주인은 언제나 코트에 핏자국을 묻히고 있었다.

따라서 피가 묻지 않은 당신은 의사임에 틀림없다. 미스터 톰슨은 그런 식으로 바뀌는 이야기들에서 불일치를 전혀 알아차리지 못한다. 그는 언제나 현재 상황에 대한 설명을 완벽하게 떠올리면서도 그 설명들이 시시각각 변하고 있다는 생각은 전혀 품지 않는다. 올리버 색스는 그런 현상을 이런 식으로 묘사한다. "항상 다른 사람들과 다른 모습들과 다른 상황들로 이뤄져 있어서 꿈같기도 하고 아라비안 나이트의 세상 같기도 한 주변 세상을 설명하기 위해, 미스터 톰슨은 즉흥적으로 새로운 이야기를 풀어낸다. 그러나 미스터 톰슨 본인에게는 그 세상이 늘 변화하는 덧없는 환상이나 망상이 아니다. 그 세상은 지극히 정상적이고 안정적이며 사실에 바탕을 두고 있다. 그의 입장에서 보면, 그 세상엔 이상한 구석이 하나도 없다."

미스터 톰슨의 딜레마는 '최면 후 암시'(최면에 걸린 사람에게 최면에서 완전히 깨어나서 기억하거나 행동해야 할 것을 지시하는 것을 말한다/옮긴이)에 따라 움직이는 사람의 행동과 상당히 비슷하다. 수적으로 적긴 하지만, 우리 중에도 최면에 특히 잘 걸리는 사람이 있다. 그런 사람들은 최면 후 암시가 주어지면 그 이유를 의식적으로 전혀 자각하지 못하는 상태에서 암시에 따라 행동한다. 이런 상황이 벌어지는 경우에 그 사람은 "자신의 행동에 대한 변명을 찾고, 이상하게 들릴지 모르지만, 그 변명들이 완전히 거짓일 수 있는데도 정작 그 사람은 그것을 믿는 경향을 보인다."고 G. H. 에스터브룩스(Estabrooks)는 주장한다. 그는 다음과 같은 예를 들려준다.

최면술사가 어떤 사람에게 최면을 건다. 그러면서 그 사람에게 뻐꾸기시계가 울면 일어나서 미스터 화이트에게 걸어가서 그의 머리에 램프 갓을 올려놓고 바닥에 무릎을 꿇고 앉아 '뻐꾹' '뻐꾹' '뻐꾹'이라고 뻐꾸기 소리를 3번 내야 한다고 일러준다. 미스터 화이트는 쉽게 농담을 걸 수 있는 사람이 아니었다. 사실 까다롭고 유머 감각이 없는 사람이었다. 그런 그림에는 절대로 어울리지 않을 사람이었다. 그럼에도 뻐꾸기시계가 울자, 실험 대상자는 그 암시를 충실히 수행했다.

당연히 그 사람에게 "도대체 지금 무슨 짓거리를 하는 거야!"라는 불호령이 떨어졌다. "저, 말씀 드리지요. 좀 이상하게 들릴지 모르지만, 심리학 실험입니다. 저는 유머의 심리학에 관한 글을 읽고 있어요. 저는 별난 농담에 사람들이 어떤 식으로 반응하는지 알고 싶었어요. 화이트 선생님, 죄송합니다. 기분 상하게 해 드릴 생각은 조금도 없었습니다." 그런 뒤 그 사람은 최면 후 암시에 따라 그런 행동을 했다는 사실을 전혀 깨닫지 못하는 상태에서 자리에 앉았다.

이야기를 꾸며내는 작화(作話)의 결정적인 예는 마이클 가자니가(Michael Gazzaniga)와 조지프 르두가 연구 대상으로 삼은, '분할 뇌' 환자들의 예에서도 발견된다. 이 환자들은 2개의 뇌 반구를 연결하는 신경 섬유들이 끊어진 상태였다. 다른 치료법이 통하지 않는 심각한 발작을 줄이기 위해서였다. 왼쪽 뇌와 오른쪽 뇌의 차이에 대해 우리가 알고 있는 지식의 상당 부분은 이런 환자들을 대상으로 한 연구에서 나온다. 심리학자들은 이런 환자들을 대상으로 놀라운 실험들을 많이 실시했다. 주로 각 뇌 반구로 그림과 단어들을 비춰주고 두 개의 뇌 반구가 정보를 처리하는 과정이 똑같은지를 살피는 실험이었다.

가자니가와 르두의 실험도 그런 식으로 진행되었다. 먼저, 환자들에게 스크린의 한가운데로 눈을 고정시켜 달라고 부탁했다. 그런 다음에 가운데를 기준으로 오른쪽이나 왼쪽에 그림이 깜빡거리게 했다. 인간의 시각 체계에서 왼쪽에 비친 그림들은 오른쪽 뇌 반구로만 들어가고, 오른쪽에 깜빡거린 그림들은 왼쪽 뇌 반구로만 들어가게 되어 있다.

기억해 둘 만한 한 연구는 P. S.라는 15세 된 분할 뇌 환자를 대상으로 실시한 것이다. 연구원들은 이 환자의 한쪽 뇌 반구에 그림을 비춘 뒤 그에게 오른손이나 왼손으로 그 그림과 가장 관련이 깊은 카드를 한 장 고르라고 부탁했다. 예를 들어, 연구원들은 그 환자의 오른쪽 뇌 반구에 눈 내리는 풍경이 담긴 사진을 보여주었다. 그런 다음에 환자에게 삽과 드라이버, 깡통 따개, 톱이 그려진 카드를 보여주었다. 환자는 왼손으로 삽이 그려진 그림을 쉽게 고를 수 있었다. 왼손이 설경을 본 오른쪽 뇌 반구의 통제를 받고 있기 때문이다. 그러나 오른쪽 손으로 카드를 고르라고 부탁하자, 환자가 적절한 카드를 선택할 확률은 제비뽑기 수준으로 떨어졌다. 왜냐하면 왼쪽 뇌 반구의 통제를 받는 오른쪽 손이 설경을 관찰하지 않았기 때문이다.

연구원들이 이 환자의 양쪽 뇌 반구에 서로 다른 그림들을 동시에 비추자 일이 매우 재미있게 돌아갔다. 예를 들어, 한 실험에선 연구원들이 P. S.의 오른쪽 뇌 반구에는 눈이 내리는 풍경을, 왼쪽 뇌 반구에는 닭발을 보여주었다. 그랬더니 그는 왼쪽 손으로 삽(오른쪽 뇌 반구가 본 눈 풍경과 그것이 가장 깊이 연결되었기 때문이다)이 그려진 카드를 집었고, 오른쪽 손으로는 닭(왼쪽 뇌 반구가 본 닭발하고 가장 관련이 깊었기 때문이다)이 그려진 카드를 선택했다.

이어서 연구원들은 P. S.에게 그 카드를 집은 이유가 뭔지 물었다. 대부분의 사람들처럼, P. S.의 언어 센터도 왼쪽 뇌 반구에 있었다. 이 뇌 반구는 그가 오른손으로 닭이 그려진 카드를 선택한 이유를 알았지만(이 뇌 반구가 닭발을 보았기 때문이다), 그가 왼손으로 삽을 선택한 이유에 대해서는 전혀 알지 못했다(눈 내리는 풍경은 오직 오른쪽 뇌 반구만 보았기 때문이다). 그래도 전혀 문제가 되지 않았다. 왼쪽 뇌 반구가 재빨리 대답을 급조해 냈기 때문이다. "닭발을 보고 닭을 골랐어요. 그리고 닭장을 삽으로 깨끗이 치워야 하잖아요." 아마도 P. S.의 반응과 관련해서 가장 놀라운 사실은 그가 그런 대답을 내놓으면서도 망설임 같은 것을 전혀 느끼지 않았다는 점이다. 그 대답이 작화(作話)라는 생각은 꿈에도 하지 않았던 것이다. 가자니가와 르두의 표현을 보자. "왼쪽 뇌 반구는 짐작하는 투로 설명하지 않는다. 그보다는 그 카드를 고른 이유를 사실에 바탕을 둔 진술처럼 분명하게 제시한다."

기질성 기억 상실증을 앓는 분할 뇌 환자들과 최면 후 암시를 행동으로 옮기는 사람 사이에 재미있는 유사점이 한 가지 발견된다. 분할 뇌 환자들도 그렇고 최면에 걸린 사람도 그렇고, 모두가 자신의 행동이나 환경을 설명하기 위해 곧잘 이야기들을 꾸며낸다는 점이다. 그러면서도 자신의 설명이 허구라는 사실을 전혀 깨닫지 못한다. 완고하기 짝이 없는 미스터 화이트 같은 사람에게 램프 갓을 씌우는 괴상한 짓을 해놓고도 그것이 픽션이라고는 전혀 생각하지 않았던 것이다.

이런 예들은 우리에게 무슨 이야기를 들려주고 있는가? 다행히도, 우리 대부분은 P. S.나 미스터 톰슨, 아니면 에스터브룩스의 최면술 연구 대상이 되었던 사람과 다르다. 내가 아는 한, 나에겐 오른쪽 뇌 반구와 왼쪽 뇌 반구 사이의 정보 이동을 가능하게 하는, 손상되지 않은 뇌량(腦梁)이 있다. 비록 나의 기억력이 완벽하지 않다 해도 미스터 톰슨의 기억력보다는 월등히 낫다. 또 내가 아는 한, 나는 최면 후 암시에 따라 이상한 짓을 하지도 않는다.

P. S.와 미스터 톰슨, 그리고 최면에 걸린 사람은 우리와 너무나 다르기 때문에, 그들의 작화(作話)가 심리학의 특별한 케이스로 여겨질 수도 있다. 그러나 가자니가와 르두는 놀라운 주장을 내놓는다. 우리 모두가 그들처럼 설명을 가공하는 경향을 갖고 있다는 것이다. 언어로 표현되는 의식적인 자기가 우리가 특정한 행동을 하는 이유를 알지 못할 때가 자주 있기 때문에 아주 그럴싸한 설명을 창조해 낸다는 주장이다.

뇌에 손상을 입었거나 뇌 수술을 받은 환자 몇 명만을 근거로 모든 인간들이 자신의 행위의 원인을 잘 모르며, 따라서 그 원인을 창조해 내는 '작화기'(作話機)를 갖고 있다고 결론을 내리는 것은 어쩌면 논리의 비약일 수 있다. 그럼에도, 뇌에 손상을 입은 사람들의 능력이나 결함은 인간의 뇌 작용을 들여다볼 수 있는 창이 될 수 있다. 게다가, 뇌에 손상을 입으면 일부 능력이 상실된다는 사실이 그런 연구를 통해서 확인되고 있다. 가자니가와 르두는 뇌의 두 반구 사이의 연결을 끊은 것이 P. S.에서 관찰되는 작화의 원인이 아닐 수 있다는 점을 조심스레 내비치고 있다. 이 전문가들은 그런 현상에서 작화를 하려 드는 인간의 공통적인 경향을 읽어내고 있는 것이다.

일상적인 행동의 원인조차도 잘 모른다

사람의 행동이 본인의 암묵적 동기와 이 세상에 대한 비의식적 해석에 의해 결정될 때가 종종 있다. 우리는 자신의 성격의 이런 측면들에 직접적으로 접근하지 못한다. 그렇기 때문에 비의식이 우리의 행동에 어떤 식으로 영향을 미치는지에 대해 까맣게 모르고 있다. 누군가에게 새로 알게 된 사람에게 왜 그런 느낌을 받았느냐고 물으면, 그 사람은 아마 이런 식으로 대답하지는 않을 것이다. "그가 약간 공격적이라는 사실을 확인했어요. 공격성은 내가 수시로 접근할 수 있는 특성이니까요." 또 이런 대답도 기대하기 어려울 것이다. "그 사람이 나한테 관심을 보이지 않아 속이 많이 상했어요. 이유는 내가 우리 부모님과 불안정한 애착 관계를 유지하고 있기 때문이지요." 우리 모두는 자신의 적응 무의식의 성격에 접근하지 못한다.

그러나 성격이 행동의 유일한 원천은 아니다. 사람의 감정과 판단과 행동은 그때그때 사회적 상황의 영향을 성격의 영향 못지않게 강하게 받는다. 물론, 성격과 사회적 환경 사이의 구분은 인위적이다. 왜냐하면 성격에 따라서 환경에 대한 해석이 종종 달라지기 때문이다. 예를 들어 보자. 부장이 매주 열던 프로젝트 회의를 건너뛰기라도 하면, 조라는 부원은 부장의 결정이 자신의 일을 높이 평가하지 않기 때문이라고 해석한다. 반면에 사라라는 직원은 그것을 부장이 직원의 일에 대한 신뢰를 보여주는 신호로 받아들이고, 따라서 그녀는 어깨너머로 남의 눈치를 살피거나 의기소침해 할 필요를 전혀 느끼지 않는다.

그럼에도 불구하고, 사회적 상황이 매우 강력한 경우에는 사실상 거의 모든 사람들이 그 상황을 똑같이 해석할 수 있다. 말하자면, 사회적 상황이 성격적 차이를 '압도'해 버리는 것이다. 이런 현상이 아주 분명하게 나타날 때도 더러 있다. 강도가 권총을 들이대며 "가진 돈 다 내놔!"라고 협박하는 때가 그런 경우다. 그러면 대부분의 사람들은 그 명령에 순순히 따를 것이다. 우리가 부모와 어떤 유형의 애착 관계를 갖고 있는가 하는 문제도 강도에겐 전혀 통하지 않고, 아무리 구두쇠라도 거기에는 예외가 없다. 한편, 사회적 영향의 힘이 이보다 훨씬 더 약할 때도 가끔 있다. 스탠리 밀그램 (Stanley Milgram)이 잘 보여주듯이, 죽음을 부를 수 있는 전기 충격을 인간에게 가하도록 유도하는 일도 매우 쉬울 수 있다.

중요한 것은 성격이 행동을 결정하는 유일한 요인이 아니며 또 인간은 매 순간 변하는 환경적 요인이 자신의 감정과 판단, 행동에 어떤 식으로 영향을 미치는지에 대해 더 잘 알 수 있다는 사실이다. 내면 깊숙한 곳에 숨어 있는 성격의 여러 특성들이 우리의 행동을 결정짓는 과정을 밝혀내는 작업은 어려울 수 있다. 그러나 남자친구 존이 저녁 약속을 까먹을 때 화를 내고, 할머니가 편찮으시다는 소식을 들으면 슬퍼지고, 대합조개탕을 너무 많이 먹으면 속이 메스꺼워지는 느낌은 보다 쉽게 느낄 수 있다. 분명히 말하지만, 우리를 둘러싸고 있는 환경이 매 순간 우리들에게 어떤 식으로 영향을 미치고 있는지를 탐지할 수 있다면, 그 능력은 우리에게 엄청난 이점으로 작용할 것이다. 그런 능력이 없으면, 다음 파티에서도 아무 생각 없이 대합조개탕을 마구 먹게 될지도 모른다.

그럼에도, 자신의 감정과 믿음의 뿌리를 이해하는 일에 관한 문제라면, 그만 말문이 막혀버리는 경우가 간혹 있다. 셰익스피어가 '베니스의 상인'의 첫머리에서 강조한 그대로, 우리는 스스로를 알기 위해 엄청 소란을 피운다. 우리의 의식적 자기가 종종 우리의 반응들의 원인을 모르고 있기 때문에 그 원인들을 꾸며내야 한다고 생각한 가자니가와 르두의 판단이 옳다는 점을 뒷받침하는 증거가 점점 늘어나고 있다.

자기 아이의 이름을 왜 그것으로 짓는지 이유를 모른다

일상생활에서 흔히 접하는 예부터 보자. 부모들이 특별한 어떤 이름을 좋다고 느끼면서 자기 아기의 이름을 그 이름으로 정하는 이유가 뭘까? 우리 모두는 아기들의 이름도 한때 유행하다가 흘러간다는 사실을 잘 알고 있다. 우리 할아버지와 할머니의 이름들 중에 많은 것은 지금 촌스럽게 들린다. 예를 들어, 나의 할머니들은 루스와 매리언으로 이름을 지었다. 오늘날의 출생 증명서에는 극히 드물게 보이는 이름들이다. 당신의 나이에 따라서 당신의 이름도 이미 유행에 뒤떨어졌거나 머지않아 그렇게 될 것이다.

이름이 유행을 탄다는 사실은 엄청난 호기심을 자극한다. 왜냐하면 아기의 이름을 지을 당시에 부모들은 독창성과 개성이 느껴지는 이름을 지어 주려고 노력하기 때문이다. 다른 사람의 이름을 모방하여 아기에게 이름을 지어 주고 싶어 하는 부모는 아마 아무도 없을 것이다. 요즘 미국의 부모들은 딸에게는 브리아나와 매디슨, 아들에게는 타일러와 라이언 같이 독창적으로 들리는 이름을 붙여주기를 원한다. 그럼에도 '독창적인' 그 이름들도 언젠가는 널리 쓰이는 이름이 되고 만다. (앞에 제시한 이름 4개는 지난 2000년에 미국에서 가장 많이 붙여진 아기 이름 톱 10에 들어 있다.) 그렇다면 많은 사람들이 독창성과 특이함을 머릿속에 그리면서도 자기 아기에게 흔한 이름을 지어 주는 이유는 뭘까?

한 가지 이유는 이것이 아닐까 하고 나는 짐작해 본다. 사람들이 매디슨이나 타일러 같은 이름을 떠올리게 된 이유를 모른다는 점이다. 어떤 이름이 부모의 마음에 떠오르는 데는 여러 가지 이유가 작용할 것이다. TV 쇼에서 들었거나, 다른 사람들이 그 이름을 아기에게 지어 주고 있다는 사실도 그런 이유에 포함된다. 만약에 이제 막 부모가 된 사람이 일시적으로 유행하고 있다는 이유로 어떤 이름을 떠올리게 되었다는 사실을 깨닫는다면, 그 이름을 버릴 가능성이 높을 것이다. ("아니, 여보, 요즘 모두가 아기 이름을 제시카로 짓는대요.") 그러나 그 부모가 그 같은 사실을 깨닫지 못한다면, 그들에게는 그 이름이 독창적이거나 예쁘게 들릴 것이다.

나의 예를 들어 보자. 몇 년 전에 아내는 애쉴리나 니콜이라는 이름이 지방 신문의 아기 출생을 알리는 지면에 아주 빈번하게 등장한다는 사실을 깨달았다. 거의 매주 그런 이름을 가진 딸들이 한두 명은 탄생을 알리고 있었던 것이다. 그러던 어느 날, 나의 학교 직원들과 이런저런 잡담을 하다가 내가 '애쉴리'나 '니콜'이라는 이름의 인기에 대해 언급했다. 그러자 직원 중에서 마침 임신 중이었던 한 사람이 "아니, 그럴 수가!"라며 깜짝 놀라는 표정을 지었다.

"우리 아기를 위해 생각해 둔 이름도 그건데!" 그녀와 그녀의 남편은 결국 아기 이름을 다른 것으로 지었다.

심리학자들도 자기 아기의 이름을 떠올리면서 왜 그 이름을 생각하게 되었는지 이유를 모르기는 마찬가지다. 아내와 나는 첫아이의 이름을 크리스토퍼로 지었다. 그 이름이 남자 아이의 이름으로 꽤 흔하다는 사실을 잘 알고 있었지만, 우리는 그 이름이 호감을 준다고 판단했을 뿐 지나치게 흔한 선택이라고 생각하지는 않았다. 분명히, 그 이름은 마이클이나 조지프만큼 흔하지는 않다고 우리는 생각했다. 훗날 우리는 그 해에 태어난 남자 아기의 이름 중에서 가장 많이 선택된 것이, 당신도 짐작하겠지만, 크리스토퍼였다는 사실을 알았다. (그래도 괜찮다. 우리 가족은 아직 그 이름을 좋아하니까!)

마지막으로, 아기 이름을 짓는 예의 결정판을 보자. 1980년대 말과 1990년대 초에 힐러리라는 이름이 크게 유행했다. 그러다가 갑자기 1992년 이후에 태어난 아기들 사이에 그 이름이 매우 드물어졌다. 1992년이면 빌 클린턴(Bill Clinton)이 미국 대통령에 선출된 해가 아닌가. 당연히, 힐러리는 클린턴 대통령 부인의 이름이다. 이쯤 되면 당신은 힐러리라는 이름이 드물어진 현상을 클린턴 부인의 비인기 때문이라고 해석할 수도 있을 것이다. 자신이 좋아하지 않는 인물의 이름을 아기의 이름으로 붙일 사람이 과연 있을까? 그러나 힐러리라는 이름은 클린턴 부인의 지지자들과 열광자들이 낳은 아이들 사이에도 똑같이 드물어졌다. 그 현상에 대한 설명으로 다른 것이 필요하다고 나는 믿는다. 클린턴 부인이 국민적 각광을 받게 되면서 많은 사람들이 힐러리라는 이름이 자신들에게 적절하다는 느낌을 더 이상 받지 않게 되었던 것이다. 사람들은 그 이름이 클린턴 대통령의 부인 때문에 평범해졌다고 인식했을 가능성이 크며, 따라서 자기 아이들에게 브리아나나 매디슨 같이 보다 '독창적인' 이름을 지어주었을 것이다.

다리 위의 사랑

통찰력의 부족은 비단 아기 이름을 짓는 일에만 국한되지 않는다. 당신이 싱글인데 매력적인 누군가를 만난다고 가정해 보자. 당신은 그 사람에 대해 진정으로 더 많은 것을 알고 싶고 상대방도 똑같은 마음을 품었으면 하는 마음이 간절하다. 그런 당신에게 그 사람에게 그렇게 강하게 끌리는 이유가 무엇이냐고 묻는다고 생각해 보라. 그 질문에 대한 당신의 대답은 어느 정도 정확할까?

분명히 말하지만, 당신도 그 질문에 어느 정도 정확히 대답할 수 있다. 그 사람의 아름다움과 매력, 혹은 고혹적인 미소를 들먹이면서 말이다. 그러나 사회 심리학자들은 사람들이 누군가에게 끌리면서도 그 이유를 정확히 모른다는 사실을 보여주는 연구를 실시해 왔다. 그 중 하나는 캐나다 브리티시 컬럼비아 주의 한 공원에서 이뤄졌다. 아주 매력적인 여자 연구원이 공원에서 남자들에게 접근하며 '설문지를 채워 주실 수 있을까요?'라고 물었다. 아름다운 경치가 사람들의 창의성에 미치는 영향을 분석하는 내용의 설문이었다. 남자들이 설문지를 다 적고 나면, 여자 연구원은 감사의 뜻을 전하면서 나중에 시간이 날 때 그 연구에 대해 조금 더 상세하게 설명할 수 있는 기회를 가질 수 있었으면 좋겠다는 뜻을 전했다. 그러면서 그녀는 설문지 귀퉁이를 찢어 전화번호를 적어 주었다. 자기와 대화를 더 하고 싶으면 언제든지 전화를 걸어도 좋다는 뜻이었다. 남자들이 여자 연구원에게 어느 정도 끌렸는지를 파악하는 한 방법으로, 연구원들은 그 후에 그 남자들 중 몇 명이 전화를 걸고, 그 중에서 그녀에게 데이트를 신청한 사람이 몇 명인지를 추적했다.

연구원들은 여자 연구원이 남자들에게 접근하는 시간과 공간을 다르게 정했다. 남자들의 반은 깊은 협곡 위에 걸린 다리 위에서 설문지를 적었다. 그 다리를 건너려면, 사람들은 먼저 아래 협곡을 내려다보면서 난간을 꼭 잡게 된다. 다리는 허공에 걸린 채 바람에 흔들리도록 설계되었다. 설문에 답한 사람들 중 반은 이미 다리를 다 건넌 뒤 공원 벤치에 앉아 쉬던 사람들이었다. 여기서 연구원들이 제기했던 물음은 이런 것이었다. 다리 위에 있는 사람들과 공원 벤치에 앉아 쉬는 사람들 중에서 어느 쪽이 여자 연구원에게 더 강하게 끌릴까? 다리 위에서 여자 연구원을 만난 사람일까, 아니면 벤치에 느긋하게 앉아 쉬다가 그녀를 만난 사람일까?

이 질문이 아주 우스꽝스럽게 들릴지 모르겠다. 어쨌든 두 집단 모두가 똑같은 여자를 만났으니 말이다. 또 여자 연구원이 다리 위의 남자에게 접근하느냐 벤치에 앉아 있는 남자에게 접근하느냐 하는 문제는 순전히 그녀의 마음이었으니까. 정말로 그럴까? 여자 연구원이 아찔한 다리 위를 걷던 남자들에게 전화번호를 적어주었을 때, 그 남자들은 심장이 급하게 뛰고 숨이 약간 차고 땀을 흘리고 있던 상태였다. 연구원들은 이 남자들이 신체적 각성을 느끼면서도 자신이 그런 상태에 놓이게 된 이유를 잘 모를 것이라고 짐작했다. 분명히, 그 남자들도 그런 징후들이 흔들리는 다리 위에 서 있는 데 따른 효과라는 점을 어느 정도 인식하고 있었다. 그럼에도 불구하고, 연구원들은 이런 식으로 추론했다. 남자들이 자신의 신체적 각성에 대해 여자에게 끌렸기 때문이라는 식으로 잘못 생각할 수 있다는 것이다. 그 후에 일어난 일도 정확히 그 점을 반영하고 있다. 여자 연구원이 다리 위에서 접근한 남자들 중 65%가 그녀에게 전화를 걸어 데이트를 신청했다. 반면에 벤치에 앉아 쉬면서 설문에 응한 남자들 중에서 전화를 걸어 데이트를 신청한 사람은 30%에 지나지 않았다. 사람들은 자신의 육체가 흥분을 느끼는 이유를 제대로 인식하지 못함으로써, 그렇지 않았더라면 끌리지도 않았을 사람에게 강하게 끌렸던 것이다.

팬티스타킹, 진공청소기, 그리고 그 이유들

육체적 반응의 원인을 알지 못하고 있음을 보여주는 이런 예들은 아마도 법칙이기보다 예외일 수 있다. 그렇다면 일상을 둘러보도록 하자. 사람들은 자신의 반응에 대해 얼마나 정확하게 설명할 수 있을까? 그리고 이 설명들은 어디서 나오는 것일까?

수년 전에 리처드 니스벳과 나는 몇 가지 간단한 실험을 통해 이런 의문에 대한 답을 구하려고 노력했다. 우리는 사람들을 한두 가지 중요한 특성만을 제외하고 다른 조건은 다 똑같은 상황에 처하게 만들었다. 서로 다른 특성은 우리가 일부러 바꾸어 놓은 것이었다. 이 중요한 특성들이 사람들의 판단이나 행동에 어떤 식으로 영향을 미치는지를 관찰하고, 그 사람들에게 그런 식으로 반응한 이유를 물었다. 그리고 우리가 일부러 바꿔 놓은 특성들에 대해 언급하는 사람이 있는지 분석했다.

그 연구 중 하나는 미시간 주 앤아버 외곽에 있던 메이저스 스리프티 에이커스라는 할인 매장에서 실시되었다. 사람들로 붐비는 토요일 아침에 니스벳과 나는 진열대에 이런 안내판을 걸었다. "소비자 평가 조사! 어느 제품이 최고의 품질을 자랑할까요?" 이어 우리는 나일론 팬티스타킹 네 벌을 판매대 위에 나란히 진열해 두고는 첫 손님이 발걸음을 멈추고 제품을 검사하기를 기다렸다. 우리는 마케팅 연구원으로 아르바이트를 하거나 팬티스타킹 제조업체를 위해 파트 타임으로 일하는 입장이 아니었다. 이것은 현실 속의 사회 심리학이었다. 사람들이 특정 팬티스타킹을 더 좋아하는 이유를 정확히 표현할 수 있을까?

이 질문에 대답할 수 있기 위해서는 우리 입장에서도 사람들의 선호에 진정으로 영향을 미치는 것이 무엇인지에 대해 어느 정도 알 필요가 있었다. 우리가 이 연구에서 내세우고 싶었던 개념은 '세렌디피티'(serendipity: 우연히 뭔가 중요한 것을 발견하는 것을 말한다. 예를 들면, 앨릭젠더 플레밍(Alexander Flemming)의 페니실린 발명이 있다/옮긴이)였다. 이 연구의 초기 버전에서, 우리는 사람들이 진열대의 오른쪽에 놓인 물건을 선호한다는 사실을 깨달았다. 팬티스타킹을 대상으로 한 이 연구에서도 똑같은 '위치 효과'가 확인되었다. 각 팬티스타킹을 왼쪽에서 오른쪽으로 A, B, C, D로 정했다. 그 결과, 팬티스타킹 A를 좋아한 사람은 참여자의 12%에 지나지 않았다. 팬티스타킹 B는 17%, 팬티스타킹 C는 31%의 선호도를 보였다. 맨 마지막의 팬티스타킹 D를 선택한 사람은

40%나 되었다. 통계학적으로 의미 있는 위치 효과임에 틀림없다. 우리는 이것이 단지 위치 효과일 뿐이며 팬티스타킹 D가 더 나은 특성을 가졌기 때문은 아니라는 사실을 잘 알고 있다. 실험에 동원된 팬티스타킹이 모두 똑같은 제품이었기 때문이다. 판매대를 찾은 사람들 거의 모두가 눈치 채지 못한 사실이다.

사람들이 좋아하는 것을 선택한 뒤에, 우리는 그들에게 그것을 선택한 이유를 물었다. 그러자 사람들은 대체로 그 제품의 질감이 좋다든가, 신축성이 뛰어나다든가, 얇다든가 하는 이유를 댔다. 팬티스타킹이 놓인 위치와 자신의 선호도 사이에 어떤 관계가 있음을 내비친 응답자는 한 사람도 없었다. 그런 뒤에 사람들에게 팬티스타킹의 위치가 선택에 영향을 미치지 않았는지 단도직입적으로 물었다. 딱 한 사람을 제외하고 모두가 이상한 눈길로 우리를 쳐다보면서 그럴 리 없다고 대답했다. 유일한 예외가 있었는데, 그 사람은 자신이 심리학 과목을 3개 듣고 있다고 밝혔다. 그 사람은 이미 '순서 효과'에 대해 배웠고, 또 자신이 아마 팬티스타킹의 위치에 영향을 받았을 수 있다고 말했다. 그러나 이 여자는 위치 효과의 증거를 거의 보이지 않았다. 그녀는 팬티스타킹 B를 선택했다.

직후 니스벳과 나는 사람들이 자신의 감정과 판단과 행동의 원인을 잘 모른다는 가설을 테스트하기 위해 다른 방법들을 고안했다. 어느 날 밤, 우리는 니스벳의 사무실에서 만나 새로운 연구를 위한 아이디어를 짜느라 고민하고 있었다. 성과가 좀처럼 나타나지 않았다. 기발한 아이디어가 도무지 떠오를 것 같지 않았다. 잠시 후, 우리가 진척을 이루지 못하고 있는 이유가 점점 더 분명해졌다. 사무실 밖에서 건물 관리인이 돌리는 진공청소기 소리에 정신이 산만해져 있었던 것이다. 그 순간, 어떤 영감이 떠올랐다. 니스벳의 사무실에 몇 분 동안 앉아 새로운 아이디어를 떠올리지 못해 안달하면서도 밖에서 들리는 진공청소기 소리가 우리의 정신을 산만하게 흩뜨려 놓고 있다는 사실을 까맣게 모르고 있다니! 아마 이것이 우리가 찾던 그런 상황일지 모르는 일이었다. 사람들이 자신의 판단에 영향을 미치고 있는 어떤 자극(멀리서 머리를 어지럽히는 소음)을 무시하고 있는 그런 상황 말이다.

우리는 이 경험을 다음 연구에 그대로 담아내려고 노력했다. 대학생들에게 영화를 본 뒤에 얼마나 재미있었는지 평가해 달라고 부탁하면서 영화를 보여주었다. 영화가 시작하고 몇 분쯤 지나서 건설 노동자 역할을 맡은 니스벳이 문 밖에서 전기톱을 돌렸다. 실험을 맡은 내가 문 쪽으로 가서 그 '노동자'에게 영화가 끝날 때까지는 톱질을 좀 멈춰달라고 부탁할 때까지, 소음은 간헐적으로 계속되었다. 실험 참가자들은 영화를 본 뒤에 그 영화를 얼마나 즐겼는지, 그 영화를 보는 동안에 소음이 어느 정도 방해가 되었는지에 대해 등급을 매겼다. 그 소음이 진정으로 영향을 미쳤는지를 파악하기 위해서, 우리는 통제 조건을 포함시켰다. 이 조건에 해당하는 참가자들은 정신을 산만하게 하는 소음이 없는 가운데서 영화를 감상했다. 앞서 우리는 이런 가정을 했다. 소음이 영화를 감상하는 재미를 반감시킬 것이고, 그럼에도 대부분의 사람들은 그 영화에 대한 부정적인 평가가 소음 때문이라는 사실을 전혀 깨닫지 못할 것이라고(우리 연구원들이 처음에 진공청소기 소리가 자신들의 모임을 방해하고 있다는 사실을 깨닫지 못한 것과 똑같이).

안타깝게도, 우리의 가정은 완전히 빗나갔다. 소음이 들리는 상태에서 다큐멘터리 영화를 본 학생들도 소음이 없는 상태에서 영화를 본 학생들만큼 영화를 재미있게 본 것으로 드러났다. 아니, 전자가 후자보다 영화를 약간 더 즐겼다. 그러나 우리가 참가자들에게 소음이 각자의 평가에 어느 정도 영향을 미쳤는지를 묻자, 그들도 우리가 생각했던 것과 똑같은 가설을 품고 있었다. 대부분의 사람들이 소음이 영화를 보는 즐거움을 약간 줄였다고 보고했던 것이다. 비록 애초에 품었던 가설은 틀린 것으로 확인되었지만, 그래도 우리는 사람들이 어떤 자극과 관련해 실제로는 아무런 영향을 받지 않았으면서도 영향을 받았다고 보고하기도 한다는 사실을 보여주는 예를 하나 더 확보할 수 있었다. 이것 또한 사람들이 일상생활에서 보이는 자신의 반응의 원인에 대해 제대로 알지 못하고 있다는 점을 보여주는 증거가 아닐까?

사람들이 자신의 반응의 원인을 제대로 모르는 이유는 무엇일까?

이런 연구들을 바탕으로, 리처드 니스벳과 나는 논문을 한 편 발표했다. 사람들이 "고차원의 인지 과정에 내성적(內省的) 접근을 거의 또는 전혀 하지 않기 때문에" 자신의 반응의 원인을 종종 부정확하게 보고한다는 내용이었다. 팬티스타킹과 전기톱 연구만을 바탕으로 그런 포괄적인 주장을 담은 논문을 발표할 수 있을까, 하는 의구심이 들지도 모르겠다. 그런 의문을 품는 사람이 당신 한 사람만 아니다. 많은 비평가들도 우리 논문에 대해 지나치게 극단적이라는 입장을 보였다. 여기서 스스로를 변호하려는 것은 아니다. 그런 결론은 우리가 실시한 연구 그 이상의 자료들을 바탕으로 얻은 것이다. 우리는 자각의 결여와 부정확한 인과관계 보고에 관한 우리의 결론을 뒷받침하는 다른 문헌들을 많이 뒤졌다. 도널드 더튼(Donald Dutton)과 아서 아론(Arthur Aron)의 '다리 위의 사랑'도 그 중 하나이다. 그럼에도 불구하고, 우리의 주장에 많은 비판이 따랐다.

우리의 논문 중에서 논란이 가장 뜨거울 수 있는 부분은 아마도 사람들이 자신의 정신 과정에 제한적으로만 접근할 수 있다는 주장일 것이다. 인간 존재가 자신의 정신 과정에 대해 잘 알고 있다는 주장은 어떤 것이든 틀렸다고 나는 생각한다. 사람들이 자신의 반응의 원인을 제대로 알지 못하는 때가 더러 있다는 사실이 그들의 내면세계가 블랙박스 같다는 뜻은 아니다. 나 자신도 나 외에 어느 누구에게도 접근을 허용하지 않는 정보를 엄청나게 많이 끄집어낼 수 있다. 만약에 나의 마음을 읽을 수 있는 사람이 아니라면, 지금 막 내 마음에 떠오른 생각을, 이를테면 고등학교 때 일어난 어떤 사건을 정확히 알 수 있는 길은 절대로 있을 수 없다. 3층에서 도시락 가방을 떨어뜨렸는데 때마침 건물 귀퉁이를 지나던 체육 선생님이 맞을 뻔했던 사건 말이다. 이런 기억이야말로 나만이 '고차원의 인지 과정'에 깊이 접근할 수 있는 특권을 갖고 있음을 보여주는 예가 아닐까?

그렇다. 니스벳과 나는 사람들이 자신에 관한 엄청난 양의 정보에 접근하는 특권을 누리는 것이 사실이라고 주장했다. 지금 이 순간 사람들의 머릿속을 채우고 있는 생각과 기억의 내용물, 주의의 대상이 되고 있는 것들이 그런 정보에 속한다. 그러나 이런 것들은 정신의 내용물이며 정신 과정은 아니다. 마음속에서 진정으로 일어나고 있는 행위는 감정과 판단과 행동을 낳는 정신 과정이다. 도시락 가방을 떨어뜨린 사고에서 보듯, 비록 우리가 정신 과정의 결과물에 종종 접근하지만, 그 결과를 낳은 정신 과정에는 접근하지 못한다. 예를 들어, 도시락 가방을 떨어뜨린 그 특별한 기억이 내 맘 속에 떠올랐던 이유를 나는 진정으로 알지 못한다. 팬티스타킹 연구에 참여한 사람들이 팬티스타킹 A보다 팬티스타킹 D를 더 좋아하는 이유를 모르는 것과 똑같다. 아마도 그때 내가 체육 선생님을 닮은 누군가를 보았을지도 모르고, 그 시절에 자주 불렸던 노래가 어디선가 들려 왔을지도 모르고, 나의 사무실 창가로 피넛 버터와 젤리로 만든 샌드위치와 비슷한 것이 떨어지는 모습이 보였을지도 모른다. 그런 오래된 생각이 불쑥 떠오른 이유를 어찌 알 수 있겠는가.

그러나 우리를 비판한 전문가들 일부가 지적했듯이, 정신의 내용물과 정신 과정을 구분하는 것은 그리 강한 지지를 받지 못한다. 내가 라디오에서 어떤 노래를 들었다고 가정해 보자. 그 노래가 도시락 가방을 떨어뜨린 사건을 떠올리게 만들고, 그 사건은 또 내가 맞힐 뻔했던 그 선생이 레슬링 코치였다는 사실을 떠올리게 만들고, 그 생각은 프로 레슬러 헐크 호건을 떠올리게 만들고, 호건은 미네소타 주지사 제시 벤츄라를 떠올리게 만든다. 이 연상의 고리마다 일어나는 각 단계는 정신의 내용물인가, 아니면 노래를 들은 것에서부터 제시 벤츄라를 떠올리는 것까지 전체 고리가 하나의 정신 과정인가?

보다 훌륭한 구분은 지금은 많이 익숙해진, 적응 무의식과 의식적 자기의 구분이라고 나는 믿는다. 니스벳과 윌슨의 주장은 다음과 같이 요약 정리될 수 있다.

* 인간의 판단과 감정, 생각, 행동 중 많은 것은 적응 무의식에 의해 생겨난다.
* 사람들은 적응 무의식에 의식적으로 접근하지 못한다. 그렇기 때문에 그들의 의식적 자기는, P. S.와 미스터 톰슨, 그리고 에스터브룩스가 최면을 걸었던 그 대상이 한 것과 똑같이, 자신이 특정한 반응을 보이는 이유를 꾸민다.

바꿔 말하면, 사람들의 반응이 적응 무의식에 의해 일어난다는 점에서 보면 사람들은 그 원인에 접근할 특권을 누리지 못하며, 따라서 원인을 추론할 수밖에 없다. 그러나 사람들의 반응이 의식적 자기에 의해 일어나기도 한다는 점에서 본다면, 사람들은 자신의 반응의 원인에 접근할 수 있는 특권을 누린다. 요약하자면, 니스벳과 나의 주장은 그런 케이스에 맞지 않는다.

의식적인 인과 관계 문제

그러나 인간의 반응 중에서 어느 정도가 적응 무의식의 산물이고 어느 정도가 의식적 사고의 산물인가? 우리의 행동 중에서 상당히 많은 것이 적응 무의식의 결과물인 것은 분명하며, 그런 경우에 그 반응의 원인을 직접적으로 살피는 것은 불가능하다. 그러나 사람들은 적어도 가끔은 행동을 안내하는 의식적인 자기도 갖고 있다.

예를 들어, 패스트 푸드 식당에서 치킨 샌드위치를 주문하는 고객을 관찰하고 있다고 가정해 보자. 그 사람에게 그 메뉴를 주문하는 이유를 묻는다면, 그 사람은 이런 식으로 대답할지 모른다. "음, 보통 때는 햄버거와 감자 튀김, 셰이크를 주문해요. 그런데 오늘은 치킨 샌드위치가 먹고 싶고 아이스티에 마음이 가네요. 맛도 좋고, 건강에도 조금 더 낫잖아요." 그 손님이 샌드위치를 주문하기 전에 그런 생각이 떠올랐을 수 있다. 그 주문을 하게 된 원인으로 충분하다. 의식적인 인과 관계를 단적으로 보여주는 예이다.

아니면 이럴 수도 있지 않을까? 패스트 푸드 식당을 찾은 사람이 그날 이른 시간에 비만으로 힘들어 하는 누군가를 보았다고 가정해 보라. 뚱뚱한 사람의 모습이 체중과 자기 이미지의 문제를 건드렸고, 그것이 그 사람으로 하여금 햄버거와 감자 튀김과 셰이크보다 지방과 칼로리가 덜한 음식을 주문하도록 만들었을 수 있다. 그 고객은 자신이 그런 메뉴를 주문한 원인의 일부를 자각하고 있었다. 행동에 앞서, 의식적으로 생각하는 과정이 있었기 때문이다. 그러나 그런 생각을 격발시킨 것에 대해서는 자각하지 못하고 있었다. 이 예는 의식적 인과 관계의 문제에 대답하기가 참으로 어렵다는 점을 잘 보여준다. 어떤 반응이 순전히 적응 무의식 또는 의식적 사고의 결과인 예는 상대적으로 드물다.

여기서 복잡한 문제가 또 하나 생긴다. 앞의 예와 같은 경우에, 행동에 앞서는 의식적인 사고들이 원인의 역할을 맡는지조차 명확하지 않다는 점이다. 제3장에서 논한 바와 같이, 대니얼 웨그너와 탈리아 휘틀리는 의식적 의지의 경험이 착각일 때가 종종 있다고 주장했다. 우리는 어떤 생각 끝에 행동이 따르면 그 행동을 일으킨 것이 의식적인 그 생각이라고 단정한다. 실제로는 제3의 변수인 비의식에서 나온 의도가 의식적 사고와 행동 둘 다를 낳았을 수도 있는데 말이다. 예를 들어, 비만인 사람을 본 것이 건강에 조금 더 좋은 음식을 생각하게 했을 수 있고 또 치킨 샌드위치를 주문한 원인일 수 있다. 의식적인 생각이 그런 행동을 일으키지 않았을 수도 있는 것이다. 얼핏 그런 생각이 있어서 그런 행동이 일어났다는 판단도 가능하지만, 그것이 착각일 수도 있다는 말이다.

웨그너와 휘틀리의 도발적인 이론은 의식적인 의지에서 나온 어떤 감각을 '의식적인 생각이 우리의 행동을 유발한다는 점을 뒷받침하는' 증거로 받아들이기 어렵다는 점을 보여준다. 그동안 우리는 의식적 사고에 원인의 역할을 지나치게 많이 부여해 왔다. 의식적인 사고가 적응 무의식에서 나온 반응에 대한 사후 설명인 때가 종종 있는데도 말이다.

이방인들도 당신의 반응의 원인에 대해 당신만큼 잘 알 수 있을까?

사람들의 작화(作話)는 어디서 나오는가? 어떤 사람이 당신에게 일상의 기분에 미치는 중요한 영향들에 대해 설명해 달라고 부탁한다고 가정하자. 적응 무의식이 당신의 감정에 영향을 미친다는 점을 고려한다면, 당신은 이 영향들을 직접적으로 조사하지 못한다. 대신에, 당신이 설명을 창작하는 데 이용할 수 있는 정보의 유형은 4가지이다.

* 널리 공유되고 있는 인과 관계 이론들: 사람들이 구체적인 어떤 방

식으로 반응하는 이유에 대해 설명하는 문화적 이론은 많다. "서로 떨어져 있으면 그리워지는 법"이라든가 "월요일엔 사람들의 기분이 울적해진다"는 이론들이 그런 예이다. 만약에 구체적인 반응을 즉시 설명할 이론을 갖고 있지 않다면, 사람들은 일반적으로 사람들의 행동에 대해 자신이 알고 있는 문화적 지식을 바탕으로 설명을 만들어낼 수 있다. ("제인과 톰은 왜 헤어졌을까? 톰이 제인을 계속 헤어진 옛 애인의 이름으로 불렀다는 사실과 관계가 있을지도 몰라.")

* 사람의 반응과 그 전의 조건 사이에 공통적인 변화의 관찰: 사람들은 자신의 반응을 관찰할 수 있고, 또 그 반응을 일으킨 것이 무엇인지 추론할 수 있다. 예를 들어 보자. 어떤 음식에 알레르기가 있는 사람은, 자신의 체내 소화 과정을 직접 관찰한 결과 그런 사실을 알게 되는 것이 아니다. 특정 음식(예를 들면, 호도)을 먹는 것과 알레르기 반응(예를 들면, 두드러기 발생) 사이의 인과 관계를 관찰함으로써 자신의 알레르기를 알아내는 것이다. 마찬가지로, 사람들은 자신이 로버트 드니로 주연의 영화를 좋아하고, 하루에 일곱 시간씩 잠을 자지 못하면 기분이 나빠지고, 살을 에는 날씨에 외투 입는 것을 까먹으면 감기에 걸린다는 것을 추론해낸다.

* 특이한 이론들: 사람들은 문화 전반에 걸쳐 두루 공유되지 않는 반응의 원인들에 대해 특이한 이론을 갖고 있다. 이를테면 대규모 파티에 가는 행위 자체가 우울하게 만든다는 이론 같은 것이 여기에 속한다. 이런 이론들은 공통적인 변화의 관찰에서 비롯될 수 있다. 예를 들어, 짐이라는 사람이 최근에 어느 파티에 참석한 뒤에 의기소침해졌다는

사실을 깨달을 수 있다. 사람들은 또 다른 사람들로부터 특이한 이론들을 들을 수도 있다. 예를 들면, 어떤 사람의 배우자가 이렇게 말할 수도 있다. "여보, 당신은 존스 부부의 가든 파티와 그린버그 부부의 결혼 기념 파티와 샘의 생일 파티에서 기분이 별로 좋지 않아 보이더군요. 그런 큰 파티가 당신의 기분과 무슨 관계가 있어요?"

* 개인적 지식(생각, 감정, 추억): 사람들은 누구나 자신의 마음에 완벽하게 접근하지 못한다. 그럼에도 불구하고, 사람들은 자신의 의식적 생각과 감정과 기억에 대해 상당히 우월적인 지식을 누릴 수 있다. 그런 지식을 바탕으로 누구나 자신의 행동에 대한 원인을 유추할 수 있다. 짐이라는 사람이 지금 슬픔을 느끼고 있는데 마침 자기가 좋아하는 고양이가 역시 자기가 좋아하는 금붕어를 먹던 모습이 떠올랐다는 사실을 깨달았다고 가정해 보라. 그러면 짐은 지금 자신을 슬프게 만드는 것이 금붕어의 죽음에 대한 기억이라고 추론할 수 있다.

니스벳과 윌슨의 주장 중에서 가장 급진적인 부분은 아마 사람들이 엄청난 양의 정보를 갖고 있음에도 불구하고, 그들이 자신의 반응에 대해 제시하는 설명은 같은 문화권에 살고 있는 이방인들이 그의 행동을 보고 제시하는 설명보다 하나도 더 나을 게 없다는 주장일 것이다. 어떻게 이런 주장이 가능한가? 전화번호부를 뒤적여 아무렇게나 선택한 이방인이, 우리의 행동을 보고 그 행동의 원인을 우리 본인만큼 잘 알 수 있다는 말이 어떻게 진실일 수 있는가? 분명히, 우리가 자기 자신에 대해 알고 있는 엄청난 양의 '내부 정보'는 본인에게 유리하게 작용한다. 우리가 지독한 야구광이고, 야구 시즌에는 자신이 좋아하는 팀의 성적에 따라 기분이 출렁거린다고 가정해 보라. 이방인은 우리가 야구광인지, 아니면 매일 밤 TV에서 '크로스파이어'라는 논쟁 프로그램을 보는 정치광인지, 아니면 e베이 웹사이트에 들어가 옥션에 자주 참여하는 사람인지 모를 것이다. 그런 이방인이 우리의 기분에 영향을 미치는 것이 무엇인지를 어떻게 우리만큼 정확하게 알 수 있을까?

정말로, 우리에겐 자신에 대한 정보가 엄청나게 많다. 그러나 이 정보를 바탕으로 우리가 어떤 행동의 원인을 정확히 추론하는 일은 언제나 가능한 것은 아니다. 앞에 열거한 네 가지 종류의 정보 중에서 이방인은 오직 첫 번째 정보, 말하자면 두루 널리 공유되는 문화 이론밖에 갖고 있지 않다. 그러나 우리 자신이 어떤 반응과 선행 조건 사이의 공통적인 변화에 관한 정보와 특이한 이론들, 개인적인 지식을 갖고 있다는 사실 자체가 장점이 되기도 하고 장애가 되기도 한다.

한 가지 이유는 특권적으로 누리는 지식 중 상당수가 겉으로 보이는 만큼 그렇게 정확하지 않다는 점이다. 사람들이 자신의 반응과 그보다 앞서 있었던 조건들 사이의 공통적인 변화를 의식적으로 관찰하는 일에 그다지 뛰어나지 않다는 사실을 뒷받침하는 증거가 상당히 많다. 가끔은 공통적인 변화가 너무나 뚜렷하여 보지 않고는 도저히 지나칠 수 없을 때도 있다. 처음으로 호두를 먹은 직후에 두드러기가 일어나는 때가 그런 경우다. 어떤 반응에 앞서 있었던 사건들이 여럿일 때가 더 많다. 그런 경우에 어느 사건이 그 반응의 원인인지를 가려내는 것은 참으로 어렵다. 이런 어려움 때문에, 앞뒤 사건과 반응의 공통적인 변화에 대한 사람들의 믿음이 자신의 행동에 대한 정확한 관찰에 바탕을 둔 추론이 아니라 두루 공유되는 문화적 이론들에 따른 것인 경우가 더 자주 있다. 예를 들어, 재킷을 걸치지 않고 외출하면 감기에 걸릴 확률이 높아진다는 것을 입증할 증거는 전혀 없다. 문화적 이론들이 그렇게 말하고 있을 뿐이다.

게다가, 사람들이 저마다 갖고 있는 엄청난 양의 독특한 정보가 오히려 어떤 행동의 원인을 정확히 끄집어내는 일을 더욱 어렵게 만들 수 있다. 문화적 이론에 의존하는 이방인들이 그 사람의 행동을 보고 그 행위의 배경을 더 잘 분석할 수도 있는 것이다. 예를 들어, 이제 막 당뇨병에 대해 배운 의대생이 자리에서 급히 일어서다가 현기증을 느낀다고 가정해 보라. 학생은 이렇게 생각할 수 있다. "아니, 혈당을 체크해 봐야겠군. 당뇨병 초기 증세인지도 몰라. 혈액 순환이 막혀서 이럴 수도 있다고 배웠으니까." 그 학생이 무엇을 배우고 있는지, 그리고 어떤 생각을 하고 있는지에 대해 아무것도 모르는 이방인이라면, 아마 이렇게 말할 것이다. "저 학생이 현기증을 느끼는 것은 너무 급하게 일어섰기 때문이야." 이 경우에 이방인의 말이 맞을지 모른다. 이것은 사람들이 가진 내부 정보(이 학생의 경우에 당뇨병에 대한 지식)가 부정확한 인과 관계 보고를 하도록 만드는 예이다.

사람들은 자신의 기분을 어느 정도로 잘 예측할까?

당뇨병의 예는 보다 일반적인 원칙, 즉 사람들의 내부 지식이 자신의 반응에 대한 원인을 이해하는 데 대체로 도움이 된다는 원칙의 예외처럼 보일 수 있다. 정말 그런지 확인하기 위해, 나는 패트

리샤 레이저(Patricia Laser)와 줄리아 스톤(Julia Stone)과 함께 연구를 실시했다. 사람들이 자신의 일상적인 반응, 즉 일상적인 감정을 어떤 식으로 예측하는지, 그리고 그런 감정에 대한 이해가 그 사람을 생판 모르는 이방인들이 내놓는 짐작과 비교해 어느 정도 우수한지를 확인하는 연구였다.

우리 연구원들은 대학생들에게 5주일 동안 매일 자신의 기분을 체크해 달라고 부탁했다. 학생들은 또 자신의 기분을 예측하게 하는 몇 가지 변수에 대해서도 매일 등급을 매겼다. 날씨, 친구 관계가 부드러운지 여부, 전날 밤 수면 시간 등이 변수에 포함되었다. 참가자 한 사람씩을 놓고, 연구원들은 '예측 변수들'(예를 들면, 수면 시간)과 학생들의 기분 사이의 상관성을 계산했다. 5주가 끝나는 시점에 대학생들에게 자신의 기분과 예측 변수들의 관계가 어느 정도인지를 판단하게 했다. 예를 들면, 수면 시간이 일상의 기분에 어느 정도 영향을 미친다고 생각하는지를 학생들에게 적도록 한 것이다. 학생들이 제시한 판단과 연구원들이 계산한 상관성을 비교하면, 사람들이 자신의 기분의 원인을 어느 정도로 잘 파악하고 있는지가 드러날 것이다.

인간관계가 어느 정도 부드러운가 하는 점 등 일부 예측에서 대학생들의 판단은 꽤 정확했다. 대부분의 사람들은 이 요소가 자신의 기분과 상관관계가 있다는 사실을 잘 알고 있었다. 그러나 전반적으로 보면 자신의 기분이 왜 그런지 원인을 파악하는 정확도가 그저 그런 수준이었다. 예를 들어, 수면 시간과 이튿날 기분 사이에 상관관계가 있다고 대부분의 사람들이 믿고 있었다. 우리 연구원들이 측정한 결과에 따르면 실제로는 그런 연관성이 없는데도 말이다. 수면 시간은 사실상 거의 모든 참가자들의 기분과 관계가 없었다.

다음 단계로 넘어갔다. 실험 참가자들이 자신의 기분을 파악하는 정확도와 일면식도 없는 이방인들이 어떤 실험 대상자를 보고 기분을 예측하는 정확도를 서로 비교하는 실험이었다. 연구원들은 다른 학생들로 별도의 집단을 만들고, 그들에게는 '전형적인 대학생'의 일상적인 기분과 그 기분을 예측하게 하는 변수들 사이의 관계를 판단해 달라고 부탁했다. 이 학생들에게 실험 대상자들에 대해서는 아무런 정보를 주지 않았다. 따라서 학생들은 실험 대상자들의 특별한 습관이나 기행(奇行), 혹은 개인적인 생각에 대해 아무것도 몰랐다. 그들이 판단의 근거로 삼을 수 있는 것은 오직 그들이 알고 있는 일반 이론뿐이었다.

놀라운 결과가 나왔다. '관찰자'로 나선 대학생들의 짐작이 실험 참가자들이 자신의 기분을 좌우하는 요소들에 대해 내놓은 짐작만큼이나 정확했던 것이다. 참가자 본인과 마찬가지로, 이방인들도 다른 사람과의 인간관계가 기분에 영향을 미치는 중요한 요소라고 짐작했다. 그들의 판단은 옳았다. 또 이방인들은, 참가자 본인들과 마찬가지로, 수면 시간 또한 기분을 좌우하는 요소라고 대답했다. 물론, 이 대목에서는 이방인도 틀렸다. 실험 참가자들이 자신에 대해 알고 있는 엄청난 양의 정보, 이를테면 특이한 이론들과 개인적인 지식, 자신들의 기분과 선행 조건들 사이의 공통적인 변화의 관찰 등이 실험 참가자 본인의 정확성을 이방인보다 조금도 더 높여주지 못했다.

이런 결과가 나오는 한 가지 이유는 실험 참가자들과 이방인들이 똑같은 정보를, 즉 두루 공유되고 있는 문화 이론들을 이용하고 있었기 때문일 수 있다. 아마도 참가자들이 본인의 개인적인 생각과 느낌과 같은 추가 정보를 이용하는 것을 게을리했을 수 있다. 그러나 실험 참가자들이 개인적인 정보를 이용했다는 증거도 있었다. 예를 들어, 기분 예측 요소들에 동의하는 비율이 이방인들 사이에 아주 높았다는 사실은 그들이 똑같은 지식을, 즉 두루 공유되는 문화 이론들을 이용하고 있었다는 것을 암시한다. 반면에 실험 참가자들 사이에 기분을 예측하는 요소들에 대한 동의율이 훨씬 더 낮다는 사실은 그들이 저마다 독특한 지식에 더 많이 의존하고 있었다는 점을 암시한다.

이 연구에서 끌어낼 수 있는 명백한 결론은 이것이다. 사람들이 자신의 반응의 원인과 반응을 예측하게 하는 요소들을 놓고 추론할 때 개인적인 생각과 감정 같은, 이방인들이 접근하지 못하는 정보를 이용한다는 것이다. 이보다 조금 덜 명백한 결론은 개인적인 정보가 본인에게 도움이 되기도 하고 방해가 되기도 한다는 것이다. 개인적인 정보는 그 사람을 제3의 관찰자보다 더 정확한 존재로 만들 수 있다. 예를 들면, 나의 기분은 내가 좋아하는 프로 야구팀의 성적에 좌우될 수 있다. 그러나 나는 내면의 지식에 오도될 수도 있다. 나의 기분이 내가 좋아하는 야구팀의 성적에 따라 실제보다 더 많이 출렁거리는 것으로 여겨질 수 있는 것이다. 내가 야구광이라는 사실을 모르는 이방인은 기분을 좌우하는 요소들에 관한 문화 이론을 동원하면서 더 정확할 수 있다. 이와 비슷한 연구들을 몇 가지 종합해 보면, 우리 자신에 대해 독점적인 정보를 갖는 것이 장점과 단점을 두루 감안하는 경우에 본인에게 장점이 결코 더 큰 것 같지 않다. 사람들이 자신의 반응의 원인을 얼마나 정확히 분석하고 있는지 살펴보면, 이방인들이 그 사람의 반응을 보고 원인을 분석하는 수준에서 그친다.

이 주장을 선뜻 받아들이기는 쉽지 않을 것이다. 이방인도 당신의 감정과 판단, 행동의 원인에 대해 대체로 당신만큼은 알고 있다는 주장이 터무니없는 말처럼 들릴지도 모른다. 고백컨대, 나 또한 그렇다. 이 주장에 담긴 의미를 한 번 생각해 보라. 만약에 당신이 자신의 기분을 좌우하는 요소들에 대해 생각하고 있다면(아마 기분을 풀려는 목적에서), 당신이 당신 자신과 당신의 인생사에 대해 알고 있는 엄청난 양의 지식에 의존하느니 차라리 이방인에게 묻는 것이 더 낫다는 뜻이다.

이 분야의 연구는 아직 그다지 많이 이뤄지지 않고 있다. 어느 분야에서나 마찬가지로, 개별적인 연구는 당연히 비판의 대상이 되어야 한다. 예를 들어, 윌슨과 레이저, 스톤의 기분 측정이 아마 불충분했을 수도 있다. 아니면 그들이 기분을 예측하게 하는 요소들 중에서 중요한 것을 빠뜨렸을 수도 있다. 빠뜨린 요소들을 물었다면 실험 참가자들의 정확도가 이방인의 그것을 훨씬 능가했을 수도 있는 일이다. 더욱이, 실험에서 측정된 반응과 그 반응에 영향을 미치는 요소들이 일상생활을 어느 정도 대표하고 있는지도 알 길이 없지 않은가. 그보다 훨씬 더 넓은 영역의 반응들이 연구 대상이 되었다면, 이방인들의 인과관계 보고가 실험 참가자 본인의 것만큼 정확하지 않았을 수도 있다.

그럼에도 불구하고, 실험 참가자 본인들의 평가가 이방인들의 보고보다 이로운 점을 찾아내기 어렵다는 사실은 놀랄 만하다. 더욱이, 제4장에서 본 바와 같이, 본인의 성격을 판단하는 일이라면 (특정한 반응의 원인을 판단하는 것과 대조적임), 다른 사람들이 본인보다 더 정확할 때가 더러 있다. 오늘 당신의 기분이 왜 꿀꿀한지 이유를 알고 싶다면 전화번호부를 뒤져 아무 번호나 꾹꾹 눌러 보라는 식으로 권하지는 않겠지만, 우리 모두는 자신의 판단의 정확성에 대해 더욱 겸허한 자세를 취할 필요가 있는 것만은 분명하다.

확실성이라는 착각

사람들이 자신의 판단에 대한 설명과 관련해서 풀어야 할 수수께끼가 아직 하나 더 남아 있다. 우리가 우리의 설명이 작화(作話)이고 이방인들의 보고보다 결코 더 정확하지 않다는 사실을 깨닫지 못하는 이유는 무엇인가? 이 장의 중요한 요점들 중 하나는 바로 이것이다. 사람들이 자신의 반응을 놓고 하는 추론도, 다른 사람들의 반응을 놓고 하는 추론만큼이나 억측이라는 것이다. 그렇다면, 사람들은 왜 그 같은 불명확한 판단을 억측으로 느끼지 않는 것일까?

이 물음에 대한 한 가지 설명은 이렇다. 사람들이 스스로 자신의 배에 대해 아주 잘 알고 있는 선장이라고 느끼는 것이 중요하고, 또 자신이 하고 있는 그 일을 하는 이유를 아는 것이 중요하기 때문이다. 우리가 자신의 반응의 원인에 대해 아는 것이 이방인의 수준에 그친다는 사실을 깨닫는 경우에, 우리 모두는 자신의 삶을 통제하고 있다는 느낌을 덜 갖게 될 것이다. 이 느낌이 우울증과 관련 있는 것으로 드러나고 있지 않는가.

중요한 설명이 한 가지 더 있다. 우리가 내면에 갖고 있는 정보의 양이 오히려 그릇된 확신을 품게 만든다는 것이다. 다시 말하면, 그렇게 많은 정보를 가진 마당에 자신의 반응의 원인을 판단하는 일에 어떻게 서툴 수가 있겠는가 하는 감정을 품게 된다는 뜻이다. 실제로 그렇지 않은 때조차도 그런 확신이 서게 되는 것이다.

당신이 인터넷 회사 두 곳의 주식에 투자를 할까 말까 고민 중이라고 가정해 보자. 당신의 생각에는 두 회사의 주식의 가치가 높아질 잠재력이 똑같은 것 같다. 알파닷컴이라는 회사에 대한 당신의 신뢰는 당신이 그 회사를 직접 방문하여 사장과 장시간 대화를 한 경험에 바탕을 두고 있다. 베타닷컴에 대한 믿음은 신문에서 읽은 기사에 근거를 두고 있다. 알파닷컴에 대한 당신의 판단이 직접적으로 얻은 엄청난 양의 지식에 근거하고 있다는 사실을 고려한다면, 당신은 알파닷컴에 대한 판단을 더 신뢰할 게 틀림없다. 그러나 당신이 직접 얻은 지식이 더 정확한 판단을 낳을 것이라는 증거는 어디에도 없다. 실제로는 당신이 그 회사 사장의 열정과 과장된 자신감에 오도될 수도 있는 것이다. 마찬가지로, 우리가 자신에 대해 알고 있는 엄청난 양의 지식은 우리 자신에 대한 확신을 높여주기는 하지만 언제나 정확한 판단을 안겨주는 것은 아니다.

그렇다면, 확실성이라는 환상을 깨뜨려야 한다. 어떤 방법이 있을까? 사람들이 자신에 대해 알고 있는 정보의 양과 다른 사람에 대해 알고 있는 정보의 양을 동일하게 만들려고 노력한다면, 그 환상이 어느 정도 깨어질 것이다. 이렇게 가정해 보라. 당신이 아주 친한 친구와 대화하면서 그 친구가 지난 몇 년 동안 해변에서 휴가를 즐긴 경험에 대해 많은 이야기를 나누었는데, 내가 당신에게 그 친구가 휴가를 주로 바닷가에서 보내는 이유가 뭐냐고 묻는다. 그러면 당신은 사람들이 바닷가를 좋아하고 좋아하지 않는 것에 관한 일반 이론 외에 그 친구에 관한 특별한 정보를 많이 이용할 수 있다. 당신의 친구가 남편을 만난 곳이 해변이었고, 솔트 워터 태피라는 사탕을 좋아하고, 머리카락을 바람에 흩날리기를 즐기고, 파도타기광이라는 사실을 당신은 잘 알고 있다. 이 정도라면 당신은 그 친구가 바다를 좋아하는 이유를 추론하는 데 자신감을 가져도 좋다. 우리가 자신에 관한 정보보다 다른 사람에 관한 정보를 더 많이 갖는 것이 불가능하다는 점을 감안한다면, 아마 당신이 다른 사람에 대해 추론하는 일에 당신 자신에 대해 추론하는 것만큼 자신감을 가질 수 있는 경우는 결코 없을 것이다. 그럼에도, 틀림없이 당신은 이방인이 바닷가를 좋아하는 이유보다 당신의 친구가 바닷가를 좋아하는 이유를 추론하는 데 더 큰 자신감을 보일 수 있다.

　이것이 명백해 보이더라도, 이 점만은 명심해야 한다. 당신의 친구의 감정에 대한 당신의 판단이 어떤 이방인의 감정에 대한 당신의 판단보다 더 정확하다는 보장은 절대로 있을 수 없다는 것을. 왜 그럴까? 추가 정보가 있다고 해서 그 정보가 언제나 정확성을 높여주는 것은 아니기 때문이다. 여기서 P. S.의 왼쪽 뇌 반구가 삽과 닭과 닭장에 관한 지식을 바탕으로 오른쪽 뇌 반구의 행위들을 설명하면서 보인 경향을 떠올려 보라. P. S.는 어떤 대답이라도 만들어낼 수 있는 정보를 많이 갖고 있었지만, 그 정보 중 어떤 것도 그가 오른손으로 삽을 선택한 진짜 이유와 아무 관계가 없었다.

확실성이라는 착각을 줄일 수 있는 또 한 가지 방법은 사람들이 자신에 대해 갖고 있는 내부 정보의 양을 제한함으로써 자신의 판단력에 대한 확신을 줄이는 것이다. 물론, 인간의 정신은 포맷을 다시 하기만 하면 안에 든 내용물이 다 지워지는 컴퓨터 하드 디스크와 다르다. 그러나 우리에게는 특정한 판단과 관계가 더 깊은 개인적인 정보가 있다. 내가 당신에게 "이 책의 표지에 대해 왜 그렇게 느낍니까?"라고 묻거나 "당신은 저 이방인이 이 책의 표지에 대해 그렇게 느끼는 이유가 뭐라고 생각합니까?"라고 묻는다고 가정해 보라. 바닷가에서의 휴가에 관한 정보와 비교할 때, 특정한 책의 표지 같은 난해한 무언가에 관한 판단에 도움이 되는 개인적인 정보는 그다지 많지 않다. 따라서 당신은 사람들이 책 표지를 좋아하는 이유에 대해 보다 일반적인 이론에 더 많이 의존해야 한다. 이방인의 반응을 설명할 때와 똑같은 이론을 동원하는 것이다. ("잘 알지는 못하지만, 짐작컨대, 내가 그 표지를 좋아하는 이유는 그것이 신비스럽고 눈길을 끌기 때문인 것 같아요."). 물론, 우리는 거의 모든 것에 관하여 개인적인 정보를 끌어낼 수 있다. 이 책의 표지도 당신이 딜레마에 빠졌던 어느 순간을 떠올리게 할 수 있고, 어느 전시회에서 보았던 그림을 상기시킬 수도 있다. 그럼에도, 사람들은 일부 반응에 대한 설명에선 훨씬 적은 양의 정보를 이용하는 경향을 보인다. 이 경우에 아마 사람들의 판단은 훨씬 덜 독특하고, 이방인의 반응에 대해 내놓을 수 있는 판단과 크게 다르지 않을 것이다.

요약하면, 확실성이라는 착각은 어떤 판단을 내릴 때 이용하는 개인적인 정보의 양에 따라 그 정도가 달라진다. 그러나 우리가 본 바와 같이, 사람이 제시하는 설명의 정확성은 그 사람이 개인적으로 동원하는 정보의 양에 따라 크게 달라지지 않는 것 같다.

이방인들이 우리의 반응의 원인에 대해 우리만큼 잘 알 수 있다는 것은 그다지 반가운 소식이 아닐 것이라고 나는 짐작한다. 이젠 공략하기 더 어려운, 자기 지식이라는 성채(城砦)와 사람들의 감정, 느낌으로 관심을 돌리도록 하자. 비록 우리가 자신의 감정의 원인에 대해 잘 모르고 있다 할지라도, 감정이라는 것이 있다는 사실만은 이제 확실히 알게 되지 않았는가?

제6장

나는 나의 감정을
어떻게 아는가?

제아무리 정직한 사람이 나서서 감정이
전혀 개입되지 않은 증언을 한다고 하더라도,
그 증언을 감정이 전혀 실리지 않은 증거로 채택해서는 절대로 안 된다.

-윌리엄 제임스의 『심리학의 원리들』(1890) 중에서

진부한 표현이 말하듯이, "나는 그 이유를 모를 수는 있어도 내가 좋아하는 것이 무엇인지는 안다". 감정에 관한 현대의 몇 가지 이론은 감정을 낳는 정신 과정은 무의식인 반면에 감정 자체는 무의식이 아니라고 주장한다. 평가와 기분과 느낌 같은 감정적인 반응은 의식이라는 집의 전공일 수 있다. 그러나 앞에 인용한 문장이 암시하듯이, 그 이야기는 그렇게 간단하지 않다. 감정들은 종종 의식적이지만, 감정들은 또한 정신의 이웃 어느 곳에서나 거주할 수 있다.

감정의 정정 불가능성

내가 이 책에서 논하는 이슈 중에서, 아마도 감정이 무의식이라는 의견이 가장 많은 논란을 불러일으킬 것이다. 실제로 일부 철학자와 심리학자들은 즉각 이 의견에 반대한다. '무의식적 감정'이라는 표현 자체가 모순이라는 주장이다. 지금 이 순간에 나의 왼쪽 무릎에 예리한 통증이 느껴진다고 내가 당신에게 말한다고 가정해 보자. 당신은 나를 믿는가? 이 물음에 당신은 "무슨 그런 괴상한 질문이 있어!"라고 생각할지 모른다. "농담이나 거짓말이 아닌 한, 당연히 당신은 당신이 묘사하는 그 통증을 겪고 있음에 틀림없지." 당신의 생각이 이렇다면, 당신은 다수의 편에 속한다. 데카르트와 비트겐슈타인을 포함한 상당수의 철학자들은 감각과 감정에 관한 보고는 정정이 불가능하다는 주장을 폈다. 한마디로 말하면, 자신의 감정에 대한 믿음은 의문의 대상이 될 수 없다는 뜻이다. 내가 무릎이 아프다고 말하면, 나의 무릎은 아픈 것이고 그것이 전부다. 나의 감각과 감정에 관한 한, 내가 최종적인 권력자이고 당신에겐 나의 말을 의심할 근거가 전혀 없다는 뜻이다.

정말 그럴까? 이런 예를 한번 고려해 보라. 메리 키어스테드 (Mary Kierstead)의 단편에 나오는 한 장면이다. 사촌간인 십대 청소년이 어린 시절 가족 농장에서 보낸 여름날을 추억하고 있다. 그들의 생각이 가족 농장에 있던 조랑말로 향하고 있다.

"이거 알아? 열세 살이 되어서야 겨우 내가 그 빌어먹을 조랑말을 늘 미워하고 있었다는 사실을 깨달았다는 것을? 그 녀석은 성질이 야비하고, 뚱뚱하고, 응석받이였잖아. 그 놈은 내 위로 뒹굴곤 했어. 그러다가 내 발을 꾹 밟아 내가 일어나지 못하도록 만들었어."

"그리고 그 녀석은 네가 각설탕을 주려고 할 때마다 너를 물었어."라고 케이트가 말을 거들었다. 케이트 역시 블레이크가 그 말을 할 때까지는 자신이 조랑말 토퍼를 언제나 미워했다는 사실을 깨닫지 못했다. 몇 년 동안 그들은 자신이 조랑말을 사랑하는 것으로 알며 지냈다. 왜냐하면 아이들은 조랑말과 개, 부모, 소풍, 바다, 그리고 맛있는 초콜릿 케이크를 사랑해야 하는 줄로 알았기 때문이다.

블레이크와 케이트가 한 해 전인 열두 살 때 그들에게 조랑말 토퍼를 사랑하는지 물었다고 상상해 보자. 그러면 그들은 "물론, 사랑하지요."라고 대답했을 것이다. 그러나 지금 블레이크와 케이트는 자신들이 조랑말을 결코 사랑하지 않았다는 확신을 품고 있다. 그들은 조랑말을 사랑한다고 믿고 있었지만, 실제로 그들은 말을 미워했다. 그렇다면, 감정은 정정 불가능한 것이라는 데카르트와 비트겐슈타인의 주장은 옳지 않다. 사람들은 감정을 정직하게 보고할 때("나는 토퍼를 사랑해.")조차도 틀릴 수 있는 것이다.

감정의 정정 불가능성을 둘러싸고 오랫동안 전개되고 있는 철학적 논쟁은 종종 흥미로운 수수께끼에 초점을 맞춘다. 예를 들어, 나의 무릎이 오후 2시에 쑤시기 시작했다고 가정해 보자. 책상 모서리에 무릎을 박은 시간이 그때였다. 그리고 5분 뒤, 내가 전화를 한 통 받았다. 전화 통화를 하는 중엔 무릎 통증이 느껴지지 않았다. 수화기를 내려놓은 것이 2시 10분이었다. 다시 무릎이 아파오기 시작했다. 내가 전화를 받는 동안에 그 통증에 무슨 일이 생겼을까? 우리가 아프면서도 아프다는 사실을 모를 수 있을까? 아니면 내가 전화 통화를 하는 동안에 그 고통이 멈췄다가 전화를 끊는 즉시 다시 시작한 것일까?

비록 나의 입장에서 보면 감정의 정정 불가능성이라는 학설이 틀렸다고 생각되지만, 그 견해가 그처럼 줄기차게 이어져 오는 배경에 두 가지 그럴듯한 이유가 있다. 측정의 문제와 이론의 문제가 그것이다. 측정의 문제는 이렇다. 사람들이 원칙적으로 자신의 감정에 대해 잘못 판단할 수 있다 하더라도, 우리가 그 같은 사실을 알 길이 전혀 없다는 사실이다. 그 사람의 자기 보고와 따로 노는 감정에 닿을 수 있는 길이 우리에게는 전혀 없기 때문이다. 이론 문제는 이것이다. 왜 정신은 사람들이 자신의 감정에 대해 잘못 판단할 수 있는 방향으로 조직되었는가? 또 정신이 어떤 식으로 조직되었기에 사람들이 자신의 감정을 제대로 파악하지 못하는가? 인간들이 그런 식으로 만들어진 이유는 도대체 무엇인가? 측정 문제나 이론 문제나 똑같이 위협적이지만, 나는 그 문제들이 언젠가 극복될 것이라고 굳게 믿고 있다.

측정의 문제

사람들이 누군가를 사랑한다고 말하거나 무릎이 아프다고 말할 때, 우리가 그 말의 신빙성을 파악하기 위해 동원할 수 있는 독자적인 기준은 어떤 것이 있는가? 멋진 내면 탐지기가 없는 상황에서, 내가 무릎에 느끼고 있는 통증의 크기가 어느 정도이며 토퍼라는 조랑말을 향한 블레이크와 케이트의 사랑이 어느 정도인지, 내면의 상태를 측정할 수 있는 완벽한 방법은 절대로 없다. 예를 들어, 어떤 사람이 무릎에 느끼는 통증의 크기를 정확히 바늘로 알려 주는 생리적 '통증 탐지기' 같은 것은 없다.

그러나 그 사람 본인이 보고하는 감정이 부정확하다는 점을 입증하는 것이 어렵다는 사실은 감정은 정정 불가능하다는 주장을 받아들여야 할 근거가 절대로 될 수 없다. 그것은 태양계 밖을 관찰할 수 있을 정도로 성능이 탁월한 망원경을 확보하지 못해 놓고는(최근까지 그랬다) 태양계 밖에는 행성이 하나도 없다는 식으로 말하는 것이나 마찬가지이다. 혹은 나의 경우에 안경을 벗으면 몇 미터 앞도 제대로 보이지 않는데, 그럴 때 그 너머에 아무것도 존재하지 않는다고 주장하는 것이나 다름없다. 그러므로 우리는 측정의 문제를 이유로 이론의 문제를 내팽개치는 일이 없도록 해야 한다.

더욱이, 지금 당장에는 내면 탐지기 같은, 사람들의 내부 상태를 완벽하게 측정하는 방법이 없다 할지라도, 사람들이 자신의 감정에 대해 밝히는 보고의 정확성에 대해 의문을 강하게 품어도 좋은 근거가 몇 가지 있다. 어떤 사람의 행동과 그 행동에 대한 타인들의 해석을 바탕으로, 그 사람이 어떤 비의식적 감정을 갖고 있다는 것을 분명히 확인할 수 있다. 이 주제를 다룬 다수의 전문가들은 질투심을 그 예로 제시했다.

예를 들어 보자. 샘이 어느 파티에서 자기 아내가 매력적인 남자와 잡담을 나누고 있는 것을 목격했다. 그 남자가 샘의 아내에게 춤을 추자고 제안했고, 샘의 아내도 그 제안을 받아들였다. 집으로 돌아오는 길에 샘이 아내에게 퉁명스럽게 대한다. 아내가 뭐 잘못된 것이 있는지 묻자, 그는 정직하게 대답한다. "아니, 그저 피곤할 뿐이야." 샘은 진정으로 자신이 질투심을 느끼고 있지 않다고 믿고 있다. 그의 태도를 관찰한 다른 사람들이 그와 반대로 이야기할 수 있는 상황인데도 말이다. 그러다가 다음 날 샘은 아내가 다른 남자에게 관심을 보였다는 사실에 자신이 두려움을 느꼈다는 사실을 깨닫는다.

이 예는 우리가 사람들이 자신의 감정에 대해 말로 하는 보고를 의심할 수 있는 또 다른 근거를 분명히 보여주고 있다. 사람들이 시간이 지난 다음에 스스로 그 전에 자신의 감정에 대해 잘못 판단했다는 점을 인정하기도 하는 것이다. 그럼에도 샘이 뒤에 자신이 질투심을 느꼈다고 인정하고 또 블레이크와 케이트가 몇 년 뒤에 자신들이 옛날에 늘 토퍼를 미워했다는 점을 인정했다는 사실은 그들이 자신의 감정에 대해 잘못 판단했다는 사실을 보여주는 결정적인 증거가 되지는 못한다. 어쨌든, 그들이 자신의 감정을 복원하는 데도 실수가 있을 수 있으니까. 그러나 이런 예들은 우리가 '강한 의심'이라고 부르는 기준에 부합한다. 어떤 사람의 감정 상태에 대해 관찰자들과 그 사람 본인이 의견 일치를 이루지 못한다는 사실(예를 들어, 파티에 참석한 사람들 중에서 샘을 제외하고는 모두가 샘이 질투심을 느꼈다고 믿었다는 사실)은 질투심을 느끼지 않았다는 그의 주장의 진실성에 의문을 제기할 강력한 근거가 된다.

마지막으로, 천문학자들이 아득히 먼 우주를 살피기 위해 더욱 막강한 도구를 개발하듯이, 심리학자들도 사람들의 내부 상태를 측정할 수 있는 더 나은 장비를 개발하고 있다. 지금 당장에야 내면 탐지기 같은 기계가 없지만, 감정과 영향의 상관성을 신경학적으로 측정하는 방법 같은 정교한 기술들이 지금 개발되고 있는 중이다.

이론의 문제

우리에게 (여가 시간에) 최상의 인간을 설계하는 과제가 떨어졌다고 가정해 보자. 그러면 인간에게 감정과 정서를 부여해야 할까? 만약 그렇게 해야 한다면, 이 감정들을 의식적인 것으로 만들어야할까, 아니면 무의식적인 것으로 만들어야 할까? "좋아, 너희들 인간은 감정을 가질 수 있어. 하지만 감정을 자각하지 못할 때가 더러 있을 거야."라는 식으로 말하는 것은 꽤 이상하게 들릴 수 있다. 이것은 어떤 기능에 이바지할 수 있을까?

이런 식의 기능적 접근은 위험할 수 있다. 왜냐하면 인간 정신의 모든 특성이 유익한 목적에 이바지하게 되어 있다고 가정하는 덫에 빠지기 쉽기 때문이다. 그럼에도 불구하고, 의식적 감정들이 적응력을 갖춘 이유에 대해 이야기하는 것은 쉬운 반면에 무의식적 감정들이 적응력을 갖춘 이유에 대해 이야기하는 것은 어렵다는 사실은 감정의 정정 불가능성이라는 주장에 유리하게 작용하는 것 같다.

이론 문제의 해결책은 두 가지다. 오래된 해결책과 새로운 해결책이 하나씩 있다. 오래된 해결책은 감정들이 무의식인 이유는 억압 때문이라고 주장하는 정신분석 이론이다. 새로운 해결책은 우리의 친구 적응 무의식이다. 이 적응 무의식은 사람이 의식적으로 자신의 감정을 구성하는 것과 상관없이 감정들을 낳을 수 있다.

* **정신분석과 억압된 감정:** 프로이트에 따르면, 감정들을 의식 밖에

묶어 둘 수 있다. 그것들이 불안을 불러일으킨다는 이유에서다. 자기 부모에 대한 성적 끌림을 알지 못하는 것도 그런 예라고 한다. 억압된 감정을 보여주는 가장 극적인 예가 바로 반동 형성이다. 이것으로 인해, 무의식적 욕망들이 정반대의 형태로 위장한다. 예를 들면, 동성에 대한 성적 끌림이 너무나 무섭게 느껴질 수 있기 때문에, 사람들은 그 욕망을 무의식적으로 동성애 공포증으로 바꿔버린다.

억압된 감정에 대한 정신분석적 관점은 엄격하게 검증하기 어려운 것으로 드러났다. 연구원들은 사람들이 자각하지 못하는 감정을 갖고 있다는 사실을 보여줘야 할 뿐만 아니라, 사람들이 그 감정을 자각하지 못하는 이유가 그들 스스로 그 감정을 억누르고 있기 때문이라는 점도 증명해야 한다. 우리가 보았듯이, 사람이 자각하지 못하는 어떤 감정을 증명하는 한 가지 일만도 절대로 쉬운 일이 아니다. 다수의 저자들이 억압의 증거를 검토한 결과 증거가 아직 미진하다는 사실을 확인했다.

그러나 최근에 발표된 한 연구는 아주 도발적이다. 이 연구는 정신분석적인 아이디어 하나를 대상으로 잡았다. 극도의 동성애 공포증을 보이는 사람들이 실은 동성애 욕망을 억누르고 있을지 모른다는 것이었다. 즉 동성애에 대한 공포가 동성에 대한 성적 끌림을 위장하는 수단이 아닐까 하는 짐작이었다.

연구원들은 동성애 공포증을 측정하는 설문에서 높거나 낮은 점수를 받은 남자 대학생들을 모았다. 그런 뒤에 연구원들은 학생들에게 성적 자극을 일으키는 비디오테이프를 보게 했다. 그 사이에 발기의 정도를 측정하는 장비를 학생들에게 부착시켰다. 이 대목에서 당신은 연구원들이 어떻게 그런 장치를 부착시켰는지 궁금해할지도 모르겠다. 남학생들이 장치를 달도록 설득한 방법도 호기심을 자극할 것이다. 첫 번째 궁금증에 대한 대답이다. 학생들은 '체적(體積) 변동 기록계'라는 고무링을 페니스에 끼웠다. 페니스의 둘레를 재는 장치다. 체적 변동 기록계는 페니스 크기의 변화에 아주 민감하며, 남성의 성적 자극의 정도를 측정하는 장치로 널리 활용되고 있다. 두 번째 궁금증에 대한 답은 이렇다. 남학생들은 한 방에 한 사람씩 들어가서 비디오테이프를 보았으며, 장치도 본인이 직접 부착했다. 남학생들에게 다른 사람이 보는 앞에서 바지를 내리라고 요구할 정신 나간 과학자는 절대로 없다.

남학생들이 본 비디오테이프는 모두 성인 두 사람의 다양한 성행위들을 묘사하고 있었다. 한 필름은 남녀 사이의 섹스를, 다른 한 필름은 레즈비언들의 섹스를, 나머지 하나는 두 남자 사이의 동성애를 보여주었다. 두 집단의 대학생들은 이성애자 간의 섹스와 레즈비언의 섹스를 묘사한 비디오에 대해 비슷한 수준의 발기를 보였다. 그러나 동성애 공포증을 보인 남학생들이 남자 동성애 필름을 보면서 동성애 공포증이 없는 남학생들보다 발기에 더 큰 변화를 보였다. 반동 형성이라는 정신분석학의 가설과 꼭 맞아떨어지는 결과였다. 동성애 공포증을 가진 남학생들이 말로는 그런 공포증이 없는 남학생들에 비해 동성애 필름에 흥분을 더 강하게 느꼈다고 대답하지 않았을지라도 실제로는 엄청나게 흥분한 것으로 나타난 것이다.

이 연구는 동성애 공포증을 가진 남자들이 스스로 자각하지 못하는 어떤 감정(다른 남자들에게 성적으로 끌리는 감정)을 갖고 있다는 사실을 뒷받침하는 완벽한 증거를 제시하지는 않는다. 연구를 실시한 심리학자들이 강조하듯이, 불안이 성적 흥분을 높일 수 있음을 보여주는 증거가 약간 있다. 따라서 발기에 큰 증가를 보인 것이 성적 매력의 결과가 아니라 동성애 공포증을 가진 남자들의 내면에 도사리고 있는 불안의 결과일 수도 있다. 이 연구는 결정적이지는 않다 하더라도, 적어도 반동 형성이라는 정신분석적 개념과는 일치한다. 이 반동 형성을 통해서 의식적인 감정(동성애 공포증)이 무의식적 감정(동성에 끌리는 감정)을 위장하는 데 성공하고 있다.

 * **감정들은 기능적이지만, 그렇다고 꼭 의식적일 필요가 있을까?** 억압이 활발히 작동하고 있다고 단정한다 하더라도, 이론의 문제는 완전히 풀리지 않는다. 감정의 정정 불가능성을 옹호하는 사람이라면 이렇게 대꾸할 수 있다. "일부 신경증 증세를 보이는 사람들이 고통스런 감정을 의식 밖에 묶어둘 수 있다는 점을 인정할 뜻은 있다. 그러나 그것은 극히 예외적인 경우다. 대부분의 경우에 사람들은 자신의 감정과 평가와 느낌을 온전히 자각한다. 실제로 사람들이 자신의 감정을 자각하는 것이 매우 유익하다. 우리가 자신이 새로 알게 된 사람에게 끌리고 있는지 아니면 그 사람으로부터 미움을 사고 있는지 전혀 모른다고 가정해 보라. 우리의 생식을 보장하는 방법으로는 그다지 멋진 방법이 아니다." 이 같은 주장은 사람들이 (억압이라는 특이한 예들을 제외하고는) 자신의 감정을 자각하지 못하는 이유를 설명할 강력한 이론이 전혀 없다는 것을 암시하지만, 자신의 감정을 자각하는 것이 사람들에게 유리한 명백한

이유가 있다.

감정들이 중요한 기능에 기여한다는 관점은 역사가 깊고 또 많은 지지자를 거느리고 있다. 예를 들어, 찰스 다윈(Charles Darwin)은 감정들의 사회적 기능과 의사 소통 기능을 강조했다. 혐오감의 표현은 같은 종(種)의 다른 구성원들에게 특정 음식을 피하라는 신호가 된다. 두려움의 표현은 동료들에게 위험이 가까이 있음을 알려준다. 감정들은 또한 그것을 가진 개체들의 생존 기간을 늘려준다. 화를 내거나 무서워할 줄 아는 동물들은 적에게 더 위험한 존재로 비칠 수 있다. 예를 들어, 고양이는 이빨을 드러내 보이고, 등을 구부리고, 털을 빳빳이 세운다. 공포는 사람들이 위험으로부터 달아나도록 만들고, 고통은 사람들이 뜨거운 난로를 건드리지 않도록 한다.

그러나 기능을 앞세우는 주장을 조금 더 면밀히 살펴보면, 지금까지 좀처럼 던져지지 않았던 질문이 하나 제기된다. 감정이 기능을 제대로 발휘하기 위해선 반드시 의식적이어야 하는가? 대부분의 이론가들은 세상의 일들이 다음과 같은 순서로 일어난다고 단정하면서 이 물음에 '예스'라고 대답했다. 먼저, 사람이 환경 속에서 무엇인가와 조우한다. 무서운 곰 같은 위험한 동물들과 맞닥뜨릴 수 있는 것이다. 그러면 그 동물이 곰이라는 자각이 감정, 즉 두려움을 촉발시킨다. 이 감정을 의식적으로 경험한 것이 그 사람으로 하여금 환경에 적응하는 쪽으로 행동하도록 만든다. 여기서는 곰의 반대 방향으로 내달리는 것이 환경에 적응하는 쪽으로 행동하는 것이다.

이런 순서가 합리적인 것처럼 들릴지라도, 이것이 감정적 반응에 대한 유일한 설명은 아니다. 한 가지 문제는 감정이 천천히 일어나고, 심지어 사람이 위험한 사건을 해결할 조치를 취한 다음에 일어나는 경우도 더러 있다는 점이다.

몇 년 전에 나에게 일어난 일을 고려해 보자. 폭우 속에 자동차를 운전하고 있을 때였다. 나는 까맣게 모르고 있었지만, 자동차의 타이어가 심하게 마모된 상태였다. 내가 고속도로 다리 밑의 마른 길을 달리다가 다시 빗물이 흥건히 고인 도로로 들어섰을 때였다. 순간 타이어가 미끄러졌고, 자동차 뒷부분이 왼쪽에서 오른쪽으로 심하게 요동쳤다. 몇 초 동안, 나는 자동차에 대한 통제력을 다시 확보하려고 애쓰면서 가드레일에 충돌하지 않으려고 안간힘을 썼다. 다행히, 나는 별 사고 없이 곤경에서 빠져나와 가던 길을 계속 달릴 수 있었다.

흥미로운 것은 내가 의식적인 감정을 경험한 시점이다. 표준적인 기능적 관점에 따르면, 나 자신이 위기에 처했다는 자각이 두려움을 촉발시키고 그 두려움이 나로 하여금 자동차의 통제권을 다시 확보할 행동을 취하도록 만든다. 그러나 실제로는 자동차가 위기에 처했다고 느꼈을 때 나는 어떤 감정도 경험하지 않았다. 단지 브레이크만 세게 밟기 시작했을 뿐이다. 내가 감정의 폭발을 경험한 것은, 자동차의 꽁무니가 좌우로 흔들리는 움직임을 멈추고, 내가 더 이상 위험에 처하지 않게 된 뒤의 일이었다. ("아니, 이럴 수가. 하마터면 죽을 뻔했잖아!") 위험을 다 피한 뒤에야 감정이 생겨났는데, 그렇다면 어떻게 나의 공포가 생명을 구하는 쪽으로 행동하라는 신호가 될 수 있었을까?

이 같은 예들은 윌리엄 제임스에게도 익숙했다. 제임스는 감정에 대한 진화론적 설명에서 세상의 일들이 일어나는 순서를 조금 달리 제안했다. 그의 주장은 이렇다. 환경 속의 사건에 대한 자각이 육체의 반응을 촉발한다. 이 육체적 반응이 의식적 감정을 일깨운다. "우리가 슬픔을 느끼는 것은 우리가 울기 때문이고, 우리가 화를 내는 것은 우리가 주먹을 내려치기 때문이며, 우리가 두려움을 느끼는 것은 우리가 떨기 때문"이라는 것이다. 그가 제시한 유명한 예에서, 사람이 곰을 만나 달아나는 것은 두려움 때문이 아니다. 우리는 곰을 만난 곳에서 달아난 다음에야 공포를 느낀다. 공포는 우리가 도망가는 행위에는 아무런 역할을 하지 않는다. 내가 자동차의 통제권을 다시 잡은 후에야 경험했던 공포와 상당히 비슷하다.

제임스의 이론은 육체적 반응과 감정 사이의 관계에 대한 논란을 촉발시켰으며, 그 논란은 지금까지 이어지고 있다. 우리의 목적을 위해 쉽게 정리하면, 그 이슈는 감정을 의식적으로 경험하는 과정이 환경의 위협에 적응하는 데 꼭 필요한가 하는 것이다. 제임스의 이론은 감정의 의식적 경험이 꼭 필요하지 않을 수 있다는 암시를 던지고 있다. 그렇다면 감정의 기능을 둘러싼 이슈를 완전히 바꿔놓을 수도 있을 것이다. 의식적 감정은 그 어떤 기능에도 이바지하지 않으며, 단지 환경을 분석하는 즉시 적응력 뛰어난 행동을 촉발시키는 비의식적 인지 과정의 부산물에 지나지 않을 수 있다. 화학적 반응의 부산물로 방출되는 열과 같은 것이다.

감정의 사회적 기능에도 이와 비슷한 주장이 적용될 수 있다. 고양이가 이웃에 사는 도베르만 경찰견을 만나면 등을 세우고 쉿 소리를 내는 것도 상당히 환경 적응적인 행동일지 모른다. 그러나 그 고양이는 두려움을 의식적으로 느끼지 않고도 그런 행동을 취할 수 있다. 고양이도 전혀 의식적 경험 없이 위험(도베르만 경찰견이 다시 목줄에서 빠져 나왔다)을 지각하고 적절히 반응할 수 있다.

그러나 만일 환경 적응적인 행동을 촉발하는 것이 의식적 감정이 아니라면, 어떤 것이 그런 행동을 촉발할까? 곰에 대한 자각이 어떻게 하여 감정적 반응 없이도 그 사람으로 하여금 도망가도록 만들까? 제임스의 감정 이론이 그처럼 뜨거운 논란을 불러일으키는 이유 하나는, 그것이 환경에서 일어나는 사건이 어떤 식으로 직접 행동으로 이어지는지를 명쾌하게 설명하지 못하고 있기 때문이다. 한 가지 가능한 설명은 이렇다. 감정과 느낌들이 환경에 적응하는 행동보다 선행하는데, 사람들이 이 감정과 기준들을 늘 자각하지는 않는다는 점이다.

적응 무의식도 느낀다

지금까지 논의한 비의식적 정신 과정을 근거로 한다면, 적응 무의식도 자체의 믿음과 감정을 갖고 있다고 주장하는 것은 약간의 비약이다. 적응 무의식이 별도의 믿음과 감정을 갖는다고 보는 이유는 그 믿음과 감정이 너무나 위협적인 까닭에 억압의 힘이 그것들을 꼭꼭 숨기고 있기 때문이 아니라, 적응 무의식이 의식과 따로 작동하기 때문이다.

감정은 정의상 의식을 흠뻑 적시고 있는 상태들이다. 거기엔 종종 무시하기 힘든 신체적 변화가 수반된다. 심장 박동이 빨라지거나 숨이 가빠지는 것도 그런 변화들이다. 그런 격한 상태가 어떻게 자각 밖에 존재할 수 있는가? 우리가 감정을 갖고 있으면서도 어떻게 그걸 느끼지 않을 수 있는가? 이 질문들에 대한 대답은 사람이 자각하지 못하면서도 감정을 가질 수 있다는 쪽으로, 감정의 정의를 다시 다듬을 필요가 있다는 것이다.

비의식적 조기 경보 시스템: 그런 비의식적 감정의 한 예가 조지프 르두가 상세히 정리 보고한 위험 탐지 시스템이다. 포유류(예를 들면, 인간과 쥐)는 진화 과정에 뇌 안에 환경에서 나오는 정보를 각각 달리 처리할 수 있는 경로를 2개 갖추게 되었다. 르두는 이 경로들을 각각 감정의 '로우 로드'(low road)와 '하이 로드'(high road)라 불렀다. 두 경로는 같은 곳, 즉 환경에서 나온 정보가 '감각 수용기'에 닿는 지점에서 시작하며 거기서부터 시상(視床)까지 여행한다. 두 경로는 똑같이 전뇌(前腦)의 아몬드처럼 생긴 부분인 편도체(amygdala: 그리스어로 '아몬드'를 뜻한다)에서 끝난다. 오래전부터 감정적 반응을 통제하는 곳으로 믿어졌던 부위이다. 편도체는 심장 박동과 혈압을 통제하고 또 감정과 관련 있는 다른 자율신경계의 반응을 관장하는 뇌 부위로 향하는 신경 경로들을 갖고 있다.

그러나 이 두 개의 경로는 서로 다른 길로 편도체에 닿는다. '로우 로드'는 감각 시상에서 편도체로 곧장 가는 신경 경로들로 이뤄져 있다. 그렇기 때문에 정보가 매우 빨리 도착하지만, 정보 처리는 최소한의 수준에 그친다. 반면에 '하이 로드'는 먼저 대뇌 피질로 간다. 정보 처리와 사고를 관장하는 뇌 부위이다. 그런 다음에 편도체로 간다. 이 경로는 느리긴 하지만, 대뇌 피질 안에서 정보에 대한 분석이 보다 상세하게 이뤄진다.

포유류들이 이처럼 감정 경로를 2개 갖고 있는 이유는 무엇일까? 한 가지 가능성은 정교한 대뇌 피질을 갖고 있지 않던 생명체에서 '로우 로드'가 먼저 진화했을 수 있다는 점이다. 이어 대뇌 피질이 확장되었다. 그렇게 되자마자, 대뇌 피질은 감정을 처리하는 기능을 넘겨받으면서 보다 원시적인 '로우 로드'를 대체하게 되었을 것이다. 그렇다면 '로우 로드'는 뇌에서 더 이상 어떤 역할도 하지 않는, 맹장과 비슷한 것일지도 모른다. 그러나 르두는 '로우 로드'와 '하이 로드'가 환경에 적응하는 쪽으로 서로 나란히 활동을 벌이고 있다고 주장하면서 이런 견해를 단호히 거부한다. '로우 로드'는 하나의 조기 경보 시스템으로 작동하면서 위험 신호를 보는 즉시 사람들에게 경고를 보낸다. 반면에 '하이 로드'는 정보를 보다 천천히, 보다 철저히 분석한다. 그리하여 사람들이 어떤 환경에 대해 더 많은 정보를 바탕으로 보다 충실하게 판단을 내리도록 돕는다.

르두가 제시한 예를 보자. 당신이 지금 숲속을 걷고 있는데, 길한 가운데에 뱀처럼 생긴 기다란 물체가 놓여 있다고 가정해 보자. 당신은 즉시 발길을 멈추면서 "뱀!"이라고 생각할 것이다. 당신의 심장이 급하게 뛰기 시작한다. 그러다 당신은 그 물체가 뱀이 아니라 호두나무에서 떨어진 가지라는 사실을 깨닫고 다시 걸음을 옮긴다.

이때 당신의 뇌에선 도대체 어떤 일이 벌어졌을까? 르두에 따르면, 막대기의 이미지는 감각을 전달하는 시상에서 곧장 편도체로 보내졌다. "앞에 뱀이 있어!"라고 외치는 섣부른 분석과 함께. 이 '로우 로드'의 처리 과정이 당신으로 하여금 갑자기 걸음을 멈추게 만들었다. 그 사이에 이 이미지는 대뇌 피질로도 보내졌다. 거기서는 이미지에 대한 분석이 보다 세세하게 이뤄진다. 그 물체에 껍질이 있고 마디가 있다는 사실이 확인되는 것이다. 이 '하이 로드'의 처리 과정에 초기의 '로우 로드'의 반응이 틀린 경보였다는 사실이 확인되면서 그 반응이 무효화된다. 조기 경보 시스템(로우 로드)은 위험을 빨리 파악하다 보니 실수를 자주 저지른다. 르두는 그것을 이렇게 표현한다. "나무 막대기를 뱀으로 판단하는 데 따르는 피해가, 장기적으로 보면, 뱀을 막대기로 보는 데 따르는 피해보다 훨씬 작다." '하이 로드'의 처리 과정은 우리가 두려움을 털어내도록 돕는다. "이봐, 진정하라고, 뱀한테는 옹이구멍이나 껍질이 없어."라고 말하는 것이다.

　감정 처리 과정에 관여하는 '로우 로드'는 의식적인 자각 밖에서 작동한다. 막대기를 보는 순간에, 우리의 몸이 얼어붙는다. 의식적인 감정이나 생각 없이도 그렇게 된다. 하지만 이런 사실이 사람에게 비의식적 감정이 있다거나 사람들이 자각하지 못하는 정신 과정이 있음을 말해주는 증거가 될 수 있을까? 이 질문은 주로 의미론적인 문제처럼 보인다. 공포를 어떤 식으로 정의하느냐에 따라 대답이 달라진다는 뜻이다. 만약에 공포를 '숨이 턱턱 막히고, 목구멍이 바짝바짝 타는 가운데 의식적으로 경험하는 것'으로 본다면, 그런 감정을 느끼면서도 자각하지 않기는 어렵다. 그러나 만약에 그 질문이 "위험스런 무엇인가가 앞에 놓여 있다는 것을 비의식적으로도 판단할 수 있는가?"라는 뜻이라면, 그에 대한 대답은 '예스'다. 사람들이 어떤 대상을 보는 순간에 그것이 무섭다고 믿으면서 그에 따라 행동하는 것이다. 이 말은 사람들이 자각하지 못하는 평가나 감정을 경험한다는 말과 아주 비슷하게 들린다. 르두는 후자의 관점을 받아들이는 입장이다. "뇌의 상태와 신체적 반응은 어떤 감정의 존재를 뒷받침하는 근본적인 사실들이며, 의식적인 느낌들은 감정적인 케이크 위의 당의(糖衣) 같은 장식이다."

르두는 인간의 감정 처리가 '하이 로드'와 '로우 로드'로 이뤄져 있다는 자신의 주장을 뒷받침할 증거를 놀라울 정도로 많이 축적해 놓았다. 그러나 비의식적 감정의 이론으로서 그의 주장에도 세 가지 측면에서 한계가 있다.

첫째, 모든 연구가 공포라는 단 한 가지 감정으로 모아지고 있다는 점이다. 위험의 조짐이 약간이라도 보이면 인간으로 하여금 그 자리에 얼어붙게 만드는 조기 경보 시스템이 있다는 주장은 말이 된다. 하지만 공포 외의 다른 감정과 느낌은 어떻게 된단 말인가. 다른 감정들도 비의식적으로 존재할 수 있는가?

둘째, 원시적인 '로우 로드' 처리 과정과 정교한 '하이 로드' 처리 과정으로 나누는 것만이 인간 정신 과정의 전부가 아닐 수도 있다는 점이다. 개인적으로, 나는 '하이 로드' 정신 과정도 세부적으로 분류하는 것이 바람직하다고 믿고 있다. 적응 무의식과 의식 체계에 의한 정신 과정을 구분하는 것도 한 방법이다.

셋째, 그의 이론은 서로 다른 종류의 감정들, 이를테면 의식적인 감정과 비의식적인 감정의 공존을 허용하지 않는다. 토퍼라는 조랑말에 관한 이야기에서 보듯, 블레이크와 케이트는 자신들이 그 말을 사랑한다고 믿었으면서도 어느 정도는 그 녀석을 미워했다. 르두의 조기 경보 시스템 모델이 상당히 인상적이긴 하지만, 이 같은 예에 대한 설명으로는 미흡하다. '하이 로드'가 상황을 분석할 시간을 갖기만 하면, "간혹 막대기는 그저 막대기일 뿐이야."라면서 '로우 로드'를 지배해 버린다. 반대로, 적응 무의식이 환경을 이런 식으로 평가하고 있는 동안에, 사람들은 (의식적으로) 자신이 달리 느낀다고 믿을 수 있다.

토퍼를 사랑하기도 하고 미워하기도 한다: 블레이크와 케이트가 어린 시절에 토퍼라는 조랑말을 사랑하기도 하고 미워하기도 한 이유는 무엇일까? 이것이 정신분석에서 말하는 억압의 예일 수 있다. 이 아이들에게, 모든 사람이 다 사랑하는 것으로 여겨지는 조랑말을 미워한다고 실토하는 경우에 예를 들어 부모님의 호감을 얻지 못할 수 있다는 불안이 있었을지 모른다. 그런 심리가 억압의 메커니즘을 작동시켰을 수 있다. 그러나 블레이크와 케이트의 심리에 대해 그런 식으로 설명할 수 있다 할지라도, 이런 유형의 자각되지 않는 감정에 대해서는 더 간단한 설명이 가능하다.

적응 무의식은 환경을 능동적으로 평가한다. 조랑말이 우리를 물거나 발을 밟으면, 적응 무의식은 조랑말이 야비하다고 추론하면서 조랑말에 대해 부정적인 평가를 내놓는다. 그러나 우리들에게는 또 적극적이고 의식적인 자기가 하나 더 있다. 이 자기는 추론과 평가를 동시에 진행한다. 종종 의식 체계도 상황을 정확히 판단하는 것이다. 우리가 자신이 조랑말을 피해 왔으며 그 말 앞에만 서면 불안해진다는 사실을 깨달으면서, 자신이 조랑말을 견디지 못한다고 제대로 결론을 내린다.

그럼에도 불구하고, 의식 체계가 잘못 추론하는 경우도 간혹 있다. 그런 잘못이 벌어지는 한 가지 이유는 어떤 감정이 변했다는 사실을, 그 감정에 관심을 돌릴 때까지는 깨닫지 못하기 때문이다. 1세기도 더 전에, 윌리엄 카펜터는 "이성 간의 강한 애착이 당사자들이 전혀 눈치 채지 못하는 가운데 점점 커져 가는" 것과 같은 '자각되지 않는' 감정이 존재한다고 주장했다. 당시 카펜터는 이렇게 강조했다. "정말이지, 두 사람 사이의 애착이, 당사자들은 까맣게 모르고 있는 상황에서 제3자에게 먼저 인지되는 경우가 자주 있다. … 당사자의 뇌 상태도 그런 애착이 실제로 존재하고 있음을 보여준다. 그럼에도 의식의 차원에서 그런 애착의 관계를 보여주는 신호는 전혀 없다. 왜 그럴까? 이유는 모든 관심이 순간의 쾌락에 쏟아지고 있는 탓에 내면을 성찰할 여유가 거의 없었기 때문이다."

이 예는 비의식적인 감정의 '강한 의심'이라는 우리의 기준을 충족시킨다. 어떤 점에서 그럴까? 사람들이 마치 자각하지 않는 어떤 감정을 갖고 있는 것처럼 행동하고, 주변의 관찰자들은 그 사람들을 보면서 그들이 인정하지 않는 감정을 품고 있다고 믿고, 그 사람들 자신이 후에 그런 감정을 가졌다고 인정한다는 점(카펜터가 예로 제시한 연인들이 서로의 끌림을 인정하는 경우)에서 그렇다. 그럼에도 불구하고, 그처럼 강력한 감정을 자각하지 못하는 상태는 틀림없이 일시적이다. 자신의 내면을 들여다볼 시간을 갖기만 하면, 사람들은 자신이 다른 사람에게 끌리고 있다는 사실을 직시하게 된다. 카펜터의 표현을 옮기면, 그 감정은 "마치 깊이 묻혀 있던 불씨가 어느 한 순간 화염으로 피어나듯 불쑥 튀어나온다".

사람들이 자신의 내면을 들여다볼 때조차도, 적응 무의식에서 생겨난 감정을 자각하기 어려운 때가 간혹 있다. 의식 체계는 어떤 일에 대해서는 어떤 감정을 가져야 한다고 정해 놓은 문화적 규범에 매우 민감하다. 이를테면, 서양 문화권에서 아이들은 당연히 조랑말과 강아지와 자기 부모를 사랑하고, 소풍을 즐기고, 바다를 사랑하고, 맛있는 초콜릿 케이크를 사랑하는 것으로 받아들여진다. 사람들은 당연히 자신의 감정이 이런 문화적 규범과 일치한다고 단정한다. 따라서 사람들은 실제로 그렇지 않은 경우에도 그런 사실을 쉽게 자각하지 못하고 그냥 넘어가게 된다. 이런 '감정 규칙들'이 작용하고 있기 때문에, 우리가 적응 무의식이 느끼는 감정을 지각하기가 더욱 어려워진다. 사람들은 "아이들은 누구나 조랑말을 사랑하는 것으로" 알고 있다. 그렇기 때문에 사람들은 조랑말 토퍼가 비열한 짐승이라는 사실을 좀처럼 눈치 채지 못한다. 그것은 비열한 짐승이라고 생각하는 경우에 불안한 마음이 일어나기 때문이 아니라, 문화적, 개인적 감정 규칙이라는 연막을 간과하는 것이 어렵기 때문이다.

제1장에서 논한 수전이라는 친구를 지금도 기억하고 있는가? 그녀는 자신이 스티븐을 사랑한다고 굳게 믿고 있었다. 왜냐하면 그가 그녀 자신이 사랑해야 한다고 생각해 온 남성상에 딱 들어맞았기 때문이다. 스티븐은 관심사에서도 그녀와 많은 것을 공유했고, 친절했으며, 그녀를 사랑하는 것이 분명했다. 그럼에도 수전을 아는 우리에게는 그녀가 그를 사랑하지 않는다는 사실이 너무나 명백했다. 그런데 정작 그녀가 이 같은 사실을 깨닫지 못하는 이유는 무엇인가? 그녀의 의식에 있는 '감정 규칙들'이 그 깨달음을 가로막고 있는 것 같았다. 스티븐이 그녀의 남성

상에 꼭 들어맞는다는 사실이 그녀로 하여금 자신이 그를 사랑하지 않고 있다는 사실을 쉽게 깨닫지 못하도록 방해하고 있었던 것이다.

일화를 넘어서: 이런 예들은 대단히 인상적일지라도 어디까지나 일화에 지나지 않는다. 그렇다면 사람들이 어떤 감정을 품고 있다고 믿으면서 또 다른 감정을 품을 수 있다는 견해를 뒷받침할 실증적인 증거가 있는가? 사회 심리학의 문헌을 들춰보면, 이 견해를 뒷받침하는 자료들이 상당히 많이 나온다. 그런 증거를 담고 있는 자료 하나가 바로 '자기 지각(self-perception) 이론'과 '귀인(歸因) 이론'(attribution theory)에 관한 연구 보고서들이다. 이 연구서들을 보면, 사람들이 자신의 행동과 그 행동이 일어나고 있는 상황을 유심히 관찰함으로써 새로운 태도와 감정이 존재한다는 사실을 추론하는 것으로 확인된다.

이 이론들에 따르면, 사람들은 자신이 어떤 식으로 느끼고 있는지에 대해 확신이 서지 않을 때에는 자신의 행동이나 신체에 나타나는 반응을 길잡이로 삼는다. 예를 들어 보자. 사람들은 자신이 경험하고 있는 흥분의 정도와 사회적 상황의 성격을 바탕으로 자신의 감정을 추론한다. 우리는 이미 제5장에서 그런 예를 보았다. '다리 위의 사랑'이 바로 그것이다. 그때 설문에 응했던 남자들은 자신의 육체적 흥분에 대해 자신이 그 여자에게 끌리고 있는 신호라고 해석했다. 그들은 부분적으로 자신이 무서운 다리 위에 서 있기 때문에 육체적 각성을 느끼고 있다는 사실을 깨닫지 못한 상태에서 그 여자에 대한 끌림을 지나치게 높게 평가했다.

또 다른 실험을 보자. 스탠리 섀처(Stanley Schachter)와 래드 휠러(Ladd Wheeler)는 실험 참가자들에게 비타민 성분이 시력에 미치는 효과를 측정하는 연구에 참가해 달라고 부탁했다. 참가자들은 주사를 맞은 뒤 15분짜리 코미디 영화를 보았다. 참가자들에게는 알려주지 않았지만, 그 '비타민'은 사실 비타민이 아니었다. 참가자들을 세 집단으로 나눠 한 집단에는 아드레날린을, 그 다음 집단에는 위약(僞藥)을, 세 번째 집단에는 클로르프로마진을 각각 주입했다. 아드레날린은 교감 신경계에 각성을 일으킨다. 그러면 심장 박동이 빨라지고, 팔다리에 약간의 떨림이 일어나게 된다. 클로르프로마진은 교감 신경계를 진정시키는 진정제이다.

실험에 들어가기 전에, 연구원들은 이런 식으로 짐작했다. 참가자들이 자신의 몸에 그런 약이 들어갔다는 사실을 모르기 때문에 자신의 몸에 일어나는 반응을 영화 때문이라고 판단할 것이라고 생각했던 것이다. 결과는 이 가설과 일치하는 것으로 나타났다. 아드레날린을 맞은 집단의 사람들이 영화를 가장 재미있게 본 것 같았다. 또 그 코미디 영화를 보면서 가장 많이 웃었던 집단도 그들이었다. 클로르프로마진을 맞은 사람들은 정말로 재미없는 영화라고 느끼는 것 같았다. 그 사람들은 코미디 영화를 보면서도 거의 웃지 않았다.

리처드 니스벳과 나는 이와 비슷한 연구 보고서 수십 편을 검토하면서 이런 사실을 발견했다. 연구 대상이 된 사람들의 행동에서 그들의 태도나 감정이 변했다는 사실을 알 수 있는 증거 (예를 들면, 영화를 보는 도중에 터뜨리는 웃음)가 많이 보였음에도 불구하고, 정작 본인들이 그런 태도 변화를 보고하는 예는 극히 드물었던 것이다. 예를 들어, 섀처와 휠러는 실험 참가자들에게 영화가 얼마나 재미있었는지, 또 그 영화를 얼마나 즐겼는지에 대해 평점을 매겨달라고 부탁했다. 결과는 클로르프로마진을 맞은 사람이나 아드레날린을 맞은 사람이나 위약(僞藥)을 맞은 사람이나 전혀 차이를 보이지 않았다. 아드레날린을 맞은 사람들(영화를 보면서 많이 웃었던 사람들)이라고 해서 클로르프로마진을 맞은 사람들(영화를 보는 도중에 거의 웃지 않은 사람들)보다 그 영화가 특별히 더 재미있었다고 평가하지 않았던 것이다. 이 같은 결과, 말하자면 사람들이 마치 어떤 감정을 느낀 것처럼 행동해 놓고도 그런 감정이 있었다는 사실을 보고하지 않는 경향은 섀처와 휠러의 연구와 비슷한 연구에서 매우 흔하게 나타났다.

　이런 결과들은 흥미로운 질문을 몇 가지 제기한다. 사람들이 자신의 행동을 바탕으로 감정을 추측할 때, 누가 그런 추론을 하고 있으며, 또 그런 식으로 추론한 감정에 무슨 일이 일어나고 있는가? 첫 번째 의문에 대한 대답은 이미 제5장에서 보았다. 사람들이 자신의 행동을 관찰하고, 행동의 원인에 대해 추론하는 '귀인 과정'은 전형적으로 적응 무의식에서 일어난다. 이 과정은 또 의식적으로 일어날 수도 있다. 의식적 자기가 능동적인 분석가이며 계획자이기 때문이다. 사람들이 자신의 행동을 놓고 왜 그런 식으로 행동했는지 곰곰 생각할 때가 간혹 있다(예를 들면, "마감일에 맞추려면 서둘러야 했는데 왜 미적거렸을까?" 하는 반성이 있다). 그러나 섀처와 휠러가 연구한 '자기 귀인'(self-attribution: 사람들이 자신의 내적 상태에 접근하지 못하는 탓에 자신의 행동의 원인과 결과를 추론하게 되는 과정을 일컫는다/옮긴이)은 보통 비의식에서 신속하게 이뤄진다. 아드레날린을 맞은 실험 참가자들의 경우에 자리에 앉아 머리를 긁적이며 이런 식으로 생각하지는 않았다. "이 영화는 어느 정도 재미있지? 글쎄, 내 가슴이 빠르게 뛰고 손이 약간 떨리고 있네. 그렇다면 영화가 재미있다고 짐작해도 되겠지?" 대신에 사람들은 영화가 재미있었다는 추론을 비의식의 차원에서 신속히 내린다. 그들을 많이 웃게 만든 것도 바로 그 같은 추론이었다.

마찬가지로, '다리 위의 사랑' 연구에 참가한 남자들도 혼자 이런 식으로 말하지 않았다. "아니, 내 심장이 왜 이렇게 쾅쾅 뛰고 있는 걸까? 자, 보자. 37%가 공포 때문이고 63%가 사랑 때문이구나. 아니, 잠깐만. 공포가 34%이고 사랑이 66%야." 여기서도 그 남자들은 자신의 신체적 흥분이 부분적으로는 그 여인에 대한 끌림 때문이라고 비의식의 차원에서 재빨리 추론했다.

그러나 이런 비의식적 추론의 결과로 생겨나는 감정에 어떤 일이 벌어지는가? 섀처와 휠러의 연구에서 아드레날린을 맞은 사람들이 그 영화를 특별히 재미있었다고 평가하지 않은 이유는 뭘까? 어쨌든 이 참가자들이 마치 그 영화가 유쾌하다고 추론한 것처럼 영화를 보는 도중에 가장 많이 웃었던 집단이 아닌가. 이 물음에 대해 섀처와 휠러는 이런 대답을 내놓는다. 그 영화에 대해 평점을 내릴 때에는 사람들이 자신이 본 영화(잭 카슨 주연의 코미디)의 장르에 대한 장기적 선호도를 근거로 삼는다는 것이다. 어느 실험 참가자가 말하듯이, "영화를 보는 동안에 내가 왜 웃고 있었는지 도무지 이해할 수가 없었어요. 대체로 나는 잭 카슨과 이런 종류의 허튼소리를 싫어해요. [설문지의] 등급에 표시할 때도 그것이 기준이 되었어요".

요약하면, 사람들의 적응 무의식은 그 영화가 재미있다고 추론했다. 또 그 추론이 그들을 웃게 만들었다. 그러나 그 영화가 얼마나 재미있었느냐는 물음이 던져졌을 때, 사람들은 답변의 근거로 그런 장르에 대한 개인적 이론을 동원했다. 이렇듯, 적응 무의식은 이렇게 느끼는 반면에 의식적인 자기는 저렇게 느끼고 있었다. 토퍼라는 조랑말을 대하는 블레이크와 케이트의 태도와 똑같았다. 나의 친구 수전이 스티븐에 대해 느끼는 감정도 그것과 다를 것이 없었다.

나는 지금까지 사람들이 똑같은 주제에 대해 두 가지 감정을 갖는 현상에 대해 언급했다. 한 감정은 다른 감정에 비해 보다 의식적이다. '이중적인 태도'라고 보면 된다. 가장 흥미로운 케이스는 사람들이 마이너리티(소수자) 집단을 보는 태도이다. 이 분야에서 사람들은 대체로 자신이 편견을 갖고 있는지 여부에 대해 잘 알고 있는 것으로 여겨진다. 예를 들어, 직장에서 인종이나 피부색, 남녀, 출신 국가, 종교를 근거로 한 차별을 금지한 미국 민권법 제7장은 그런 차별을 의식적이고, 교묘하고, 의도적인 것으로 가정하고 있다. 그 법은 악명 높은 의식적 인종 차별을 예방하기 위해 마련된 것이었다. 그 법 어디에도 '무의식적 편견'이나 '의도하지 않은 차별'이 있을 수 있다는 점을 인정하는 대목은 보이지 않는다.

그러나 편견도 명백한 차원의 것(다른 집단에 대한 의식적인 신념과 감정)만 아니라 암묵적인 차원의 것(다른 집단에 대한 비의식적 평가가 이에 해당하며, 사람들은 대체로 이 평가를 자각하지 못한다)도 있다는 사실이 점점 더 분명해지고 있다. 사람들이 진정으로 자신은 편견을 갖고 있지 않다고 믿으면서도 암묵적 차원에서는 부정적인 태도를 가질 수 있다. 이런 사실을 보여주기 위해 사회 심리학자들은 암묵적 편견을 측정하는 방법들을 개발해냈다. 이 측정법에 대해서는 제9장에서 논할 예정이다.

아직 풀리지 않은 이슈 하나는 이처럼 신속하고, 암묵적이고, 부정적인 반응들이 무의식인지 여부이다. 나는 사람들이 이런 감정을 자각하지 못할 때가 종종 있다고 믿지만, 이런 감정을 자각하지 않을 수 없는 상황도 있기 마련이다.

리버럴한 성향의 백인인 존은 자신의 내면에 부정적인 감정이 도사리고 있다는 사실을 깨닫지 못한 채, 자신에게는 마이너리티에 대한 편견이 전혀 없다고 믿으면서 흑인을 백인과 똑같이 대한다고 믿을 수도 있다. 존처럼 마이너리티에 대한 부정적인 관점을 털어내려고 노력하는 사람들조차도 부정적인 감정을 가질 수 있으며 더 나아가 흑인이 차별을 느낄 정도로 흑인들에게 부정적인 행동을 취한다는 사실을 보여주는 증거가 있다. 그러나 사람들이 이런 부정적인 감정을 자각하지 못할 때가 자주 있다 하더라도, 그들도 자신을 조심스럽게 들여다보면 그런 감정을 알아차릴 수 있다. 만약에 존이 자신의 감정을 정직하게 들여다보고 자신이 흑인들에게 어떻게 대하는지를 면밀히 검토한다면, 그도 자신에게서 겉으로 잘 드러나지 않는 부정적인 태도를 확인할 수 있다.

이 예는 비의식적인 감정과 태도에 관한 중요한 질문을 하나 제기한다. 앞의 여러 장에서, 우리는 적응 무의식을, 우리가 관찰하려고 제아무리 발버둥을 쳐도 닿을 수 없는 정신 과정의 한 체계로 묘사했다. 감정과 태도가 비록 우리의 눈에 보이지 않는 곳에 들어 있을지라도, 그것들이 자각에 닿을 수 있는 잠재력은 엄청나게 큰 것 같다. 만약 사람들이 자신의 감정에 관한 의식적 견해라는 연막을 뚫고 감정과 태도를 발견하기만 한다면, 그 감정과 태도들은 쉽게 의식 속으로 들어오게 된다. 자신의 내면을 들여다보면서 자신의 감정을 반성하려고 노력하기보다는, 자신이 어떻게 행동하는지(예를 들면, 자신이 아프리카계 미국인에게 어떤 식으로 대하는지)를 잘 관찰하는 것이 훨씬 더 유익할 때가 종종 있다.

비의식적 감정과 태도에 관한 어떤 이론을 위해서: 이 장의 도입부에서, 나는 적응 무의식을 보는 표준적인 견해에 대해 설명했다. 이 견해에 따르면, 적응 무의식은 감정을 낳을 수 있는, 엄청나게 많은 정신 과정들로 이뤄져 있으며, 이 감정들은 의식 속으로 스며든다. 수많은 음악 중에서 어느 하나를 골라 연주하도록 되어 있는 콤팩트디스크 플레이어를 한번 생각해 보라. 그 음악을 찾아서 연주하는 하드웨어와 소프트웨어는 우리의 눈에 보이지 않는 곳에서 작동하고 있지만, 그 하드웨어와 소프트웨어의 최종적인 산물, 예를 들어 비틀스의 초기 노래의 달콤한 멜로디는 우리에게 들린다(의식에 닿는다는 뜻이다). 마찬가지로, 정신의 선택과 해석은 비의식적일 수 있지만, 그것들이 낳는 감정은 의식적이다.

이와 반대로, 나는 적응 무의식의 산물, 즉 멜로디조차도 의식에 닿지 못할 수 있다고 주장했다. 그럼에도 불구하고, 감정들은 의식에 닿을 수 있는 잠재력의 측면에서 보면 적응 무의식의 나머지와 다르다고 나는 생각한다. 감정을 낳는 정신 과정들, 이를테면 제3, 4, 5장에서 세부적으로 논한 적응 무의식의 특징들은 접근이 불가능하다. 콤팩트디스크 플레이어의 하드웨어나 소프트웨어와 똑같다. 그러나 일부 환경에서 사람들은 자신이 일으키는 감정을 자각한다.

우리는 감정이 자각 속으로 들어오지 못하도록 막는 환경을 세 가지 살펴보았다. 첫 번째가 억압이다. (동성애 공포증의 경우처럼) 위험한 감정을 숨기기 위해 강압적으로 힘을 동원하는 것이다. 두 번째가 (카펜터의 연구에서 남녀가 서로 눈치 채지 못하는 가운데서도 사랑에 빠지는 경우처럼) 어떤 감정이 변했다는 사실을 알아차리지 못하거나 자각하려는 노력을 태만히 하는 것이다. 세 번째가 사람들이 의식적 견해와 작화(作話)라는 연막을 이용해 감정을 흐리게 만드는 것이다. 사람들은 어떤 감정이나 평가가 문화적 감정 규칙("사람은 조랑말을 사랑해." "결혼식은 나의 인생에서 가장 행복한 날이 될 거야.")이나 개인적인 기준("나는 아프리카계 미국인들에게 전혀 편견을 갖고 있지 않아."), 또는 자신의 감정에 대한 의식적인 견해와 추론("나는 그 사람이 나의 남성상에 딱 들어맞기 때문에 그를 사랑해야 해.")과 충돌을 빚는 경우에 그 감정이나 평가를 제대로 인식하지 못한다.

사람들이 적응 무의식에서 생겨난 감정을 제대로 인식하지 못하는 경우가 아주 흔하지 않을 수 있다. 전형적인 사람이라면 아마 문학 수업 시간에 강의실의 세 번째 줄에 앉은 학생에게 끌리게 되고, 애완 고양이가 죽으면 슬퍼지고, 롤러 코스터를 세 번이나 타고 나면 메스꺼움을 느낄 것이다. 하지만 사람이 자신의 감정을 깨닫지 못하는 조건들은 아마 그렇게 드물지는 않을 것이다.

더욱이, 사람들이 자신의 감정을 알아채는 빈도도 다 다르다. 감성 지능의 한 정의가 우리의 욕망과 욕구, 기쁨과 슬픔을 파악하는 능력이 아닌가. 어떤 사람들은 자신의 감정이 자신의 개인적, 문화적 견해와 충돌을 일으킬 때를 잘 인식하면서 개인적 견해와 문화적 견해라는 장막을 꿰뚫어보는 일에 탁월하다. 한편, 그런 종류의 자기 인식에 서툰 사람도 더러 있다.

극단적인 예를 들면, 가장 기본적이고 두드러진 감정조차 제대로 알아차리지 못하는 사람들이 있다. 그런 현상을 '감정 표현 불능증'(alexithymia: '감정을 표현하는 단어들이 부족한'이라는 뜻을 가진 그리스어 단어들에서 비롯된 이름이다)이라고 부른다. 정신 질환에 해당한다. 감정 표현 불능증 환자들은 감정을 느낄지라도 그 감정이 어떤 것인지, 그 감정이 어디서 비롯되는지에 대해 제대로 설명하지 못한다. 어떤 여인은 자신이 자주 우는데도 왜 우는지를 모르겠다고 보고했다. "울고 나면 몸이 한결 가뿐해져요." 언젠가 그 여인은 자식을 여덟 명이나 둔 어머니가 암으로 죽는 영화를 본 뒤에 혼자 흐느껴 울다가 잠들었다고 했다. 주치의가 그녀에게 자기 어머니가 암으로 죽어가고 있는 사실에 슬픔과 안타까움을 느끼고 있었을지 모른다고 지적하자, 그 여자는 어리둥절해 하면서 자신의 울음과 어머니의 병 사이에 아무런 관계가 없다고 대답했다.

분명히 말하지만, 감정 표현 불능증은 자신의 감정을 자각하지 못하는 상태를 보여주는 극단적인 예이다. 보통 사람들 중에 자신의 감정을 이해하려고 노력하면서 그처럼 심하게 혼란을 겪는 사람은 거의 없다. 그러나 우리 모두는 어느 정도는 감정 표현 불능증을 보이고 있다. 우리의 적응 무의식이 우리 자신이 알지 못하는 감정을 품을 때가 종종 있는 것이다. 우리가 미래에 어떤 감정을 느낄 것인지, 그리고 우리가 얼마나 오랫동안 그런 감정을 느낄 것인지에 대한 우리의 지식은 어떤가? 미래에 일어날 일("스티븐이 청혼을 해 온다면 나는 어느 정도 행복할까?")에 대해 우리가 어떤 식으로 느낄 것인지를 아는 것도 지금 이 순간 우리의 느낌을 아는 것 못지않게 중요하다. 그러나 지금 이 순간에 자신이 어떤 감정을 느끼고 있는지를 파악하는 데 어려움을 겪는 사람들은 자신의 감정을 예측하는 일에도 당연히 어려움을 겪을 것이다.

제7장

미래의 감정을
미리 알다

어찌하여 이런 일이 이렇게나 자주 일어날 수 있을까?
불가능할 것 같던 일들이 현실로 일어나고,
안개같이 희뿌연 꿈이 손에 잡히는 실체로 엮어질 때면,
광휘의 순간이 되어야 할 것 같은데도
어찌 마음은 이리도 차분히 가라앉는가!

-나다니엘 호손의 『라파치니의 딸』(Rappaccini's Daughter)(1846) 중에서

지속적인 행복을 가로막는 유일한 장애물은 원하는 것을 손에 넣지 못하는 무능력이라고 우리 대부분은 생각한다. 사람들은 종종 이렇게 말한다. "---만 가질 수 있다면, 훨씬 더 행복할 텐데."라고. 그 무엇이 어떤 사람에게는 '진정한 사랑'이고, 또 어떤 사람에게는 '100만 달러의 돈'이고, 또 다른 사람에게는 '엘비스 프레슬리의 복장으로 라스베이거스를 여행하는 일'일 수 있다. 꿈이 무엇이든, 우리 모두는 그 꿈이 현실로 나타나면 자신이 엄청 더 행복해질 것이라고 생각하는 경향을 보인다.

그러나 지속적인 행복을 성취하기 위해선, 우리의 소망을 현실화하는 것만으로는 결코 충분하지 않다. 우리는 또한 무엇을 소망할 것인지를 알아야 한다. 엘비스 프레슬리의 복장으로 라스베이거스를 여행하는 것이나 디즈니 월드를 찾는 것이 우리를 더 행복하게 해 줄까? 분명히 말하지만, 무엇을 추구해야 할 것인지를 알기 위해서는 이 질문에 대한 대답을 알아야 한다. 우리는 '감정 예측'을 제대로 할 수 있어야 한다. 미래의 사건들에 대한 우리의 감정적 반응이 어떨 것인지를 예측할 수 있어야 한다는 뜻이다.

감정 예측은 결정적으로 중요한 형태의 자기 지식이다. 누구와 결혼할 것인지, 혹은 어떤 직종에서 일할 것인지, 아기를 가질 것인지, 엘비스의 의상에 투자할 것인지 등 크고 작은 결정은 그 일이 얼마나 큰 기쁨을 주고 만족을 안겨줄 것인지에 대한 예측을 바탕으로 한다. 현재의 사건들에 대한 감정적 반응이 특별한 중요성을 지니며 종종 의식에 닿는 것과 똑같이, 미래의 사건들에 대한 감정적 반응도 중요한 형태의 자기 지식이며, 사람들은 이런 형태의 자기 지식도 상당히 성취한다. 우리 대부분은 건강과 100만 달러, 행복한 결혼이 만성적인 고통이나 가난, 이혼보다 우리를 더 행복하게 만들 것이라고 생각한다. 사람들에게 자신을 행복하게 만들거나 불행하게 만들 것이 무엇인지를 판단하는 열쇠가 주어지지 않는 세상이라면, 아마 생존하기가 더욱 힘들어질 것이다. 심지어 쥐들까지도 감정 예측을 정확히 할 수 있는 것으로 드러났다. 불쾌한 결과(전기 충격)를 일으킬 막대기는 피하고, 즐거운 결과(맛있는 음식)를 안기는 막대기를 누르는 요령을 배우는 것이다.

그러나 어떤 사건에 대한 우리의 첫 반응을 아는 것만으로 충분하지 않을 때가 종종 있다. 그 반응이 얼마나 오랫동안 지속될 것인지도 알아둘 필요가 있다. 누구와 결혼할 것인지, 아기를 가질 것인지 말 것인지와 같은 삶 자체를 바꿔놓을 수 있는 결정은 그것이 한 순간의 쾌락이 아니라 지속적인 행복을 불러올 것이라는 가정에 바탕을 두고 있다. 그러나 사람들의 감정 예측에 종종 '영속성 편향'이 작용한다. 미래의 감정적 사건들에 대한 반응이 지속되는 시간을 과대평가하는 경향이 있다는 뜻이다. 이 편향을 연구한 보고서는 행복의 본질에 대해, 그리고 외적 사건들이 우리가 생각하는 것만큼 오랫동안 행복에 영향을 미치지 않는 이유에 대해 궁금해 한다. 그 연구는 영원히 지속될 행복을 손에 넣는 비결을 풀어놓지는 못하지만 몇 가지 힌트는 제시하고 있다.

감정적 반응의 덧없음

다음 주에 당신에게 일어날 수 있는 가장 멋진 일과 가장 나쁜 일을 상상해 달라고 부탁한다고 가정하자. 이런 질문에 대한 대답으로 흔한 것은 "복권 당첨"이나 "사랑하는 사람의 죽음"이 될 것이다. 이런 극단적인 사건에 대한 당신의 감정적 반응은 얼마나 오랫동안 지속될까? 우리 대부분은 이런 식으로 대답할 것이다. "복권에 당첨되기만 하면, 아마 몇 개월, 아니 몇 년 동안 전율을 느끼며 지내게 될 거야." "사랑하는 사람이 죽으면 나 역시도 죽은 것이나 마찬가지일 거야." 대부분의 경우에 이런 식의 감정 예측이 틀린 것으로 드러난다.

돈은 사랑도 사지 못하고 행복도 사지 못한다

당신이 복권 추첨에서 마지막 남은 10명 중 한 사람이라고 상상해 보라. 당신과 다른 최종 후보자들은 TV로 중계되는 가운데 무대

위에 서서 마지막 승자의 이름이 불리기를 기다리고 있다. 복권 관계자가 큰 상자에서 봉투를 집어들 때 당신의 이마에 구슬 같은 땀방울이 맺힌다. 관계자가 봉투를 열고 종이 쪽지를 끄집어내는 시간이 당신에게는 영원처럼 느껴진다. 순간 관계자가 숨을 멈추더니 당신을 똑바로 바라보면서 당신의 이름을 크게 외친다. 그래, 그게 현실로 나타났어! 당신은 거의 0에 가까운 확률의 복권을 맞히고 이제 억만장자가 되었다.

그 순간, 당신은 어느 정도로 행복할 것이라고 생각하는가? 그 다음 몇 개월 동안에 당신은 얼마나 행복할 것 같은가? 그리고 그 다음 몇 년 동안에는? 우리 대부분은 자신이 승자라는 사실을 확인하는 순간에 몸이 떨릴 만큼 감격할 것이라고 짐작한다. 맞는 말이다. 1973년 3월, 미국 메릴랜드 주 복권에서 폴 맥내브(Paul McNabb)라는 사람이 최초로 100만 달러 복권의 승자로 뽑혔다. 그 순간, 주인공은 "오 마이 갓!"이라고 몇 번이나 중얼거리며 바닥에 쓰러졌다. 그래서 메릴랜드 주지사 마빈 맨델(Marvin Mandel)은 20년 동안 분할 지급될 복금 중 첫 번째 수령액인 5만 달러짜리 수표를 당첨자에게 전하기 위해 허리를 굽혀야 했다. 그때 맥내브는 아마 자신이 앞으로 순탄한 길을 걷게 될 것이며, 자신이 안고 있던 모든 문제는 그것으로 끝이라고 생각했을 것이다.

그리고 20년의 세월이 흐른 1993년 어느 날, 맥내브는 매년 받아오던 복금 5만 달러를 마지막으로 받았다. 워싱턴 포스트 기자와 인터뷰할 때, 그는 싸구려 담배를 물고서 라스베이거스의 어느 바에서 공짜로 제공하는 음료수를 소중히 보듬고 있었다. 그는 자동차도 없이 침실 두 개짜리 아파트에서 살고 있었다. 기자가 복권에 당첨되었을 당시의 기분에 대해 묻자, 그는 빙그레 웃으며 "그런 짓 다시 할 것 같아요? 절대로 안 해요."라고 대답했다.

1973년에 TV에 등장한 후, 맥내브는 복금 중 일부를 요구하는 사람들에게 시달렸다. 한 사람은 그의 딸들을 위협했고, 다른 사람은 그의 집을 침입했다. 그는 기자에게 "첫 해에 내가 겪은 일을 기자 양반이 경험하게 된다면, 아마 당신은 모친까지도 믿지 않으려 들었을 거요."라고 말했다. 맥내브는 결국 사람들의 관심을 피해 네바다 주로 이사했지만 거기서도 오래 지속되는 행복을 발견하지 못하기는 마찬가지였다. "20년 동안 사회생활을 잃어버렸고 인간적인 삶을 잃어버렸다고 말하면 이해하겠어요? 경계의 눈길을 늦춘 적이 한 번도 없었어요."

이쯤에서 당신은 이렇게 생각할 수도 있다. 모든 사람이 돈을 관리하는 방법을 다 아는 것은 아니며, 돈을 갖게 되는 경우에 문제를 해결하기보다 더 많은 문제를 일으키는 사람도 있게 마련이라고. 만약에 당신이 나와 비슷한 사람이라면, 당신은 그 돈을 잘 관리하면서 감사하는 마음을 품을 것이라고 생각할 것 같다. 틀림없이, 우리에게는 돈이 열어줄 가능성들이 돈이 부를 혼란보다 훨씬 더 클 것이다. 그렇게 보일지 몰라도, 두 가지 예측 다 틀렸다.

맥내브의 경험이 극단적인 것처럼 비칠 수도 있지만, 그렇게 드문 일은 절대로 아니다. 한 연구 보고서에 따르면, 뉴저지 주에서 100만 달러짜리 복권에 당첨된 사람들 거의 전부가 괴롭힘과 협박에 시달렸고, 많은 사람들이 공포 속에 살았던 것으로 드러났다. 대부분이 끊이지 않는 전화와 예기치 않은 방문객들을 피하기 위해 결국 주거지를 옮겼으며, 친구나 가족들로부터 고립될 수 있는 낮선 곳으로 이사를 간 사람도 많았다. 예를 들어, 살바토르 레노치는 낯선 사람들로부터 전화 폭격을 받았다. 그 중 한 남자는 매일 전화를 걸어 자신과 허약한 아내가 쓸 돈을 요구하기도 했다. 어떤 사람은 레노치의 아이들을 칼로 위협했다. 가족들도 그의 행운을 저주하기 시작했다. 레노치는 "지금 나에겐 돈이 있긴 하지만 옛날이 더 행복하지 않았나 하는 생각이 들기도 한다."고 말했다. 복권 당첨자들을 인터뷰한 어느 사회학자는 이런 결론을 내렸다. "그 사람들은 가난과 궁핍을 퇴치하는 전투에서는 승리를 거두었다. 그러나 전쟁에서는 결국 패배자가 되고 있다. 그들은 경제적으로는 성공을 얻었지만 사회적, 심리적으로는 희생자가 되었다."

만약 복권에 당첨되어 봤자 더 행복해지지 않고 실제로는 오히려 비극을 부를 수도 있다는 사실을 안다면, 사람들은 어렵게 번 돈을 복권에 던지기 전에 한 번 더 생각할 것이다. 그럼에도 다양한 복권들이 수십억 달러를 벌어들이고 있는 사실은, 아직도 매우 많은 사람들이 돈만 있으면 사랑이나 행복을 살 수 있다는 확신을 갖고 있음을 뒷받침하는 증거이다.

"난 이 슬픔에서 결코 헤어나지 못할 거야."

몇 년 전에 나의 친구 캐롤라인의 어머니가 나이 쉰아홉에 심장마비로 갑자기 세상을 떠났다. 캐롤라인은 비탄에 빠져 자신은 그 슬픔에서 결코 일어서지 못할 것이라고 말했다. 어떤 측면에서 보면, 그녀의 말이 맞았다. 5년이 지난 지금도 캐롤라인은 어머니를 몹시 그리워할 뿐만 아니라 어머니를 생각하면 언제나 슬픔에 잠긴다. 그러나 그녀가 어머니의 죽음 뒤 며칠 동안 경험한 쓰라린 아픔은 세월이 가면서 조금씩 누그러졌다. 예상한 것보다 훨씬 더 빨리, 캐롤라인은 오래 전부터 예전처럼 활기 넘치고 낙천적이고 외향적인 인물로 돌아가 있었다. 그녀는 직장에서도 어려운 문제를 즐겨 해결하고, 자식들과도 많은 시간을 함께 보내고, 테니스 게임을 즐겼다.

만약에 요술 지팡이를 흔들어 자기 어머니를 다시 살려낼 수만 있다면, 캐롤라인도 분명히 그렇게 했을 것이다. 그럼에도 불구하고, 그녀는 자신이 예상한 것보다 훨씬 더 빨리 어머니의 죽음을 극복했다고 인정할 것이다. 그녀는 또한 어머니의 때 이른 죽음이 비극이긴 하지만 그런 비극에서도 좋은 일이 싹틀 수 있다는 사실에 동의할 것이다. 캐롤라인이 아버지와 조금 더 가까워진 것도 좋은 일에 속한다. 어머니의 장례식이 끝난 뒤, 그녀는 자기 아버지에게 e메일 쓰는 법을 가르쳤으며 지금도 일주일에 서너 차례씩 메일을 주고받으며 아버지와 가깝게 지내고 있다.

캐롤라인의 경험은 사별의 과정이 사람들이 예상하지 않았던 방향으로 전개되는 경우가 종종 있다는 내용의 연구 보고서와 일치한다. 많은 사람들이 사랑하는 사람의 상실에 전혀 영향을 받지 않거나 격한 슬픔으로부터 놀랄 정도로 빨리 회복한다. 한 연구 보고서는 돌연사로 아기를 잃은 부모의 30%가 심각한 수준의 우울증을 결코 겪지 않는다는 사실을 발견했다. 또 다른 연구에서는 배우자를 잃은 사람의 82%가 배우자가 죽고 2년 후면 세상을 잘 살게 되는 것으로 확인된다.

분명히, 많은 사람들은 사랑하는 사람의 죽음 앞에 망연자실하게 된다. 특히 예상하지 못한 죽음인 경우에 슬픔은 더욱 커진다. 한 연구 보고서는 배우자가 죽고 1주일 동안의 자살률이 평소보다 남자들의 경우에 70배, 여자들의 경우에 10배 증가한다고 주장한다. 다른 연구 보고서는 교통사고로 배우자나 자식을 잃고 4년 내지 7년이 지난 뒤에도 상당히 많은 수의 사람들이 우울증에 시달린다는 사실을 발견했다. 배우자나 자식을 잃은 사람의 32%가 1주일에 사나흘 정도는 '우울증을 떨치지 못했다'고 대답했다. 반면에 배우자나 아이를 잃지 않은 사람들 중에서 그렇게 답변한 사람은 10%에 지나지 않았다.

그러면 일부 사람들이 다른 사람들에 비해 슬픔의 충격에서 훨씬 더 빨리 회복하는 이유는 무엇인가? 한 가지 중요한 요인은 사람들이 그 상실에서 의미를 어느 정도 끌어내는가 하는 점이다. 그 죽음이 신의 뜻이라든지, 사랑하는 사람이 자신의 죽음을 받아들였다든지, 아니면 죽음은 생명의 순환에서 아주 자연스런 현상이라는 식으로 믿음으로써 그 상실에서 어떤 의미를 발견한 사람들은 아무런 의미를 찾지 못한 사람에 비해 훨씬 더 빨리 슬픔을 극복한다. 또 다른 중요한 요인은 그 경험에서 사람들이 긍정적인 무엇인가를 찾는가 하는 점이다. 자신이 한 인간으로서 더욱 성숙하게 되었다든가, 어떤 통찰을 얻었다든가, 아니면 캐롤라인처럼 그 죽음이 남은 가족들로 하여금 서로 가까워지게 만드는 계기가 되었다든가 하는 믿음도 슬픔의 극복에 도움이 된다.

예를 들어, 사랑하는 사람의 죽음은 남은 사람들이 서로 도울 수 있는 기회를 새롭게 열어준다. 캔디 라이트너(Candy Lightner)의 예를 보자. 열세 살 된 딸이 1980년에 음주 운전자의 차에 치어 죽었을 때, 그녀는 분노와 슬픔을 힘으로 승화시키며 도로에서 음주 운전자를 추방하는 캠페인을 전국적으로 전개했다. 그녀는 '음주 운전에 반대하는 어머니들'(Mothers Against Drunk Driving)이라는 단체까지 조직했다.

1981년 7월에 여섯 살 난 애덤 월시(Adam Walsh)라는 아이가 쇼핑몰에서 납치되어 잔인하게 살해되는 사건이 일어났다. 그러자 그의 부모인 존(John)과 리브(Reve) 월시는 행방불명된 어린이들을 찾는 활동에 나섰으며, 의회가 컴퓨터 데이터 베이스를 갖춘 실종 어린이 센터를 만드는 법을 통과시키는 데 큰 역할을 맡았다. 존 월시는 TV 프로그램 '아메리카스 모스트 원티드'(America's most wanted)를 만들도록 노력한 뒤 그 프로그램의 진행까지 맡았다. 정신적 충격에서 가장 빨리 회복하는 사람들은 상실의 아픔이 자신에게 남을 도울 수 있는 능력 같은 바람직한 것을 일깨워 주었다는 식으로 받아들이는 사람들이었다.

이 마지막 발견은 그 사람들이 평소 사랑하는 사람을 잃기 전에 비탄에 대해 품었던 신념을 고려할 경우에 특히 흥미롭게 다가온다. 대부분의 사람들은 사랑하는 사람을 잃는 것이 한결같이 부정적이고 통렬한 경험이 될 것이라고 상상한다. 그렇게 생각했던 사람들이기에 자신이 슬픔을 겪는 한편으로 종종 긍정적인 감정을 경험한다는 사실을 깨달으면 놀라지 않을 수 없다. 그들은 상실이나 정신적 상처가 자신을 이로운 쪽으로 변모시킬 수도 있다는 사실을 알게 되면 더욱더 놀랄 것이다.

나는 우리 중 많은 사람들이 이런 생각을 품지 않았으리라고 믿는다. "그(그녀)의 죽음은 엄청난 고통이 될 것이지만, 적어도 나는 그로 인해 조금 더 성숙한 존재가 될 것이다." 그럼에도 불구하고, 이 세상에 남겨진 사람은 아팠던 만큼 성숙할 것이다. 로니 자노프-불만(Ronnie Janoff-Bulman)은 사랑하는 사람의 죽음과 강간 등 다양한 정신적 충격에 시달린 피해자들을 대상으로 연구를 실시했다. 그녀는 이렇게 강조한다. "사랑하는 사람의 상실에 따른 아픔이 사람에 따라 다르지 않는 것은 확실하다. 그러나 종국적으로 보면 그 아픔이 많은 사람들에게 인생의 가장 소중한 가르침을 주는 스승으로 받아들여진다."

사람들은 복권에 당첨되거나 사랑하는 사람을 잃는 것과 같은 인생의 굵직한 사건에 대한 반응에서도 놀랄 정도의 탄력성을 보일 뿐만 아니라, 일상의 감정적인 사건에도 유연성을 보인다. 한 연구 보고서는 2년에 걸쳐 대학생들의 행복을 평가했다. 이 기간에 연구에 참가한 대학생들에게 좋거나 나쁜 일이 많이 일어났다. 3분의 1가량이 가까운 가족을 잃었고, 반 이상이 연인과 헤어졌으며, 또 반 이상이 몸무게가 10kg 이상 늘었다. 또 80% 이상이 연인 관계를 2개월 이상 새롭게 맺어오고 있었으며, 거의 모든 사람들이 절친한 친구를 사귀었고, 4분의 1 이상이 대학교를 졸업했다. 이런 사건들도 상당히 중요했을 텐데도 그들 본인의 행복에는 일시적으로밖에 영향을 미치지 못했다. 이 보고서를 발표한 연구원들은 "오직 최근에 일어난 일들만 중요하다."고 주장한다. 이런 현상은 성인들보다 청년들에게 더 뚜렷하게 나타난다. 한 연구 보고서에 따르면, 청년기를 맞고 있는 사람들의 경우에 매우 좋거나 나쁜 감정을 느끼다가도 평상시 수준의 행복으로 돌아가는 데 평균 45분밖에 걸리지 않는다. (이 발견은 10대와 함께 사는 사람에게 전혀 놀라운 일로 다가오지 않을 것이다.)

복권 당첨, 사별, 일상생활의 사건에 대한 반응 등을 연구한 문헌들은 한결같이 사람들이 스스로 알고 있는 것보다 훨씬 더 탄력적이라는 사실을 보여준다. 애덤 스미스(Adam Smith)가 관찰한 것처럼 말이다. "모든 사람들의 마음은 다소 시간이 지나면 자연스럽게 평소대로 평온한 상태로 돌아간다. 행복에 겨워 흥분한 상태였더라도 일정 시간이 지나면 차분히 가라앉고, 슬픔에 빠졌더라도 조금만 시간이 지나면 평소의 평정을 되찾고 다시 일어서게 된다."

사람들이 그렇게 탄력적인 이유는 뭘까?

사람들의 탄력성이 두드러진 한 가지 이유는, 라 로슈푸코(La Rochefoucauld)가 4세기 전에 이미 주장한 바와 같이, "행복과 불행은 성공 못지않게 기질에도 좌우되기" 때문이다. 세상에는 어떤 구름에서도 하얀색 가장자리를 보는 행복한 사람이 있는가 하면, 지평선에서 언제나 먹구름만 보는 불만투성이 사람도 있다. 행복이 성격적 특성이라는 증거가 있다. 그 점에서 보면, 행복은 유전적일 수 있다. 예를 들어, 일란성 쌍둥이의 경우에 각각 다른 가정에서 자랄 때조차도 서로 비슷한 수준의 행복을 느낀다.

그럼에도, 분명한 것은 행복한 사람들도 간혹 슬퍼지고, 불만투성이인 사람도 간혹 미소를 짓는다는 사실이다. 행복이 부분적으로 유전된다는 사실이 사람들이 언제나 똑같은 수준의 행복을 느끼게 된다는 것을 뜻하지는 않는다. 여기서 중요한 것은, 사람들이 자신을 행복하게 만들거나 슬프게 만드는 사건을 경험한 뒤에 비교적 빨리 평상시 수준의 행복으로 돌아가는 이유를 설명하는 일이다. 폴 맥내브의 경우에 자신이 100만 달러짜리 복권에 당첨되었다는 사실을 알았을 때 황홀경에 빠졌지만, 그 스릴은 그다지 오래 이어지지 않았다. 왜 그랬을까?

중요한 것은 뭔가를 추구하는 행위 자체이다

한 가지 가능성은 어떤 목표를 추구하는 행위가 그 목표를 성취하는 것보다 더 행복하지는 않을지 몰라도 성취 못지않게 즐거운 일이라는 점이다. 나 자신도 한 가지 연구 프로젝트를 놓고 자료를 수집하고, 수집한 자료를 분석하고, 분석한 결과를 바탕으로 논문을 쓰고, 그 논문을 심리학 학술지로 보내는 작업에 몇 개월 또는 몇 년을 쏟기도 한다. 그 과정 중에서 절정의 순간은 심리학 학술지로부터 나의 논문을 게재하기로 결정했다는 사실을 알리는 우편물을 받을 때인 것 같다. 여하튼 그 편지를 받는 순간이 엄청난 노력을 기울인 연구의 정점이고, 몇 개월 동안 추구해온 바로 그 목적인 것은 사실이다. 그리고 나 역시도 그런 편지를 받으면 상당히 행복하다. 논문이 거부당했다는 소식을 듣는 것보다는 확실히 몇 배 더 낫다. 그러나 그 기쁨이 그다지 오래 가지는 않는다. 나는 목표를 향해 뭔가 진전을 이룰 때가 가장 행복하다고 생각한다. 졸업생 중 하나가 우리가 최근에 발표한 자료가 훌륭하다고 평가하는 때나 나 자신이 글쓰기 작업을 멋지게 마무리한 날이 그런 순간들이다. 한 프로젝트가 끝나고 논문이 받아들여지기만 하면, 나의 관심은 다음 프로젝트로 옮겨간다.

인생에서 추구할 무엇인가를 갖고 있는 것은 매우 중요하다. 우리는 한 가지 목표를 성취하자마자 관심을 다른 곳으로 옮기고 새로운 목표를 추구한다. 사실 일이 정말로 잘 돌아갈 때, 우리는 '플로우'(flow)의 상태를 이룬다. 자기 자신과 시간에 대한 감각을 잃는 상태에 이른다는 뜻이다.

어느 작곡가는 곡을 쓰는 경험을 이렇게 묘사했다. "황홀경의 상태에 빠진다. 어느 정도냐 하면, 나 자신이 거의 존재하지 않는 것처럼 느껴지는 경지에 이른다. … 손도 없는 것 같고, 그 시간에 일어나고 있는 것들이 나와 아무런 상관이 없는 것처럼 느껴진다. 나는 단지 거기 그렇게 앉아서 경외와 놀라움의 상태에서 그저 바라보고만 있을 뿐이다. 그러면 음악이 저절로 흘러나온다." 이런 순간을 경험하는 사람이 비단 예술가만은 아니다. 보통 사람들도 어느 일에서나 그런 플로우의 경지를 경험할 수 있다.

이런 멋진 실험이 가능한지는 모르지만, 그래도 한번 상상해 보도록 하자. 당신이 원하는 것이면 무엇이든 다 주어진다. 당신에게 정기적으로 돈과 음식, 사랑과 섹스, 명성이 선물로 주어진다. 당신이 원하는 것이면 무엇이든 다 가질 수 있는 것이다. 한 가지 조건은 당신이 이런 보상을 받을 기회를 늘리거나 줄이기 위해 할 수 있는 일은 아무것도 없다는 것이다. 이런 보상을 받으려면 당신은 하루에 8시간씩 아무 일도 하지 않고 방에서 지내야 한다. 당신이 시간을 들일 일도 없고, 이야기할 상대도 없고, 읽을 책도 없고, 그릴 그림도 없고, 작곡할 음악도 없다. 한마디로, 당신이 시간을 쏟을 곳이 전혀 없다는 뜻이다. 당신이 원하는 모든 것을 다 받을 수 있다 하더라도, 이런 삶은 지옥이나 다름없을 것이다. 이런 삶과 그것과 상당히 다른 삶을 한번 비교해 보라. 다른 삶에서는 눈에 명백히 드러나는 보상이 그렇고 그런 수준이다. 당신은 기본적인 욕구를 만족시킬 정도의 돈만 벌고 사치를 부릴 여유는 거의 없다. 그래도 당신은 자신이 좋아하는 일에 빠져 하루하루를 살 수 있다.

이런 극단적인 예들 중에서 두 번째 삶보다 첫 번째 삶을 선택하겠다고 나서는 사람이 우리 중에 별로 없을 것이다. 그러나 일상의 삶에서 사람들은 간혹 첫 번째 예와 많이 비슷한 삶을 선택한다고 나는 생각한다. 대학생들이 자신에게 돈을 많이 안겨주는 한편으로 일상을 지루하게 만들 게 뻔한 커리어를 추구하려고 머리를 싸매는 모습을 나는 많이 보았다. 두 번째 종류의 삶은 머리를 쥐어짜는 예술가들, 다른 사람들의 삶을 변화시키는 일을 사랑하는 사회 복지사, 아니면 빈민 구호 활동을 펴는 사회 운동가들의 삶이다. 월급이 기본적인 조건을 충족시켜주는 한, 하루하루 일에 몰두할 수 있는 여건이 월급 액수보다 더 중요한 사람들이다.

플로우와 몰입의 중요성은 사람들이 추구해 온 긍정적인 이벤트가, 나의 경우에 논문 발표인데, 그 사람에게 지속적인 즐거움을 안겨주지 못하는 이유에 대한 설명이 될 수 있다. 목표가 달성되면, 나의 생각은 새로운 문제로 옮겨간다. 그러나 몰입이 중요하다고 보는 관점은 사람이 추구하던 목표를 달성하지 못하는 경우에 기나긴 슬픔을 예고한다. 만약에 그 실패가 그 사람으로 하여금 매일 즐거운 행위에 몰두하지 못하도록 막는다면, 슬픔은 더욱 길어질 수밖에 없다. 비록 실패가 고통스럽다 하더라도, 그 비통함은 사람들이 생각하는 것만큼 오래가지 않는다. 예를 들어, 대니얼 길버트와 나는 조교수들이 대학에서 종신 교수직을 얻는다는 인생의 중요한 목적을 달성하지 못하는 경우에 그 불행이 지속될 기간을 지나치게 길게 잡는다는 사실을 발견했다.

더욱이, 인생에서 중요한 일부 사건들은 목표를 추구하는 행동을 용이하게 할 것 같은데도 지속적인 행복을 야기하는 것 같지도 않다. 100만 달러짜리 복권에 당첨된 사람은 그 전에는 불가능했던 많은 목표를 추구할 수 있을 것이다. 여행을 즐긴다든가, 법대에 진학한다든가, 세법을 공부한다든가, 아니면 집에서 지내면서 코바늘 뜨는 것을 배울 수 있을 것이다. 그렇다면, 복권 당첨이 그 사람을 더 행복하게 만들지 못하는 이유는 무엇인가?

비교가 고통을 낳는다

이 같은 감정의 단명함에 대한 꽤 다른 설명은 어떤 사건에 대한 사람들의 반응은 그 사건이 그 전에 일어난 비슷한 사건들과 어떤 식으로 비교되는가에 따라 달라진다는 것이다. 이 견해에 따르면, 사람들은 자신의 경험을 그와 비슷한 다른 경험들과 끊임없이 비교하면서 스스로 "이 일은 옛날의 그 일과 비교해서 어떻지?"라고 묻는다.

환상적인 별 세 개짜리 식당에서 처음 먹는 식사는 멋지다. 그러나 그런 멋진 식당에서 여러 차례 식사를 즐기게 되면 사람들은 비교의 기준을 바꾸게 된다. 이제 별 두 개짜리 식당에서 하는 식사는 절대로 특별하지 않다. 세 미셸이라는 음식점에서 먹은 '카술레드 메르'보다 훌륭하지 않기 때문이다. 슬픈 사실은 매우 유쾌한 경험에는 비용이 따를 수 있다는 점이다. 그 경험은 일어날 당시에는 경이롭다. 하지만 그 경험은 우리에게 새로운 비교 기준을 제시한다. 이제 미래의 모든 경험은 이 기준과 비교된다. 그 결과, 미래의 많은 경험이 이 비교로 인해 손상을 입을 것이다.

예를 들어, 어느 연구 보고서는 일리노이 주 복권에서 5만 달러에서 100만 달러까지 당첨된 사람들과 복권에 한 번도 당첨되지 않은 사람들을 비교했다. 그 결과, 복권에 당첨된 사람들이 복권에 당첨되지 않은 사람들보다 조금도 더 행복하지 않은 것으로 확인되었다. 복권에 당첨된 사람들 중에서 2년 안에 자신이 더 행복해질 것이라고 말한 사람은 하나도 없었다. 설상가상으로, 복권에 당첨된 사람들이 일상의 몇 가지 활동에서 복권에 당첨되지 않은 사람들보다 즐거움을 덜 느낀다고 보고했다. 친구와 다정하게 대화하고, TV를 보고, 재미있는 농담을 나누는 즐거움이 예전만 못하다는 것이다. 분명히 말하지만, 거액의 복권에 당첨되던 절정의 순간과 비교하면 삶의 일상적인 즐거움은 빛을 잃을 수밖에 없다.

확실히, 이 견해에 일부 진실이 담겨 있다. 아내와 나는 거의 매일 저녁 식사 시간에 맥주를 나눠 마신다. 그런데 지난 몇 년 사이에 우리의 기준이 높아졌다는 생각이 든다. 그 전에는 값싼 맥주도 다른 비싼 맥주 못지않게 맛있게 느껴졌다. 블래츠(Blatz)나 팰스태프(Falstaff)도 스트로스(Stroh's) 맥주만큼 좋았던 것이다. 그러다가 우리 부부는 시애틀에서 안식년 휴가를 보내게 되었다. 그곳이라면 소규모 양조장들의 천국이 아닌가. 우리는 각양각색의 맥주를 서로 비교하며 행복한 나날을 보냈으며, 식당을 고를 때에도 음식보다 맥주를 기준으로 선택할 때가 자주 있었다. 우리 부부의 비교 기준이 놀랄 만큼 높아졌다. 저녁 식사와 함께 맥주를 즐길 때면 이제 값싼 제품으로는 더 이상 성이 차지 않는다. 그러나 진실을 밝히자면, 우리는 소규모 양조장에서 제조된 맥주들을 우리의 기준이 높아지기 전에 스트로스를 즐기던 그 이상으로 즐기지는 않았다. 특별했던 것이 이제는 표준이 되어버린 것이다.

그러나 '기준의 변화'라는 관점에 따르는 한 가지 문제는 사람들이 특정 시점에 비교 기준으로 삼고 있는 것이 무엇인지를 이해하는 것이다. 간혹 사람들은 과거 경험 중에서 가장 극단적인 경험을 비교 기준으로 삼는다. 셰 미셸 식당에서 식사를 한 뒤에 햄버거와 팬케이크 등을 파는 닉스 다이너에서 하는 식사는 그 전과 결코 같을 수 없을 것이다. 그러나 자신의 경험들을 몇 단계로 구분해 놓고 그 경험을 극단적인 것과 비교하지 않을 때도 종종 있다. 식도락가도 닉스 다이너에서 상당히 맛있는 음식을 즐길 수 있다. 그 식사를 지난달 파리의 셰 미셸에서 즐겼던 식사와 비교하지 않고 어제 맥도날드에서 먹은 음식과 비교하면 그만이다.

비교 기준을 선택하고, 그 선택이 감정적 경험에 미치는 방식은 여러 가지 요소들에 의해 결정되는 복잡한 과정이다. 그 요소들의 예를 들자면, 사람들이 카테고리를 정의하는 방식(예를 들면 '모든 식사' 또는 '그리스 식당에서 먹은 식사'), 그 경험이 특별한 영역에 들어간 시기(셰 미셸에서 식사를 하고 나서 어느 정도 시간이 흘렀는지), 그리고 특별한 영역에서 한 경험의 횟수(예를 들어, 셰 미셸에서 식사를 한번 했느냐 100번 했느냐) 등이 있다. 우리의 목적을 위해, 중요한 것은 비교 기준의 변화가 사람들이 삶의 사건들에 적응하는 이유를 설명하는 데 도움을 준다는 사실이다. 비교의 기준이 높아졌고, 따라서 옛날이었다면 유쾌했을(또는 고통스러웠을) 일이 지금은 그저 그렇고 시큰둥해진다. 그러나 그것이 이야기의 전부는 아니다.

행복은 혈압과 비슷하다

감정의 덧없음을 보는 또 다른 방법은 행복을 혈압 같은 생리 체계와 비교하는 것이다. '알로스타시스'(allostasis)는 신체의 체계들이 환경 변화에 반응하는 과정을 말한다(어떤 체계가 고수하려고 하는 단 하나의 기준점이 있는 '호메오스타시스'(homeostasis: 항상성)와 반대이다). 예를 들어, 혈압은 우리가 아침에 잠자리에서 일어날 때면 올라가야 한다. 그래야만 졸도하지 않을 정도로 충분한 양의 피가 뇌로 흐르게 된다. 우리가 조간신문을 보려고 자리에 앉을 때면 혈압은 다시 내려간다. 말하자면, 우리의 몸이 고수하려고 하는 단 하나의 이상적인 혈압은 없다. 또 혈압이 너무 높거나 너무 낮은 것은 우리에게 유익하지 않은 것이 분명하다. 우리의 몸에는 혈압을 제한된 범위 안에 유지하는 메커니즘들이 있다.

이와 비슷한 과정이 인간의 감정에도 작동하고 있다고 나는 믿는다. 환경에 감정적으로 반응하는 것이 인간에게 유리하다. 그래서 감정은 시시각각 변한다. 또 사람들이 감정적으로 극단 쪽으로 흐르지 않도록 지켜주는 것도 유익하다.

예를 들어, 당신이 도취감을 마지막으로 경험했던 때를 떠올려 보라. 아마 당신이 결혼한 날일 수도 있고, 당신의 아이가 태어난 날일 수도 있고, 아니면 당신이 원한 대학교에 입학 허가를 받는 등 인생의 어떤 목표를 이룬 날일 수도 있다. 그때 당신은 아마 이 세상의 정상에 오른 느낌을 받았을 것이고, 쾌감이 밀려오는 황홀경을 온몸으로 느꼈을 것이다. 심장 박동이 빨라지고, 혈압이 크게 올라가고, 숨이 턱턱 막혔을 것이다.

이제는 그런 기분을 한 시간이나 하루, 아니 1주일 내내 느끼면 어떨 것인지 상상해 보라. 심신이 피로해지지 않겠는가? 그런 극단적인 감정 상태를 오래 지속시킬 체력을 가진 사람은 이 세상에 아무도 없다. 만약 혈압과 심장 박동이 며칠 내내 높은 상태로 유지된다면, 사람은 심장마비로 쓰러질 수 있다. 분명히 말하지만, 우리의 신체가 그렇게 오랫동안 그런 식으로 강하게 활성화되지 않도록 예방하는 메커니즘들이 있어야 한다.

　오래 지속되는 긍정적인(또는 부정적인) 감정은 또한 심리적으로도 부담을 줄 수 있다. 그런 감정 상태가 새로 들어오는 감정 정보에 집중하는 일을 어렵게 만드는 것이다. 감정의 한 기능이 바로 위험한 것들을 알아차리고 사람에게 피하라는 신호를 재빨리 보내는 것이다. 또한 긍정적인 것이 있으면 거기에 접근하라는 신호도 보낸다. 사람들은 그런 신호를 보내는 역할을 맡은 사건에 감정적으로 매우 신속하게 반응한다. 과거의 사건에 감정적으로 오랫동안 반응하는 경우에 예상되는 한 가지 문제는 새로운 신호들이 그 사람에게 닿기가 더욱 어려워질 수 있다는 점이다. 만약 사람들이 새날이 왔는데도 여전히 어제의 성공에 들떠 있다면, 오늘의 위험을 알아차리기가 그만큼 더 어려워질 것이다.

　한마디로 요약하면, 우리가 오랫동안 우울증에 빠져 있거나 행복감에 도취되어 있는 것은 결코 좋은 일이 아니다. 이 같은 사실이 실망스러울지도 모르겠다. 그 말에는 곧 어떤 사건이라도 우리에게 안겨줄 수 있는 행복에는 한계가 있다는 암시가 담겨 있기 때문이다. 이 진리에는 좋은 소식과 나쁜 소식이 동시에 담겨 있다. 좋은 소식은, 만약 사람들이 긍정적인 감정이든 부정적인 감정이든 한쪽으로 극단적으로 치우친 상태로 오래 가지 못하도록 입력되어 있다면, 부정적인 상태를 오래 경험하지 않도록 보호하는 메커니즘이 있다는 점이다. 만성적인 우울증이 보여주듯, 물론 이 메커니즘들이 제대로 작동하지 않는 경우도 간혹 있다. 그러나 대부분의 사람들은 부정적인 인생사를 다루는 데 도움이 되는 메커니즘을 본래부터 타고난다. 나쁜 소식은, 이 메커니즘이 긍정적인 사건에 대한 우리의 유쾌한 반응까지 길게 누리지 못하게 막을 수 있다는 점이다. 사람들에겐 기본적으로 자신의 행복한 퍼레이드에 궂은비를 뿌리는 그런 생리적, 심리적 메커니즘이 있다.

감정적 반응을 야기하는 내장의 변화에 대한 반응으로, 그런 메커니즘이 생리적, 신경 화학 물질적 차원에서 일어난다. '반대 과정 이론'(opponent process theory)에 따르면, 극단적인 감정적 반응을 야기하는 육체적 사건들은 붕괴를 초래하며, 따라서 육체는 균형을 회복할 수단을 확보해야 한다. 육체는 정반대의 감정적 효과를 낳는 "반대 과정"을 촉발시킴으로써 균형을 회복하려고 노력한다. 예를 들어, 코카인 섭취는 그 마약으로 야기된 긍정적인 기분을 중화하기 위해 부정적인 반대 과정을 촉발시킨다. 뜨거운 난로에 데는 행위는 그에 따른 통증을 중화하기 위해 긍정적인 반대 과정을 촉발시킨다.

반대 과정 이론은 마약 같은 육체적 자극에 대한 반응을 쉽게 설명하는 방법이 되었다. 이 이론의 흥미로운 특징 한 가지는 어떤 자극에 오랫동안 거듭 노출되는 경우에 반대 과정도 더 강해지고 지속되는 시간도 더 길어진다는 의견이다. 처음에 엄청난 쾌락을 야기하는 코카인 같은 자극도 시간이 지날수록 점점 더 약한 쾌락을 야기한다. 왜냐하면 그 자극이 촉발시키는 반대 과정도 점점 더 강해지기 때문이다.

　반대 과정 이론은 육체적 체계들이 망가질 때 생리적 차원에서 벌어지는 일을 설명하는 데 도움을 줄 수 있다. 약물 섭취에 대한 신경 화학 물질의 반응이 그런 예에 속한다. 그러나 이 이론은 복권에 당첨되거나 사랑에 빠지거나 사랑하는 사람을 잃는 것과 같은 복잡한 감정적 사건들에 대한 심리적 반응에는 매끈하게 적용되지 않는다. 그런 복잡한 사건들이 촉발시키는 감정이 그렇게 단명한 이유를 설명하기 위해서는, 사람들이 그 사건에 보이는 심리적, 행동적 반응이 어떤 종류인지를 면밀히 검토할 필요가 있다.

　반응의 한 가지 유형은 꽤 의식적이고 신중한 유형이다. 그런 유형의 반응을 통해, 사람들은 자신의 감정을 제어하는 데 필요한 조치를 취한다. 그 같은 현상은 부정적인 감정에 대처할 때 분명하게 드러난다. 우리 인간은 좋지 않은 기분을 느끼길 원하지 않으며, 재미있는 영화를 빌려 보든지 하는 방법으로 종종 기분을 향상시키려고 노력한다. 긍정적인 감정의 경우에 그런 현상이 덜 두드러진다. 좋은 감정을 일부러 망가뜨릴 이유가 있는가? 그런 경우가 드물긴 해도 존재하는 것만은 사실이다. 장례식장에서 요란한 소리로 웃는 행위는 호감을 사기 어려우며, 따라서 사람들은 장례식장에 들어서기 전에 자신의 기분을 꺾기 위한 조치(예를 들면, 슬픈 일을 떠올린다)를 취할 것이다. 마찬가지로, 어떤 과업을 다른 사람들과 함께 해결하는 상황에서 어떤 일에 정신을 집중해야 한다면, 사람들은 지나치게 기분 좋은 상태에 빠지지 않으려고 고의로 애를 쓸 것이다.

　따라서 긍정적이거나 부정적인 감정의 중화에 이바지하는 것으로, 생리적 과정(반대 과정)과 신중한 행동 전략이 있다. 그러나 이 과정들 중 어느 것도 사람들이 긍정적이거나 부정적인 인생사에 보이는 놀라운 탄력성을 충분히 설명하지 못한다. 나는 중요한 심리적 과정들이 간과되고 있다고 믿고 있다. 그 심리적 과정들을 나는 "심리적 '평상화'(平常化)를 통한 이해하기"라고 부른다.

이해하기

사라라는 고등학생이 첫 번째로 선택한 버지니아 대학으로부터 입학 허가를 받았다는 사실을 알게 되었다고 가정해 보라. "당신에게 이런 소식을 전하게 되어 기뻐요."라는 글로 시작되는 합격 통지서를 열 때, 그녀는 극도의 쾌감과 흥분이 전신을 훑고 지나는 것을 느낀다. 폴 맥내브가 100만 달러짜리 복권 당첨자로 자신의 이름이 발표될 당시의 기분과 많이 닮았을 것이다. 그러나 사라는 곧 자신이 대학 합격에 대해 생각하는 횟수가 갈수록 줄어든다는 사실을 깨달을 것이다. 대학에 합격했다는 생각이 떠오르더라도, 그녀는 그 소식을 처음 들었을 때 느꼈던 기쁨의 폭발을 경험하지 못한다. "버지니아 대학의 학생이 될 것"이라는 생각이 이제는 그녀의 정체성의 일부가 되었기 때문이다. 그 같은 생각이 진기하고 흥분되는 일이 아니라 정상적이고 평범한 일이 된 것이다.

부정적인 사건 뒤에도 이와 똑같은 종류의 심리적 '평상화'가 일어난다. 사랑하는 사람의 죽음 같은, 인생 자체를 흔들어 놓는 사건이 일어날 때, 우리는 그 외의 다른 것에 대해선 거의 생각하지 못한다. 우리 곁을 떠난 사람이 우리의 생각을 지배하게 된다. 나의 친구 캐롤라인처럼, 그 상실은 결코 극복할 수 없을 것처럼 느껴진다. 그 사람이 우리 머릿속을 떠나는 것은 불가능해 보인다.

데보라 아이젠버그(Deborah Eisenberg)의 단편에 나오는 프랜시스라는 등장인물을 한번 생각해 보자. 프랜시스는 이제 막 자기 어머니가 죽었다는 소식을 들은 터였다. "예를 들어, 당신이 엉덩이를 다쳤다면 거기에 통증이 있을 것이다. 통증은 당신에게 엉덩이뼈가 부서진 것이 사실이라는 것을 알려주는 증거이기도 하다. '그때의 아픔은 그때의 것이고, 이 아픔은 지금의 것이야.'라는 식으로. 그러나 이 일은, 매순간 다시 현실이 되어야 했다. 그녀는 순간마다 내동댕이쳐진다. '지금'. 그리고 '또 다시 지금'. '쿵!' 그러다 어느 순간에 그녀가 정확히 그곳으로 던져진다. 거기서 그녀의 어머니가 살아서 그녀를 째려보며 꾸중하고 있었다."

우리 모두 긍정적이거나 부정적인 인생사를 겪은 뒤에 이런 식으로 그 일이 수시로 머릿속으로 치고 들어오는 것을 경험한다. 그 사건 외에 다른 것은 좀처럼 생각나지 않는다. 다른 생각이 떠오르더라도, 어느 순간에 갑자기 그 사건이 의식 속으로 다시 치고 들어온다. 그 순간에, 긍정적이거나 부정적인 감정도 밀려온다. 그러나 그 일이 치고 들어오는 횟수도 갈수록 줄어들고, 그 사건 자체도 더 이상 그렇게 감정적인 힘을 지니지 못하게 된다. 어떻게 이런 현상이 일어날 수 있을까?

그 사건을 특별한 것에서 평범한 것으로 바꾸는 심리적 과정들이 촉발된다고 나는 짐작한다. 그 사건에서 감정적인 힘을 벗겨내는 작업이 일어나는 것이다. 우리는 그 사건을, 정상이고 평범하고 심지어 예상되는 일로 만들면서 우리 자신과 세상에 대한 지식 속으로 녹인다. 세상에 대해 기대하고 있는 것과 일치하지 않거나 기이

한 일이 일어날 때, 사람들은 새로 일어난 사건을 받아들이고 설명하기 위해 정신적 작업을 벌인다. 가능하다면, 사람들은 그 사건을 자신이 현재 갖고 있는 이론과 기대 속으로 동화시킨다. 그 과정에, 그 사건을 조금이라도 더 이해 가능하고 예측 가능한 것으로 보이도록 만들기 위해 그것을 재해석하는 작업이 수반된다.

사건들이 너무나 뜻밖이고 우리의 세계관과 너무나 크게 어긋나는 까닭에 동화시키기가 무척 어려운 때도 간혹 있다. 사랑하는 사람이 갑작스럽게 죽거나, 자신이 불치병에 걸렸다고 생각하고 있었는데 훗날 진단이 엉터리로 밝혀지고 건강한 것으로 확인되는 경우도 있다. 어떤 사건이 우리가 알고 있는 지식으로 쉽게 설명되지 않을 때, 우리는 새로 일어난 사건을 받아들이기 위해 우리가 알고 있는 것을 변화시킨다. 우리는 그 사건이 조금이라도 더 정상적이고 예상 가능한 것으로 만드는 방향으로 각자의 세계관을 바꾼다. 분명히, 이것도 어느 정도의 시간을 요구한다. 삶을 바꿔 놓을 중대한 사건이 일어나면, 우리는 그 사건이 거듭해서 우리의 생각을 지배하는 것을 경험한다. 그러나 그 지배도 시간이 흐를수록 약해진다. 우리의 세계관이 그 사건에 어울리도록 변하는 것이다. 그러면 그 사건을 처음만큼 자주 생각하지 않게 된다.

동화와 적응의 과정에 대한 나의 설명에 특별히 참신한 것은 하나도 없다. 발달 심리학자 장 피아제(Jean Piaget)는 50년도 더 전에 어린이들이 어떻게 육체적, 사회적 환경을 이해하는지에 대해 설명하면서 이 과정을 묘사했다. 다른 많은 심리학자들도 사람들이 불확실성을 낮추고, 의미를 발견하고, 진기한 사건들을 애써 설명하는 경향을 얼마나 강하게 보이는지를 놓고 논했다. 한마디로 말하면, 그런 경향은 사람들이 세상을 이해하려는 노력이다. 그러나 그 이해의 감정적 결과에 대한 논의는 좀처럼 이뤄지지 않았다. 감정적인 사건이 설명되어 꾸러미 속에 깔끔히 담겨 마음 한 구석에 보관되기만 하면, 우리가 그것에 대해 생각하는 횟수가 줄어들게 된다고 나는 믿는다. 그러면 그 사건들은 감정적 파워를 상당히 잃게 된다. 여기서 중요한 역설이 하나 제기된다. 사람들은 좋은 사건은 되풀이하고 나쁜 사건은 피하는 쪽으로 인생의 특이한 사건을 이해하려고 노력하지만, 그 과정에 그 경험들이 미래에 기쁨을 줄 힘을 잃어버리게 되는 것이다.

"난 그렇게 될 줄 알았는데…"

인간의 이해력이 작동하는 한 가지 방식은 어떤 사건이 일어난 뒤에 그것을 조금 더 예측 가능하고 불가피한 일로 보는 것이다. 예를 들어, 1998년 말과 1999년 초에 있었던 빌 클린턴 대통령의 탄핵 소추를 떠올려 보자. 사건의 진상이 하나하나 드러나고 있었다. 미국 연방 하원은 대통령 탄핵안을 통과시켰고, 상원도 클린턴의 대통령직을 박탈할 것인지를 논의하기 위해 청문회를 열었다. 어떤 결과가 나올지 한 치 앞을 예상하기 힘든 상황이 전개되었다. 어떤 사람들은 상원이 클린턴을 탄핵하기로 결론을 내릴 것이라고 전망했다. 당시에 일부 민주당 상원 의원들이 대통령의 행위에 너무나 분노한 나머지 당의 노선을 떠나서 클린턴의 탄핵에 동의할 것이라는 분석이 많았다. 또 다른 사람들은 클린턴이 닉슨 대통령처럼 상원에서 치욕적인 심판을 받느니 차라리 사임하는 쪽을 택할 것이라고 느꼈다. 아니면 '플리 바겐'(plea bargain: 사전 형량

조정 제도)으로 재판 자체가 열리지 않게 될 것이라는 전망도 있었다. 그렇게 되면 상원은 재판을 피하는 대신에 대통령의 행위를 비난하는 표결을 하게 될 것이다. 대부분의 사람들은 재판이 열리고 클린턴이 무죄 판정을 받는다 하더라도, 그가 통치에 극도의 어려움을 겪게 될 것이라고 믿었다.

클린턴은 무죄 판결을 받았고, 이상하게도 행정부는 그 전 만큼 부드럽게 잘 굴러갔다. 아무도 예견하지 못한 결과였다. 그러나 뒤돌아보니, 이 같은 결과는 우리가 예상했어야 했던 것이 아니었나 하는 생각이 든다. 민주당 의원들 중에서 자기 당의 대통령에 대해 유죄를 주장할 사람은 거의 없었을 것이다. 탄핵 절차라는 지극히 당파성 강한 분위기에서 그런 민주당 의원을 기대하기는 특히 더 어렵다. 또 빌 클린턴 같이 유연한 정치인이 탄핵이라는 어려운 과정을 비교적 오점을 덜 남긴 채 통과했다고 해서 놀랄 사람이 과연 얼마나 될까? 어떤 사건의 결과가 어떤 식으로 결말이 났는지 알기만 하면, 사람들은 그 같은 결과가 불가피해 보이는 쪽으로 설명을 구성하는 경향을 보인다. 그런 결과가 나오기 전보다, 그러니까 다양한 결과들이 예상되던 때보다, 그 결과에 대한 해석을 더 그럴듯하게 내놓는 것이다.

이 같은 '사후 확신 편향'(hindsight bias)은 의식적인 정신 과정이 아니다. 만약 자신이 어떤 사건의 예측 가능성을 과장하고 있다는 사실을 깨닫고 있다면, 사람들은 그런 식으로 과장하지 않을 것이다. 사람들은 이런 식으로 말하지 않는다. "나는 클린턴이 탄핵 과정을 비교적 상처를 입지 않고 통과할 수 있었던 이유에 대해 설명했어. 그러니 이제 나는 탄핵 재판이 있기 전에 이런 결과의 가능성에 대해 품었던 나의 생각을 바꿀 거야." 오히려 관점의 변화는 신속히 무의식에서 이뤄진다. 그리고 그 사건이 이제는 예측 가능한 것으로 보이기 때문에, 그것은 더 이상 기이하거나 재미있어 보이지 않는다. 그 사건이 지닌 감정적인 힘도 상당히 약해진다.

만약에 사람들이 세상을 이해하려고 하는 경향이 그들이 진기한 사건을 통해 경험할 수 있는 쾌락을 망가뜨린다면, 이해에 어려움을 겪는 사람들이 쾌락을 더 오래 느낄 게 틀림없다는 말이 가능해진다. 이것이 알츠하이머병을 앓는 사람들의 비극을 약간 덜어주는 것 같다. 알츠하이머병을 앓는 사람들은 새로운 기억을 형성하는 능력을 잃으며, 따라서 그 환자들은 진기한 사건들을 지속적인 것으로 설명하지 못한다. 모든 사건이 처음으로 경험되기 때문에, 진기한 사건에 따르는 쾌락이 나머지 사람들만큼 빨리 사라지지 않는다.

알츠하이머병을 앓는 환자들은 모든 것을 새로운 것으로 받아들인다. 병이 발병한 후로 그런 환자들에게는 새로운 것이 친숙하게 자리 잡는 예가 절대로 없다. 알츠하이머병에 걸린 사람의 정신에는 새로운 자극이 끊임없이 밀려들어온다. 모든 것이 언제나 큰 반향을 일으키고 압도적인 감정을 일으킨다. 어느 알츠하이머 환자는 "나는 나 자신이 관심을 쏟는 모든 것에 대해 깊이 감사하고 있다는 것을 알아차렸다."고 말했다. "그것은 대단히 분명하고 현실감 넘친다. 그러다가도 눈길을 다른 곳으로 돌리면 그것은 금방 사라져버린다. 조금 있다가 다시 눈길을 원위치로 돌리면 그것은 참신하고 새롭다." 그렇다면 언제나 참신하게 보인다는 사실은 알츠하이머병의 고통에 대한 작은 위안으로 받아들여질 수도 있을 것이다.

심리적 면역 체계

'평상화' 과정은 긍정적인 사건과 부정적인 사건 모두에서 일어나면서 우리의 감정들을 유익하고 환경에 적응력을 발휘할 수 있는 범위 안에 묶어 둔다. 그럼에도 불구하고, '평상화' 과정은 부정적인 사건들의 충격을 최소화하는 일에 더 열심히 매달린다. 우리는 자신의 실패와 실망은 가능한 한 빨리 극복하기를 원하고 자신의 성취와 성공에는 더 깊이 탐닉하기를 원한다. 여기에 역설이 있다. 우리가 긍정적인 사건의 쾌락에 계속 매달리려고 노력하는데, 우리가 그 쾌락에서 빨리 '회복'하도록 만드는 비의식적인 정신 과정이 일어나는 것이다. 반대로, 사람들은 부정적인 사건들로부터 빨리 회복하기를 원하며, 이 목적을 달성하기 위한 방어 기제들이 추가로 있다.

이 방어 기제들 중 일부는 상당히 의식적이고 계획적이다. 우리 모두에겐 울적한 기분이 느껴질 때 기분을 밝게 되살리는 데 사용하는 전략들이 있다. 친구와 슬픔을 함께 나눈다든가, 영화를 본다든가, 농구를 즐긴다든가, 초콜릿으로 위안을 삼는다든가 하는 것이 그런 전략들이다. 그러나 이런 전략들이 단기적인 효과만을 안겨줄 때가 종종 있다. 농구 경기가 끝나거나 입술에 묻은 초콜릿 흔적이 채 지워지기도 전에 실패가 다시 우리를 빤히 째려보기 시작하는 것이다.

다행히도, 무대 뒤에서 작동하는 막강한 심리적 방어 기제들도 있다. 이 방어 기제들은 우리의 눈에 보이지 않는 곳에서 부정적인 정보에 따를 충격을 완화하는 방향으로 그 정보를 합리화하고, 재해석하고, 비틀고 있다. 예를 들어, 어떤 사람이 당신에게 당신의 머리가 아무렇게나 풀어 놓은 실타래 같다고 말하면, 당신은 그 사람이 농담을 하고 있다고 판단하며 아무렇지 않게 받아들일 수 있다. 누군가가 당신의 데이트 요청을 거절하면, 당신은 어쨌든 그 사람이 당신에게 어울리지 않는 인물이라는 식으로 자신을 달랜다. 학술지의 편집인이 논문 게재를 거부하면, 우리는 그 편집인의 판단력이 영 형편없다고 결론을 내린다. 이런 일들은 처음 일어나는 순간에는 당신에게 상처를 안겨줄 것이다. 그러나 매우 신속하게 당신은 그것을 다시 해석하고 합리화함으로써 아픔을 물리칠 방법들을 발견한다. 우리 신체에 낯설고 위험한 존재들을 가려내어 그 충격을 최소화하는 생리적 면역 체계가 있는 것과 똑같이, 우리의 자긍심에 위협이 되는 것들을 가려내서 그 위협을 중화시킬 길을 찾아내는 심리적 면역 체계가 있는 것이다.

한마디로 요약하면, '평상화' 과정은 긍정적인 감정이나 부정적인 감정에 똑같이 작동한다. 그러나 심리적 면역 체계는 사람들이 부정적인 감정을 퇴치하는 데 사용하는 여분의 무기이다. 심리적 면역 체계는 제2장에서 논한 '좋은 기분' 기준을 이용한다. 즉 우리에게 들어오는 정보를 자존심을 지키는 쪽으로 선택하고 해석하고 평가하는 것이다. 사회 심리학에서 얻을 수 있는 가장 중요한 가르침 하나는 사람들이 노련한 스핀닥터이고, 스스로를 합리화하고 위협적인 정보를 정당화하는 존재이며, 행복감을 지키기 위해 상당한 노력을 기울인다는 가르침이다. 그리고 심리적 면역 체계는 대부분 자각 밖에서 작동한다.

왜 사람들은 자신이
매우 탄력적인 존재라는 사실을
깨닫지 못할까?

사람들이 매우 탄력적이라는 사실을 말해주는 증거들이 이렇게 많다는 점을 감안한다면, 사람들이 미래의 사건에 대한 감정적 반응을 예측할 때 자신의 탄력성을 깨닫지 못하고 있다는 사실이 참으로 놀랍지 않을 수 없다. 대니얼 길버트와 나는 수많은 연구에서 탄력성에 대한 이해의 부족을, 말하자면 '영속성 편향'을 보여주는 증거들을 발견했다.

한 연구에서는 대학 풋볼팀의 팬들이 자신의 팀이 승리하거나 패배한 며칠 뒤에 자신들이 어느 정도 행복할 것인지에 대해 예측했다. 그 팬들은 경기 결과가 이틀이나 사흘 동안 자신의 전반적인 행복에 영향을 미칠 것이라고 생각했다. 그러나 실제로는 그렇지 않았다. 다음날이면 사람들은 이미 일상적인 수준의 행복으로 돌아가 있었다.

또 한 연구에서는 대학교 조교수들이 자신의 종신 교수직에 관한 결정이 향후 5년 동안 자신의 전반적인 행복에 큰 영향을 미칠 것이라고 대답했다. 실제로 보면, 과거 5년 동안에 종신 교수직을 받은 교수들이 종신 교수직을 거부당한 사람들에 비해 크게 행복해하는 것이 발견되지 않았다.

내면세계의 변화에 대한 예측은 터무니없을 만큼 부정확하다

그렇다면 사람들이 자신이 매우 탄력적이라는 사실을 깨닫지 못하는 이유는 무엇인가? 이 질문에 대한 간단한 대답은 '평상화' 과정이 눈에 보이지 않는 곳에서 일어나기 때문에 사람들이 자신의 감정적 반응을 예상할 때 평상화 과정을 간과하게 된다는 것이다. 사람들은 장래에 어떤 사건이 일어날 경우에 자신의 내면세계가 그 사건을 정상적으로, 또 충분히 예상 가능한 것으로, 심지어 평범하게 보이도록 만들기 위해 매우 많이 변할 것이라는 점을 고려하지 않는다.

부정적인 사건들에 대한 예측에 나타나는 이런 지식의 결여를 대니얼 길버트와 나는 '면역 무지'(immune neglect)라고 부른다. 그런 이름으로 부르는 이유는 사람들이 자신의 심리적 면역 체계가 얼마나 활발히 작동하면서 그 사건을 합리화하는지를 인식하지 못하기 때문이다. 길버트와 나는 어느 연구에서 이 점을 그대로 보여주었다. 참가자들이 바람직한 일자리를 얻기 위해 면담을 하고, 그 일자리가 거부당하는 경우에 자신이 어느 정도 불행해질 것인지를 예측하는 방식으로 연구가 진행되었다. 한 조건에서, 참가자들은 단 한 사람의 변덕스러운 면접 담당자와 인터뷰를 했다. 이 면접 담당자는 주제와 상관없는 질문을 이것저것 물었다. 한편, 다른 조건에서는 전문가들로 구성된 팀이 인터뷰를 맡아 주제와 관련 있는 질문들을 물었다. 각각의 조건에서 인터뷰에 응한 사람들 모두가 자신이 원하는 일자리를 거부당하면 똑같이 불행을 느낄 것이라고 대답했다. 그러나 막상 일자리가 주어지지 않았다는 통보를 받게 되었을 때에는 변덕스런 조건에서 인터뷰에 응한 사람들이 충격에서 훨씬 더 빨리 회복되었다. 그들이 실패에 대한 책임을 자기 자신이 아니라 변덕스런 면접관에게 돌림으로써 실패를 합리화하기가 더 쉬웠기 때문이다. 그러나 다른 조건에서 인터뷰에 응한 사람들의 경우에 실패의 원인을 집단으로 나선 전문가들의 탓으로 돌리기가 어려웠다. 우리의 관점에서 얻을 수 있는 흥미로운 발견은 사람들이 어떤 사건에 대한 자신의 감정을 예측할 때 그 사건을 합리화하기가 아주 쉽다는 것을 고려하지 않는다는 점이다. 서로 다른 조건에서 인터뷰에 응한 사람들이 한결같이 자신이 원하는 일자리를 얻지 못하는 것이 오랫동안 자신에게 영향을 미칠 것이라고 판단하고 있었던 것이다.

외부 세계가 어떤 식으로 변할 것인지에 대한 예측은 부정확하다

'영속성 편향'의 또 다른 원인은 사람들이 어떤 감정적인 사건이 일어난 뒤에 외부 세계가 어떻게 변할 것인지를 고려하지 않는다는 점이다. 이런 실수의 한 버전은 사건의 본질 자체를 오해하는 것이다. 사람들은 자신이 100만 달러짜리 복권에 당첨된 뒤의 모습을 상상할 때면 흔히 멋진 곳에서의 휴가와 새로운 자동차를 떠올린다. 만약에 복권 당첨에 가족 간의 갈등과 우정의 상실, 한밤중의 괴전화가 따른다는 점을 이해한다면, 사람들은 복권 당첨 후에 자신이 느낄 기분을 보다 정확하게 예측할 수 있을 것이다. 심리학자들은 이것을 '틀린 해석의 문제'(misconstrual problem)라고 부른다. 사람들이 장래의 감정적인 사건에 대해 틀린 방향으로 생각하기 때문에 그 사건에 대한 자신의 반응에 대해서도 부정확하게 예측하게 된다는 뜻이다.

그러나 사람들이 사건의 진행 방향을 정확히 알면서도 '영속성 편향'을 범하는 경우도 있다. 앞에서 예로 든, '원하는 일자리를 얻지 못하는 경우'와 풋볼팀 팬들을 대상으로 한 연구도 그런 현실을 그대로 보여주고 있다. '틀린 해석의 문제'는 이런 예들을 설명하지 못한다. 왜냐하면 그 사건의 영향들 중에서 사람들이 예견하지 못할 것이 하나도 없기 때문이다. 대학 풋볼팀의 팬들은 수많은 경기를 보았으며, 자기가 응원하는 팀이 한 게임을 더 패하거나 승리하는 경우에 어떤 일이 벌어질 것인지 충분히 예견할 수 있다. 그럼에도, 그들은 자신의 감정적 반응의 기간을 지나치게 길게 잡는다. 왜 그럴까? 시간이 흐르면, 다른 사건들이 자신의 생각과 감정에 영향을 미치게 될 것이라는 사실을 고려하지 않기 때문이다. 사람들은 미래의 사건에 대해 마치 그것이 진공의 공간에서 일어나는 것처럼 생각하는 경향을 보인다. 그들의 삶이 그들의 관심을 끌려고 서로 다투며 그들의 행복에 영향을 미칠 수많은 행위로 꽉 채워질 것이라는 점을 생각하지 못하는 것이다. 그런 경향을 우리는 '초점주의'(focalism)라고 부른다.

물론, 사람들은 비상한 통찰력을 갖고 있지 않으며 미래가 무엇을 가져다줄지 확실히 알 수도 없다. 중요한 것은, 어떤 감정적인 사건 뒤에 일어나는 일들도 그 사람의 관심을 끌려고 경쟁을 벌이게 된다는 점이다. 예측 불가능한 일이든(예를 들면, 오랫동안 행방이 묘연했던 사촌이 불쑥 나타나 한 달 동안 묵게 해 달라고 부탁한다) 예측 가능한 일이든(예를 들면, 우리가 직장에 나가 회의에 참석하고 퇴근해 아이들과 함께 논다) 똑같이 그 사람의 관심을 요구하는 것이다. 중요한 사건 뒤에도 또 다른 일들이 일어난다는 사실을 망각함으로써, 또 미래를 진공의 공간에 놓인 것으로 파악함으로써, 사람들은 그 사건이 자신의 행복에 영향을 미치는 기간을 지나치게 길게 잡는다. 철학자 타타르키비츠(Wladyslaw Tatarkiewicz)는 이런 현상을 이렇게 표현한다. "사람들이 실제로 경험하는 쾌락과 아픔, 기쁨과 고통은 자신이 예상하는 수준에 못 미치는 경우가 종종 있다. … 다가오는 사건들을 예상하면서 사람들은 그것만 마음에 담아두고서는 다른 일들에 대한 준비는 하나도 하지 않는다."

만약 그렇다면, 사람들에게 미래에 일어날 수 있는 다른 많은 사건들에 대해 생각하도록 요구하면 '영속성 편향'이 상당히 낮아져야 한다. 대학 풋볼팀의 팬들을 대상으로 한 연구에서 우리가 발견한 것도 이런 내용이었다. 앞에서 설명한 대로, 우리는 그 연구에서 표준적인 영속성 편향을 발견했다. 그것을 바탕으로 사람들은 경기 결과가 자신의 전반적인 행복에 실제보다 더 오래 영향을 미칠 것이라고 예상하고 있었다. 그 연구에서 다른 한 집단이 겉보기에 그 실험과 무관해 보이는 다른 실험에 참여했다. 그들에게는 미래의 어느 날 자신이 하고 있을 것으로 생각되는 일들을 세세하게 적어달라는 주문이 떨어졌다. 학교 수업을 듣는 데 몇 시간을 보낼 것이며, 친구들과의 사교 생활은 어떨 것이며, 공부는 어떻게 할 것인지 따위의 일상에 관한 질문이었다. 그런 뒤에 미래에 있을 풋볼팀의 승리나 패배 뒤에 자신이 얼마나 행복할 것 같은가를 묻는 연구에 그 학생들을 참여시켰다.

풋볼 경기가 결코 진공의 공간에서 일어나지는 않을 것이며, 그 경기 이후의 나날도 그들의 주의를 끌려고 경쟁을 벌일 다른 많은 사건들로 채워질 것이라는 점을 상기시킨 것이 영속성 편향을 줄여준다는 사실이 확인되었다. 먼저 미래의 '일기'를 완성한 사람들이 다른 참가자들에 비해 풋볼 경기에 대해 덜 생각하게 될 것이라는 반응을 보였다. 아울러 경기 결과가 자신의 전반적인 행복에 영향을 덜 미칠 것이라는 입장을 보였다.

사람들이 미래의 사건들에 대해 감정적으로 반응하는 기간을 왜 그렇게 길게 예측하는지, 이제 이유가 분명해졌다. 가장 먼저, 외적 사건들이 자신의 생각과 감정에 영향을 미치는 정도를 고려하지 않는다는 점이 꼽힌다(초점주의 편향). 아마 이것이 더 중요한 요인일 텐데, 진기한 사건이 심리적 '평상화' 과정을 통해 아주 빨리 평범한 사건이 된다는 사실을 사람들이 쉽게 예측하지 못한다는 점이다. 정확한 예측이 특히 어려운 이유는 사람들이 예측하는 시점에는 그 사건이 너무나 진기하고 너무나 강렬해 보이기 때문이다. 복권 당첨이나 가족 누군가의 죽음, 혹은 새로운 자동차나 TV의 구입을 상상할 때, 당신은 감정을 일으키는 평범하지 않은 사건들에 대해 생각하고 있다. 심지어 당신이 시간이 흐름에 따라 당신 자신이 그 사건들을 정상적인 것으로 만들 것이라는 점을 추상적으로 알고 있을 때조차도, 그 사건들이 지금 당장 매우 진기하고 당신의 관심을 확 끌어 당기는 현실을 무시하기 어려울 것이다.

내가 지금까지 자기 지식에 대해 그린 그림은 매우 고무적이지는 않다. 사람들은 자신의 성격과 성격적 반응에 대한 원인, 자신의 감정, 자신의 미래 감정에 매우 제한적으로만 접근할 수 있을 뿐이다. 그렇다면 개선의 여지는 있는가? 있다면 어떤 전략이 가장 잘 먹힐까? 자기 지식을 개선시키는 것이 언제나 옳은 일인가, 아니면 약간의 자기 기만이 유익한가?

제8장

자기 성찰과 자기 서사

모든 공부 중에서, 그가 피하고 싶어 했던 것이 있다면
자신의 마음에 관한 공부였다.
그는 자기 성찰만큼 비통한 비극을 알지 못한다.

-헨리 애덤스의 『헨리 애덤스의 교육』(The Education of Henry Adams)(1918) 중에서

우리 자신에 관한 것들 중에서 알기 어려운 것이 너무나 많다. 비의식적인 선호와 성격적 특성, 목표와 감정 등이 그런 것들에 속한다. 어떻게 해야 우리의 마음 안에 숨겨져 있는 구석을 살필 수 있을까? 마음을 살피는 노력의 출발점으로, 우리 중 많은 사람들이 조심스럽게 따르기만 하면 중요한 자기 통찰로 안내하는 내면의 길을 열어준다고 생각하는 자기 성찰보다 더 나은 것이 있는가? 자기 성찰은 꽤 유익할 수 있지만, 대부분의 사람들이 생각하는 것처럼 언제나 그렇게 유익한 것은 아니다.

'자기 성찰'이라는 표현은 매우 광범위한 의미를 지닌 단어이다. 우리의 정신에 들어 있는 내용물을 검사하는 다양한 방법들을 두루 아우르고 있다. 자기 성찰은 우리가 어떤 일에 어떤 감정을 갖는지를 파악하려는 간단한 시도일 수도 있고("나는 송어구이를 더 좋아하는가, 아니면 햄버거를 더 좋아하는가?"), 전문 잡지에 끊임없이 등장하면서 수십 년을 내려오고 있는 자기 분석이 될 수도 있다. 탐구의 대상도 다양하다. 저녁 식사로 무엇을 먹고 싶어 하는지는 말할 것도 없고, 자신의 감정이나 동기, 특성 또는 가치를 해독하려 노력할 수도 있다. 흔히 자기 성찰은 혼자서 하는 훈련이다. 그러나 심리 치료사 같은 안내자의 도움으로도 자기 성찰이 가능하다.

그처럼 근본적으로 다른 종류들의 자기 성찰을 하나로 묶는 것이 적절하지 않을 수 있다. 통찰 치료들과 선호하는 메뉴에 대한 한가한 생각들 사이에 어떤 공통점이 있는가? 실은 다양한 형태의 자기 성찰 사이에 공통점이 많다고 나는 믿는다. 심지어 정신분석과 포스터모더니즘의 자기 개념들, 그리고 자기 성찰에 관한 사회 심리학의 연구들과 같은 다양한 접근법의 렌즈를 통해 볼 때조차도, 자기 성찰들 사이에 공통점이 많이 보인다.

회중전등, 고고학적 발굴, 그리고 자기 서사

자기 성찰은 어떤 사람의 의식적인 주의의 대상이 되지 않은 생각과 감정들을 비추는 회중전등 같은 것으로 종종 여겨진다. 정신을 하나의 동굴로 볼 수 있을 것이다. 지금 회중전등의 빛줄기 안에 들어 있는 대상들로 이뤄져 있는 것이 의식이다. 그 동굴 안에 있는 것이면 무엇이든, 회중전등의 빛을 제대로 비추기만 하면 언제든 의식이 될 수 있다. 이 관점에 따르면, 회중전등의 빛이 닿지 못할 정도로 깊숙이 묻혀 있는 생각이나 감정은 전혀 없다.

이 접근법은 프로이트가 제시한 '정신의 위상 모델'의 일부, 즉 전(前)의식의 방과 의식의 방과 비슷하다. 사람들에게는 억눌러지지 않은 생각과 감정이 많지만, 그 생각과 감정들이 언제나 지금 이 순간 주의의 초점이 될 수는 없다. 이런 것들은 전의식을 구성하는 내용물들이다. 프로이트에 따르면, 이 내용물들은 '의식의 눈길을 끄는 데 성공할' 수 있다. 의식적인 자기가 특별한 생각이나 감정을 의식으로 끌어내길 원하면 회중전등의 빛을 그 쪽으로 비추기만 하면 된다. "나의 고향은 ---다." "오글소프는 참으로 기이한 이름이다."라는 생각은 언제든지 의식으로 끌려나올 수 있는 생각이나 감정들이다.

회중전등 비유는 또한 사람의 주의를 끌지 않는 감정의 포착에도 그대로 적용된다. 사람의 감정은 본인이 의식적으로 자각하기도 전에 변해 버리기도 한다. 윌리엄 카펜터가 '정작 본인들은 느끼지 못하는 가운데 이성 간에 애착이 점점 강해질 수 있음을 보여주기 위해' 제시한 예가 그렇다. 감정이란 것은 버섯처럼 어둠 속에서 피어날 수 있다. 그러나 약간의 자기 성찰만 이뤄진다면, 회중전등이 그 감정들을 발견해낼 수 있다.

회중전등 비유는 여기까지다. 왜냐하면 동굴 안에 있는 것들이 모두 쉽게 밝혀질 수는 없기 때문이다. 예를 들어, 사람들이 알아차리지 못하는 감정들의 예는 규칙이기보다 오히려 예외일 수 있다. 비록 그 감정들이 의식에 닿을 가능성이 있는 적응 무의식의 산물일지라도, 가끔 감정들조차도 무의식적이다. 그리고 성격적 특성과 목표 같은 적응 무의식의 다른 내용물들은 표면 아래에 남아 있을 가능성이 크며, 의식적인 정밀 조사(회중전등의 불빛)에 모습을 잘 드러내지 않는다.

당연히, 프로이트는 이 한계를 알았다. '정신의 위상 모델'에서 무의식의 방이 가장 큰 이유도 그 때문이다. 골동품 수집가로서, 프로이트는 정신분석을 고고학적 발굴에 비유하기를 즐겼다. 과거를 말해주는 단서들이 정신의 수많은 지층에 묻혀 있다는 뜻이었다. 대단히 어렵긴 하지만 그 단서들은 하나씩 차근차근 발굴될 수 있으며, 그 유물들을 종합하면 그 사람의 무의식적 욕망과 감정의 본질이 드러난다는 것이다.

고고학 비유의 중요한 부분은 무의식에 남아 있는 것들이 의식적인 것으로 바뀔 수 있다는 사상이다. 그것은 두 가지 이유에서 단순히 회중전등의 불빛을 비추는 것보다 어렵다. 무의식적 사고와 감정이 오래된 것일 때가 종종 있다. 아주 어린 시절까지 거슬러 올라가는 것일 수도 있다. 그렇기 때문에 신중하게 발굴하는 일이 무엇보다 중요하다. 둘째, 발굴을 적극적으로 방해하려고 애쓰는 힘들(예를 들면, 억압과 저항)이 있다는 점이다. 노련한 치료사의 도움을 받지 않고 스스로 자기 성찰을 이루는 일이 매우 어려운 것도 바로 이 때문이다. 그러므로 고고학 비유와 회중전등 비유의 중요한 차이는 숨겨진 생각들이 들어 있는 위치(무의식 또는 전의식)와 그 생각들을 발견해내는 일의 어려움이다. 그러나 이 비유들은 자기 성찰을 통하면 발견될 수 있는 진리가 있다는 생각에는 의견의 일치를 보이고 있다. 정신분석가인 도널드 스펜스(Donald Spence)는 그것을 이렇게 표현한다.

프로이트는 정신분석 과정에 자신이 언제나 과거의 파편들을 발견하고 있다고 믿으면서 자신을 고고학자와 비슷한 존재로 생각하길 좋아했다. 만약에 환자가 프로이트의 자유 연상 기법 덕분에 자신의 과거에 특별히 접근하는 것으로 여겨진다면, 그리고 만약에 우리가 듣는 이야기가 환자가 들려주고 있는 이야기와 똑같은 것으로 여겨진다면, 우리가 역사의 한 부분을, "과거에 일들이 전개되었던 방식"에 대한 설명을 듣고 있다고 결론 내려도 무방할 것이다.

만약 자기 성찰이 회중전등을 비추는 작업이나 고고학적 발굴과 전적으로 다른 종류의 행위라면 어떻게 되는가? 정신의 표면 아래 숨어서 윙윙 소리를 내며 작동하고 있는 엔진은 역시 적응 무의식이다. 그럼에도, 적응 무의식의 작동을 직접 눈으로 관찰하기 위해 열어볼 수 있는 뚜껑은 어디에도 없다. 자신의 지각 체계의 작동을, 예를 들면 양안시(兩眼視)의 원리를 눈으로 관찰할 수 없는 것과 똑같이, 우리는 비의식적 특성들과 동기들을 직접 관찰하지 못한다. 우리가 자신의 내면을 들여다볼 때 마치 자신에 대한 중요한 진실을 발견하고 있는 것처럼 느껴질지라도, 그런 때조차도 적응 무의식에는 직접적으로 닿지 못한다. 자기 성찰은 문학 비평을 많이 닮았다. 자기 성찰에서 우리 자신이 이해의 대상인 텍스트가 된다. 문학적 텍스트에 단 하나의 진리가 없는 것과 똑같이, 어떤 사람에 관해 구성할 수 있는 진리도 여럿일 수 있다.

내가 좋아하는 비유는 자기 성찰을 개인적 서사로 보는 것이다. 그 서사를 바탕으로 사람들은 전기 작가처럼 자신의 삶에 대한 스토리를 엮어낼 수 있다. 우리는 자신이 관찰할 수 있는 것들(의식적인 생각과 감정, 추억, 행동, 그리고 다른 사람들이 우리에게 보이는 반응들)을 재료로 운이 좋은 경우에 우리가 관찰할 수 없는 것(비의식적인 성격적 특성과 목표, 감정)의 일부까지 포착하는 이야기로 다듬어낸다.

서사적인 관점의 한 버전은 고고학 비유와 완벽하게 양립할 수 있다. 사람들이 자기 성찰을 통해 자신에 관한 것을 많이 발굴해서 그것들을 바탕으로 하나의 이야기를 엮어낼 수 있는 것이다. 고고학적 발굴은 어떤 것이든 불완전하기 마련이다. 과거에 대해 말해주는 것들을 모조리 다 캐낼 수는 없는 노릇이기 때문이다. 그 공백을 메우고, 그 모든 유물들이 무엇을 의미하는지를 파악하기 위해서는 다른 수단이 꼭 있어야 한다. 서사가 끼어드는 것도 바로 이 대목에서다. 이 관점에 따르면, 자기 성찰은 사람의 진정한 감정과 동기에 닿는 파이프라인이지만, '날것 그대로의 미가공 자료들'은 일관된 자기 이야기로 꿰어져야 한다. 이때 이야기는 여러 가지 버전이 가능하다. 이 관점은 프로이트의 심리 요법과 양립할 수 있다. 특히 프로이트가 후반부에 남긴 저작물의 내용과 일치하는 부분이 많다. 자유 연상의 과정과 해석은 환자의 진짜 과거를 발굴하는 것이기보다는 환자의 삶에 대해 건강하고 일관된 설명을 제시하는 어떤 서사를 구성하는 작업이다.

그러나 우리는 조금 더 급진적일 필요가 있다. 자기 성찰 자체가 어떤 이야기의 구성을 수반한다. 전기를 위한 사실들 중 많은 것이 직접적으로 관찰되기보다는 추론되어야 하기 때문이다. 구성은 그 사람의 동기들에 대한 즉시적인 내성(內省)에서부터 장기적인 심리 요법에 이르기까지 모든 차원에서 일어난다. 자기 성찰은 회중전등 불빛 비추기나 고고학이 아니라 제한된 정보를 바탕으로 자서전을 쓰는 것으로 여겨진다.

회중전등 비유는 의식의 내용물을 들추는 작업에는 꽤 잘 먹힌다. 나의 경우를 예로 든다면, 지금 당장은 치과 의사의 이름이나 치아의 뿌리에 어떤 느낌이 있는지에 대해 생각하고 있지 않을 수 있지만, 내면을 조금만 살피기라도 하면 이런 생각과 감정을 정신 속으로 끌어낼 수 있다. 그러나 아무리 많은 성찰을 하고 반성을 한다고 해도 적응 무의식의 내용물을 비출 수는 없다. 무의식적인 목표와 동기에 접근하려는 노력은 이 상태들에 직접적으로 닿는 파이프라인을 낳는 것이 아니라, 의식적인 자기가 이런 상태들의 본질을 추론할 구성의 과정을 낳는다.

영국 작가 줄리언 반스(Julian Barnes)의 단편을 예로 들어 보자. 앤더스 보던은 2주마다 한 번씩 제재소의 오두막을 점검하기 위해 증기선으로 여행한다. 그런데 마을 약사의 부인인 바브로도 자기 여동생을 방문하기 위해 2주마다 배편으로 여행하고 있었다. 두 사람은 갑판에 서서 강가의 숲을 보면서 서로의 동행을 즐기고 있다는 사실을 깨닫는다.

이쯤 되면 사람들은 앤더스가 간단한 자기 성찰을 통해 바브로에 대한 자신의 감정을 정확히 느끼고 있을 것이라고 짐작할 것이다. 그러나 적응 무의식의 열망을 찾아내는 일이 언제나 그렇게 쉬운 것은 아니다. 앤더스는 자신이 어떤 감정을 느끼고 있는지 구성해 내야 한다. 둘의 만남이 있기 전까지, 그가 바브로에 특별히 주목한 적은 한 번도 없었다. 처음에는 자신이 배가 지나치는 지점의 역사에 대해 들려주는 이야기에 관심을 기울이는 여행 동료로서 그녀가 괜찮은 존재라는 사실을 깨닫는다. 그러나 그 이상은 절대로 아니었다. 앤더스가 자신이 바브로에게 깊은 무엇인가를 느끼고 있는지 자신을 돌아본 것은 앤더스의 아내가 그와 바브로의 관계를 의심하면서 비난하고 나섰을 때의 일이었다.

> 앤더스 보던은 자기 아내에게 들은 모욕적인 말을 쭉 나열한 다음에 그것을 장작더미처럼 차곡차곡 쌓았다. 만약에 이것이 아내가 믿을 수 있는 일이라면, 분명 현실로도 일어날 수 있는 일이야, 라고 그는 생각했다. … 물론 이제는 나도 안다. 우리 둘이 증기선에서 처음 만난 이래로 내가 그녀를 사랑하게 된 것은 사실이다. 만약 거트루드가 돕지 않았더라면 나는 아마 그렇게 빨리 그런 결론에 도달하지 못했을 것이다.

앤더스의 자기 서사는 아내의 의심 때문에 극적인 반전을 일으킨다. 그가 자기 성찰을 통해 그 전까지 모르고 있던 감정을 파악할 수 있게 되어서가 아니다. 그는 자신이 바브로를 사랑한다고 추론한다. 그리고 이 추론이 자기 서사의 핵심 부분이 된다. 바브로 역시 자신이 앤더스를 사랑한다고 결정을 내린다. 그러나 그들의 만남은 바브로의 여동생이 다른 곳으로 이사를 가면서 끝나고 만다. 그녀로서는 증기선 여행을 할 이유가 더 이상 없어진 것이다. 그들의 삶은 그렇게 계속되고, 두 사람은 드물게 서로 만난다. 그 이야기의 비극은 세월이 흐름에 따라, 연인으로 발전할 수 있었던 두 사람이 상대방을 향한 사랑에 관한 서사를 은밀히 미화하며 소중히 간직하다가 마침내 운명적인 만남에서 거기에 맞춰 행동하려고 시도할 때 그만 그 서사가 허물어지는 것을 확인하게 된다는 데 있다. 앤더스와 바브로는 서로를 진정으로 잘 알지 못했으며, 산소가 부족한 상태에 적응한 '혐기성'(嫌氣性) 생물처럼, 서로의 사랑에 대한 그들의 은밀한 서사는 실제의 만남이라는 신선한 공기를 견뎌내지 못하는 것으로 드러난다.

앤더스와 바브로처럼, 사람들이 자신의 감정에 대한 그림을 거짓으로 그려낼 만큼 자기 성찰을 지나치게 많이 하는 것도 가능한가? 그리고 특별히 훌륭한 그림을 낳는 자기 성찰도 있는가?

일상적인 자기 성찰

몇 년 전에 나의 친구 2명이 다른 도시로 이사를 가기 위해 집을 마련하려고 이집 저집 둘러보기 시작했다. 공교롭게도, 둘 다 심리학자였다. 이들은 주택 사냥에 조금 색다른 접근법을 시도했다. 먼저, 자신들이 신경을 써야 할 주택의 특징들을 목록으로 만들었다. 이웃, 학군, 방의 숫자, 부엌 배치 같은 것이었다. 목록은 몇 쪽에 달할 만큼 꽤 꼼꼼했다. 그런 뒤에 부동산 중개인과 함께 주택을 둘러볼 때마다, 그들은 목록을 끄집어내어 각 특징에 등급을 매겼다. 그들은 사회 심리학자들이 자주 쓰는 도구인 7등급표를 이용했다. 이 주택의 부엌은 5등급 아니면 6등급? 벽장은 몇 등급? 주택 몇 곳을 돈 뒤에 나의 친구들은 각 주택에 대한 느낌을 등급으로 표시했으며, 나중에 주택을 기억하는 방법으로 그것이 아주 멋지다고 판단했다. 간단히 각 주택의 평균 등급을 계산하면 그들이 구입해야 할 주택이 저절로 나오게 되어 있었으니까.

　나의 친구들이 택한 방법과 나의 부동산 중개인이 고객에게 원하는 주택을 결정해 주는 방법을 비교해 보라. 나의 여자 부동산 중개인은 처음 만난 고객이 자신의 선호에 대해 설명할 때면 그냥 인내심 있게 귀를 기울인다. 고객의 말에 동의한다는 뜻으로 종종 고개를 끄덕이는 것도 잊지 않는다. 심리학자인 나의 친구들처럼, 대부분의 고객들은 세부 사항을 지루할 정도로 길게 늘어 놓는다. 그 부동산 중개인은 그런 식으로 고객의 말을 다 들어놓고는 고객들이 한 말을 깡그리 무시해 버린다. 그녀는 고객들을 다양한 주택으로 안내한다. 어떤 집은 현대식이고, 어떤 집은 낡았다. 어떤 집은 뜰이 넓고 어떤 집은 뜰이 좁다. 또 어떤 집은 도심에 있고, 어떤 집은 교외에 자리 잡았다. 심지어 고객들이 방금 이런 스타일의 집은 생각조차 하지 않는다는 식으로 말할 때에도 나의 중개인은 그 말을 무시해 버린다.

　처음에 주택 몇 곳을 찾을 때, 그 중개인은 고객과 함께 집의 안과 밖을 두루 돌아보면서 고객의 반응을 유심히 살핀다. 고객이 진정으로 찾는 집이 어떤 스타일인지 추론하려고 노력하는 것이다. 그 과정에 중개인은 고객들이 스스로 묘사한 것과 상당히 다른 집을 좋아한다는 결론을 내린다. 어느 부부는 꼭 매력적이고 오래된 집이어야 하며 새 집은 생각조차 하지 않는다고 강조했다. 그러나 나의 부동산 중개인은 그들이 현대적인 집을 둘러볼 때 가장 활발하게 움직이고 행복해 하는 것처럼 보인다는 것을 눈치챘다. 결국 그 부부는 도심 외곽의 새로운 개발 지역에 위치한 새 집을 샀다. 그들이 입버릇처럼 좋아한다고 했던 스타일과 완전히 다른 집이었다. 이 부동산 중개인이 깨달은 지혜는 다른 부동산 전문가들도 공유할 뿐만 아니라 경영계 전반에 걸쳐 회자되고 있다. "바이어들은 거짓말을 한다."

물론, 바이어들이 자신이 원하는 것을 고의로 엉터리로 전하는 것은 아니다. 그보다는 자신이 선호하는 특성들을 충분히 알고 있지 않거나, 그 특성들을 표현하는 데 어려움을 겪는다는 말이 더 정확할 것이다. 나의 부동산 중개인이 그렇게 큰 성공을 거둔 한 가지 이유는 그녀가 고객들이 원하는 것이 무엇인지를 추론하는 일에 매우 뛰어나며, 고객들이 좋아하는 것을 고객 본인보다 더 잘 알고 있다는 사실이다.

그렇다면 이런 비의식적인 상태들을 정확히 파악하기 위해 그 상태들을 더욱 주의깊게 들여다볼 수 있는 길이 있는가? 만약 사람들이 자신이 선호하는 특징들을 정확히 표현할 수 있다면, 상당히 많은 시간이 절약될 것이다. 예를 들어, 부동산 중개인이라면 고객들이 어떤 특정의 집을 좋아하는지를 파악하기 위해 그들을 이 집 저 집으로 데리고 다니는 수고를 많이 할 필요가 없어질 것이다.

심리학자인 나의 친구들은 아마 멋진 결과를 얻을 것이다. 만약 사람들이 어떤 선택을 위해, 예를 들어 집이나 자동차나 미래의 배우자가 갖춰야 할 모든 특성에 7등급의 잣대를 들이대며 조심스럽게 분석적으로 접근한다면, 아마 그들이 진정으로 좋아하는 것을 더 정확히 결정할 수 있을 것이다. 이 전략은 벤저민 프랭클린(Benjamin Franklin) 같이 매우 똑똑한 사람들이 즐겨 추천한 방법이기도 하다. 프랭클린이 과학자 조지프 프리스틀리(Joseph Priestley)에게 보낸 편지의 한 대목을 보자.

내가 애용하는 방식은 백지 한가운데에 줄을 긋고 반으로 나눈 뒤 한쪽에 '찬성'을, 다른 쪽에 '반대'를 적는 것이다. 그런 다음에 사나흘 동안 깊이 생각하면서 떠오르는 다양한 동기들에 대해 항목 밑에 짤막하게 메모를 한다. … 각 대책을 놓고 이런 식으로 찬성 항과 반대 항을 별도로 또는 서로 비교하면서 분석하다 보면 전체 그림이 내 앞에 나타난다. 그러면 판단도 더 훌륭하게 할 수 있고, 경솔한 조치도 덜 취하게 된다.

분석적인 '플러스 마이너스' 접근법이 매우 유익하지는 않다고 말하는 사람들도 있다. 페루 작가 마리오 바르가스 로사(Mario Vargas Llosa)가 베를린 영화제 심사위원으로 참가했을 때 깨달았듯이, 그런 접근법은 실제로 그 사람의 진정한 감정을 흐리게 만들 수 있다.

나는 모든 영화에 대한 인상을 의무적으로 적도록 되어 있는 카드 뭉치를 들고 영화 상영관으로 갔다. 당연히, 결과는 비참했다. 영화가 더 이상 재미있는 대상이 아니고 돌연 골칫거리로 변했다. 그리고 영화를 감상하는 행위 자체가 시간과 어둠, 그리고 그런 해부들이 난잡하게 헝클어 놓은 나 자신의 미학적 감정들을 상대로 한 투쟁이 되어 버렸다. 내가 각 영화의 모든 특징을 평가하는 일에 지나치게 신경을 많이 쓴 나머지, 나의 가치 체계 전체가 혼란에 빠져 버렸다. 나는 곧 내가 좋아하거나 싫어하는 것을 가려내고 그 이유를 밝히는 작업을 더 이상 쉽게 할 수 없다는 사실을 깨달았다.

어느 유명한 사회 심리학자도 다른 대학으로부터 교수 자리를 제안 받고 그것을 받아들여야 할지 말아야 할지를 결정하려고 노력하면서 비슷한 경험을 했다. 그것이 어려운 결정이었던 이유는 그녀의 현재 자리와 새 자리에 똑같이 매력적인 구석이 많았을 뿐만 아니라 마이너스 요소도 약간 있었기 때문이다. 그녀의 동료 중에, 결정을 내릴 때 '대차대조표'를 세세하게 기록하라는 식으로 충고하는 책을 쓴 어빙 재니스(Irving Janis)라는 사람이 있었다. (벤저민 프랭클린이 권한 것과 매우 비슷하게) 각각의 대안을 놓고 좋은 점과 나쁜 점을 리스트로 만들라는 내용이었다. 그래서 그녀는 그 방법을 택하기로 했다. 그 방법을 채택한 뒤에 경험한 것을 그녀는 이렇게 보고했다. "어빙 재니스의 대차대조표를 반쯤 적어 나가다 보니까 이런 말이 절로 나오더군요. '아니야, 이건 아닌 것 같아! 플러스 쪽에 있는 것들을 반대편으로 옮겨 놓을 길을 찾아야겠어.'"

그리고 마지막으로 나는 심리학자 친구들에게 일어난 일에 대해 밝혀야 한다. 집을 구하면서 방문하는 집마다 세부적인 사항에 대하여 의무적으로 7개로 등급을 나눠놓고 점수를 매긴 그 친구들 말이다. 그들은 그런 식으로 점수를 기록한 뒤에 자신들이 좋아하는 집들이 어떤 것인지, 그리고 그 집들을 좋아하는 이유에 대해 그 전보다 더 심하게 혼란을 겪게 되었다는 사실을 깨달았다. 나의 친구들은 "그래서 우리는 리스트를 버리고 본능적인 직감으로 제일 좋아 보이는 집을 선택했어."라고 말했다. 그들은 직감으로도 충분히 멋진 집을 하나 살 수 있었으며, 그 집에서 지금까지 15년 동안 행복하게 잘 살고 있다. 자기 성찰을 한다고 해서 언제나

열매를 거둘 수 있는 것은 아니며, 어떤 때는 그 같은 노력이 그 사람에게 자신이 느끼고 있는 감정에 대해 엉터리로 알려줄 수도 있다. 미국 시인 시어도어 뢰스케(Theodore Roethke)가 표현하듯이, "자기 응시가 하나의 저주가 되어 오래된 혼란을 더욱 악화시킬" 수도 있는 것이다.

그렇다면 자기 성찰은 피하는 게 상책인, 그런 쓸모없는 훈련이라는 뜻인가? 깊이 생각에 빠지는 일을 그만두라고 조언하고, 통찰 치료사들에게 간판을 내리라고 지시하고, 사람들에게 자기 외의 다른 곳에만 정신을 집중하라고 권해야 한다는 말인가? 심리학자가 사람들에게 절대로 자기 자신에 대해 생각하지 말라고 권하는 것은 참으로 이상하게 들릴 것이다. 내가 전하고자 하는 메시지는 그런 것이 아니다. 중요한 것은 자기 성찰이 무의식에 이르는 마법의 문을 열어주는 것이 아니라, 구성과 추론의 과정이라는 사실이다. 이 같은 사실만 제대로 이해하면, 그 다음 질문은 이것이다. 이 구성의 과정이 도움이 되는 때와 도움이 되지 않는 때는 언제인가?

우리의 정신은 이유를 추론하는 데 서툴다

사람들이 프랭클린 식의 자기 성찰을 하면서 자신이 어떤 것을 더 좋아하는 이유를 분석할 때, 그 사람의 마음에 어떤 일이 벌어지는지 한 번 생각해 보라. 프랭클린이 제안한 대로, 가끔 사람들은 여러 가지 대안들의 장점과 단점을 쭉 나열하면서 형식적으로 그런 작업을 벌인다. 또 다른 때에 사람들은 보다 덜 형식적으로 자기 성찰을 한다. "어쨌든, 내가 지금 데이트하고 있는 사람에게 이런 감정을 느끼는 이유는 무엇일까?" 이런 의문을 품는 때가 그런 경우다.

나의 동료들과 나는 사람들이 이런 식으로 자기 성찰을 할 때 무슨 일이 벌어지는지를 조사했다. 연구는 전형적으로 이런 식으로 진행되었다. 사람들에게 10분 정도 시간을 내서 그들이 어떤 특별한 감정을 품게 된 원인들을 적어 달라고 부탁한다. 아울러 우리는 그들에게 이 실험의 목적은 그들의 생각들을 조직하는 것이라는 점을, 그리고 다른 사람들은 그들이 적은 내용을 절대로 읽지 않을 것이라는 점을 밝힌다. 그러면서 그 같은 자기 성찰이 그들의 태도에 어떤 영향을 미치는지를 볼 것이라는 점을 밝힌다.

연구원들은 참가자들에게 다양한 태도들을 분석해 달라고 부탁했다. 얼마 전에 만난 사람이나 연인, 정치권의 다양한 후보들, 사회적 이슈, 소비재, 예술품, 대학 강의 등에 대한 느낌 등 온갖 감정이 포함될 수 있었다. 그 결과, 우리는 사람들이 자신의 감정의 원인을 떠올리는 데 전혀 어려움을 느끼지 않는다는 사실에 깜짝 놀랐다. "미안합니다만, 내가 왜 이런 감정을 느끼는지 이유를 모르겠어요."라는 식으로 말한 사람은 한 사람도 없었다. 대신에 참가자들은 아무 거리낌 없이 자유롭게 자신의 감정의 원인들을 꽤 세세하게 늘어놓았다.

그러나 사람들이 제시한 원인들의 정확성은 의심스럽다. 사람들이 언제나 틀리는 것은 아니다. 만약에 그들이 연인을 사랑하는 이유로 그 연인이 매우 친절하다거나 유머 감각이 뛰어나다는 점을 꼽는다면, 그들의 판단이 맞을 수 있다. 그러나 사람들은 자신의 감정을 결정하는 요인들 모두에는 접근하지 못한다. 그리고 그들이 제시하는 원인이 문화적 또는 개인적인 이론들의 구실인 때가 종종 있는데, 이런 이론들은 잘못되었거나 불완전하다.

예를 들어, 제5장에서 논한 팬티스타킹 연구를 떠올려 보라. 팬티스타킹을 들여다본 순서가 선호도에 결정적인 요인이라는 사실을 아는 소비자는 한 사람도 없었다. 오히려 사람들은 자신의 감정을 설명하기 위해 이야기들을 엮어냈다. 이 이야기들이 틀릴 때가 종종 있다. 이마누엘 칸트(Immanuel Kant)가 한 말에서도 감정의 원천이 얼마나 은밀한지 느껴진다. "어떤 행위의 은밀한 원인들 그 뒤에까지 닿을 수 있는 방법은 절대로 없다. 아무리 엄밀하게 검사한다 하더라도, 그것은 불가능하다."

만약 사람들이 자신의 설명이 간혹 정확하지 않을 수 있다는 인식만 가질 수 있다면, 그들이 특정한 감정을 느끼는 원인들을 목록으로 만들어도 아무런 위험이 없을 것이다. 그들이 이렇게 말할 수도 있을 테니까. "나는 최선을 다할 것이지만, 이 리스트는 두말할 필요도 없이 불완전하며, 내가 적고 있는 원인들도 당연히 틀릴 수 있어. 대학교에 다닐 때 심리학 강의까지 들었잖아." 그러나 제5장에서 본 바와 같이, 확실성의 착각이라는 것이 작용하기 때문에 본인이 직접 제시하는 원인들이 실제보다 더 정확한 것으로 느껴진다.

사람들은 자신의 설명에 대해 대체로 매우 강한 믿음을 품고 있기 때문에 자신의 감정이 본인 스스로 나열한 원인들과 딱 맞아떨어진다고 믿게 된다. 만약 사람들이 자신의 데이트 상대가 재미없는 이유를 몇 가지 찾아낸다면("그 사람은 실내 장식에 관심이 많아."), 그들은 그때까지 그 사람을 사랑했을지라도 자신이 생각하는 만큼 사랑하지 않고 있다고 추론한다. 바꿔 말하면, 그들이 전적으로 신뢰할 수는 없는 이유들을 근거로, 자신의 감정에 대한 이야기를 하나 꾸며낸다는 뜻이다. 그 이야기가 사람들에게 진실하게 들리지만, 그 사람이 엉터리 정보(어쩌다 그 순간에 그의 마음에 떠올랐을 수 있다)를 이용했기 때문에, 이야기는 종종 그 사람의 감정을 잘못 표현하게 된다.

우리는 일들이 이런 식으로 전개된다는 사실을 보여주는 증거를 발견했다. 예를 들어, 돌로레스 크래프트(Dolores Kraft)와 나는 연인을 두고 있는 대학생들에게 둘의 관계가 지금처럼 이어지고 있는 이유를 적고, 둘의 관계가 얼마나 행복한지에 대해 평점을 내려 달라고 부탁했다. 그들이 보고한 내용은 절대로 공개되지 않으며 익명으로 처리된다는 조건이 덧붙여졌다. 그런 원인들을 분석하지 않았던 대학생들의 태도와 비교했을 때, 이 학생들은 자신들의 관계를 보는 태도를 바꾸는 경향을 더 강하게 보였다. 일부 학생들은 그 관계에 더 큰 행복감을 느꼈고, 어떤 학생은 행복감을 덜 느끼게 되었다.

왜 그럴까? 첫째, 사람들이 연인과의 관계에 대해 왜 그런 기분을 느끼는지 그 이유를 정확히 모르고 있었다고 우리 연구원들은 판단했다. 그렇다고 사람들이 꼭 이런 식으로 원인을 말할 수 있어야 한다는 뜻은 아니다. "좋아요. 내가 우리 둘의 관계를 그렇게 느끼는 이유들을 밝히지요. 그녀의 기본적인 정직성과 친절이 내 사랑의 43%를, 유머 감각이 16%를, 정치관이 12%를 차지하고 있습니다. 눈을 덮는 머리카락을 뒤로 넘길 때의 아름다운 모습이 2%이고, 나머지는 페로몬 때문이지요." 사람들은 다른 사람을 사랑하는 것에 대한 문화적, 개인적 이론에 부합하는 이유들을 마음에 떠올리거나 그 순간에 어쩌다 생각나는 이유들을 나열했다("그냥 그의 집 소파 무늬를 보면서 이 사람 참 멋진 장식가로구나 하는 생각이 들었어요."). 이런 원인들에 어느 정도의 임의성이 들어 있다. 그렇기 때문에 그 원인들이 사람들의 그 전 감정과 완벽하게 맞아떨어지지 않을 때가 자주 있다. 실제로 사람들이 제시하는 원인들은 불과 몇 주 전에 두 사람 사이의 행복에 대해 한 말과 거의 아무런 관계가 없다. 그러나 사람들은 이 같은 사실을 알지 못하기 때문에 그 원인이 자신의 감정을 정확히 반영한다고 믿으면서 태도를 바꾸는 경향을 보인다. 요약하면, 사람들은 어쩌다 마음에 떠오르는 이유들을 근거로 자신의 감정에 대한 이야기를 새롭게 지어낸다.

프루스트의 『잃어버린 시간을 찾아서』에 등장하는 마르셀에게 일어난 일도 바로 그런 식이었던 것 같다. 제1장에서 본 것처럼, 마르셀은 자신의 감정을 분석하고 성찰한 뒤에 자신이 알베르틴을 더 이상 사랑하지 않는다는 확신을 품게 된다. "알베르틴이 나에게 베풀 수 있는 기쁨의 미지근함과, 그녀가 나의 깨달음을 막으려 드는 욕망의 강력함을 비교한 결과, … 내가 그녀를 다시 만나기를 바라지 않으며, 내가 더 이상 그녀를 사랑하지 않는다는 결론에 이르게 되었어."

이 대목에서, 어떤 감정의 원인을 분석하는 작업이 언제나 부정적인 방향으로 태도 변화를 부르는 것은 아니라는 점을 강조하고 넘어가야 한다. 데이트 중인 커플들을 대상으로 한 우리의 연구에서, 원인들을 나열한 모든 사람들이 그들의 관계에서 더욱 부정적인 쪽으로 변하지는 않았다. 오히려 태도가 변화하는 방향은 각자의 마음에 떠오른 원인들의 성격에 크게 좌우되었다. 긍정적인 원인들("그는 훌륭한 친구이고 대화하기가 쉽다.")을 가장 쉽게 떠올릴 수 있었던 사람들은 자신의 태도를 긍정적인 쪽으로 바꾸었다. 반면에 미온적이거나 부정적인 원인들("그 사람은 패션 감각이 훌륭하다. 그럼에도 분홍빛 셔츠는 자주 입지 말았으면 좋겠다.")을 생각해 낸 사람들은 부정적인 쪽으로 태도 변화를 보였다. 『잃어버린 시간을 찾아서』의 마르셀도 알베르틴과의 관계에서 부정적인 점이 가장 쉽게 떠오른다는 사실을 발견하고는 자신이 더 이상 그녀를 사랑하지 않는다고 결론을 내린다.

벤저민 프랭클린이 심리학 잡지를 읽다가 이런 발견에 관한 기사를 읽는다면, 그는 아마 이런 식의 반응을 보였을 것이다. "내가 생각한 바와 똑같군. 사람들이 한걸음 뒤로 물러서서 찬성할 점과 반대할 점에 대해 깊이 생각한다면, 더욱 많은 정보를 바탕으로 보다 합리적인 관점을 끌어낼 수 있지. 원인들을 면밀히 분석한 뒤의 태도는 당연히 그렇게 하지 않았을 경우에 내리게 될 무모한 판단보다 훨씬 더 우수하지."

그러나 사람들이 자신의 원인들을 분석한 것을 바탕으로 구성하는 이야기는 그들의 진짜 감정을 표현하지 못할 수 있다. 알베르틴이 떠난 뒤에야 자신의 감정 분석이 잘못되었다는 사실을 깨닫게 되는 마르셀도 그런 예이다. 우리 연구원들도 사람들이 원인들을 분석한 뒤에 보고하는 감정들이 종종 부정확하다는 사실을 발견했다. 그 감정들이 사람들로 하여금 훗날 후회하게 될 결정을 내리게 하고, 사람들이 훗날 할 행동을 제대로 예측하지 못하고, 전문가들의 의견과 좀처럼 일치하지 않는다는 점에서, 그렇게 말할 수 있다.

예를 들어, 다른 한 연구에서 우리는 자신들의 관계가 현재처럼 진행되고 있는 원인들을 나열하라는 부탁을 받은 실험 참가자들과 그렇지 않은 참가자들을 비교했다. 어느 쪽 사람들의 감정이 그 관계가 지속될 기간을 더 정확히 예측할 수 있었을까? 후자, 즉 원인을 분석하지 않았던 참가자들의 예상이 더 정확했다. 이것은 사람들이 원인을 분석할 때 엉터리 자료를 근거로 이야기를 구성한다는 이론과 서로 통한다. 엉터리 자료라고 부르는 이유는, 사람들이 그 인간관계의 여러 면들 중에서 글로 쉽게 쓸 수 있거나, 당사자의 마음에 쉽게 떠오르거나, 평소 그런 감정에 대해 품고 있던 각자의 이론과 일치하는 면만을 분석 자료로 활용하기 때문이다. 그런 까닭에 이들의 태도는 감정의 원인을 분석하는 과정을 거치지 않고 본능적인 직관에만 의존했던 사람들보다 덜 정확한 쪽으로 흐르게 되었다. 괴테(Johann Wolfgang von Goethe)가 한 말처럼, "오랫동안 숙고하는 사람이 반드시 최선의 선택을 하는 것은 아니었다".

예술 작품을 대하는 사람들의 태도를 연구한 결과를 보면, 괴테의 직감이 옳다는 것이 확인된다. 연구 대상이 되었던 사람들 중 일부는 미술 포스터 다섯 점을 놓고 자신이 좋아하는 이유와 좋아하지 않는 이유를 철저히 분석했고, 나머지는 그런 과정을 거치지 않았다. 그런 뒤에 실험 참가자들 모두가 포스터 중 하나를 골라 집으로 갖고 갔다. 그러고 2주일 뒤에, 우리 연구원들이 그들에게 전화를 걸어 자신이 선택한 포스터가 어느 정도 마음에 드는지를 물었다. 벤저민 프랭클린이었다면 아마 각각의 포스터를 놓고 좋아하는 점과 싫어하는 점을 일일이 평가하고 분석한 사람들이 최선의 선택을 했으리라고 예상할 것이다. 우리가 확인한 결과는 그와 정반대였다. 이유를 나열하지 않았던 사람들, 말하자면 분석하지 않고 직감을 바탕으로 포스터를 선택한 사람들이 이유를 조목조목 나열했던 사람들보다 포스터에 더 행복해하는 것으로 나타났다. 베를린 영화제에서 영화를 세부적으로 따져가며 평가할 때 오히려 자신의 감상을 판단하기가 더 어려웠다는 사실을 확인한 마리오 바르가스 로사와 똑같이, 이유를 분석한 집단의 학생들도 자신이 가장 좋아하는 포스터에 대한 판단력을 잃는 것 같았다.

몇 년 전에, 나는 이런 연구와 관련하여 어느 기자를 만난 적이 있다. 한동안 이런저런 이야기를 나눈 끝에, 그 기자가 마지막 질문을 하나 하겠다고 했다. "그렇다면, 윌슨 박사님, 사람들은 자신의 감정을 놓고 그렇게 느끼는 이유를 따지지 말아야 한다는 식으로 받아들여도 되겠습니까? 단순히 맨 처음의 충동에 따라 행동하는 것이 최선의 길이라고 말입니다." 그 순간, 나는 경악하지 않을 수 없었다. 그 기자가 나의 연구와 관련해서 내릴 결론을 따를지도 모르는 사람들의 이미지가 떠올랐기 때문이다. 그대로라면, 십대 임신과 마약 복용, 폭력이 크게 늘어날 것이 불 보듯 뻔하지 않은가.

충실한 정보가 바탕이 된 직감과 충실한 정보에 입각하지 않은 직감을 구분하는 것이 대단히 중요하다. 우리는 정보를 가능한 한 많이 모아야 한다. 우리의 적응 무의식이 틀린 정보가 아니라 멋진 정보를 근거로 안정적인 평가를 내릴 수 있도록 하기 위해서다. 우리 대부분은 인생에서 처음으로 끌린 사람과는 결혼하지 않는 것이 바람직하다는 인식에 동의할 것이다. 만약 누군가와 오랜 시간을 함께하고 그 사람에 대해 매우 잘 알게 된 시점에도 여전히 그 사람에 대한 긍정적인 감정이 식지 않는다면, 그건 좋은 신호다.

중요한 것은 건전한 정보에 근거한 직감이 일어날 수 있을 만큼 충분히 많은 정보를 수집하고, 그런 다음에는 감정을 지나치게 깊이 분석하지 않는 것이다. 어떤 사람이 자신에게 훌륭한 파트너인지를 판단하는 데는 매우 많은 정보가 필요하며, 그 정보들 중에 많은 것이 적응 무의식에 의해 처리된다. 중요한 것은 플러스와 마이너스로 작용하는 원인들을 끊임없이 나열해 가면서 지나치게 신중하고 의식적인 방법으로 정보를 분석하는 노력을 피하는 것이다. 우리는 적응 무의식이 믿을 만한 감정을 형성하는 일을 맡아 하도록 내버려둬야 하며, 그런 다음에는 그 감정에 대해 완벽하게 설명할 수 없을 때에도 그것을 믿어야 한다.

감정의 원인에 대해 깊이 생각하는 것이 언제나 나쁜가?

내가 그 기자에게 들려준 또 다른 사항은 원인들을 분석하는 작업에 위험이 따르긴 하지만 거기에도 예외들이 있다는 것이었다. 그 예외들은 원인들을 분석하는 것이 해로울 수 있는 이유를 설명하는 대목에서 자연스럽게 제시된다. 지금까지 본 바와 같이, 사람들은 자신이 생각해 왔던 원인들이 그때까지의 감정과 잘 맞지 않는다는 이유로 그 감정에 대한 태도를 종종 바꾼다. 그러나 이 가설이 통하지 않는 집단이 있다. 예를 들면, 자신이 분석하고 있는 주제에 대한 지식이 상당히 밝은 사람들이 그들이다. 예컨대, 미술 포스터를 동원한 그 연구에서, 미술에 대해 많이 아는 사람들, 예를 들어 고등학교나 대학교에서 미술 강의를 들은 사람들은 그때까지의 감정과 잘 어울리는 원인들을 나열하는 경향을 보였다. 따라서 이 집단에서는 원인들을 나열하는 행위가 어떠한 태도 변화도 초래하지 않았다.

원래의 감정과 충돌을 빚는 원인들을 가장 쉽게 떠올리는 집단은 바로 그 주제에 대한 지식이 많지 않은 사람들이었다. 이들은 자신의 감정에 관한 이야기도 곧잘 수정하는 부류였다. 벤저민 프랭클린의 충고와 반대로, 우리 연구에 참가한 지적 수준이 높은 사람들은 원인들의 분석을 통해서 거의 아무런 이득을 얻지 못하는 것 같았다. 미술 전문가들은 자신이 선택한 포스터들을 미술에 조예가 없는 사람들 이상으로 좋아하지 않았으며, 그들은 자신이 선택한 포스터를 특별히 더 좋아하지도 않았다.

그러나 이 대목에서 우리가 프랭클린이 권한 것과 같은 종류의 자기 성찰을 테스트하지 않았다는 반론이 틀림없이 제기될 것이다. 프랭클린은 사람들에게 '사나흘 동안 깊이 생각하면서' 좋은 점과 나쁜 점을 적으라고 권했다. 반면에 우리 연구에 참가한 사람들은 단 한 차례 십여 분만에 원인들을 나열하라는 부탁을 받았다. 사람들이 자기 분석을 조금이라도 더 오래 하면 자신의 감정을 더 훌륭하게 판독해낼 수 있을까? 그 여부를 가리기 위해, 돌로레스 크래프트와 나는 데이트를 하는 연인들에게 4주일 동안 1주일에 한 번씩 실험실을 찾아와 원인들을 분석해 달라고 부탁했다. 그 결과, 이런 사실이 확인되었다. 사람들이 감정의 원인들을 처음으로 분석한 뒤에 상당한 수준의 태도 변화를 보이며, 그들이 다시 실험실을 찾아 원인을 분석할 때에는 새롭게 취한 태도를 고수하려는 경향을 보인다는 점이다. 원인들에 대한 분석을 한 번 이상 한다고 해서 특별히 도움이 되는 부분은 없는 것 같았다. 오히려 사람들이 원래의 태도와 상충하는 원인들을 마음에 떠올리고, 그 원인에 맞춰 자신의 태도를 바꾸고, 그런 다음에 새로운 태도를 고수하려는 경향을 보였다.

물론, 원인들을 분석하는 기간을 더 늘리거나 조금 줄이는 경우에 사람들이 그 분석으로 어떤 이점을 누렸을 수 있었을지도 모른다. 그럼에도 불구하고, 나의 직감은 분석하고 있는 주제에 조예가 매우 깊은 사람이 아니라면 그런 작업을 피하는 것이 최선의 방법이라는 것이다. 적어도 우리가 지금까지 연구해 온 그런 방식, 그러니까 혼자 앉아서 어떤 일에 대해 자신이 왜 그렇게 느끼는지 그 원인을 놓고 곰곰 생각하는 방식으로 하는 자기 성찰은 하지 않는 것이 최상인 것 같다.

본능적 직감을 파악하라

나의 조언을 받아들여 적응 무의식이 어떤 사람 혹은 어떤 일에 대한 감정을 발달시키도록 내버려 두면서, 당신이 그런 감정을 느끼는 이유를 정확히 글로 담아내려고 노력하는 식의 자기 성찰을 피한다고 가정해 보자. 그런 경우에 당신이 어떤 감정을 느끼고 있는지 확신이 서지 않는다면 어떻게 할 것인가? 가끔 사람들은 자신이 느끼는 감정의 본질을 잘못 판단한다. 감정이 문화적 감정 규칙("사람은 조랑말을 사랑할 거야." "결혼식을 올리는 날이 내 인생에서 가장 행복한 날이 될 거야.")이나 개인적 기준("나에겐 아프리카계 미국인들에 대한 편견이 전혀 없어.")이나 의식적인 이론들("그 사람이 나의 남성상에 딱 들어맞기 때문에 나는 그 사람을 사랑해야 해.")과 충돌을 빚을 때, 특히 더 그러하다. 그러면 이렇게 꼭꼭 숨어 있는 감정에 닿을 수 있는 자기 성찰의 방법이 따로 있을까?

자기 성찰을 숨겨진 방에 이르는 문을 열어주는 정신 과정으로 보면 곤란하다. 그때까지 볼 수 없었던 무엇인가에 직접적으로 접근할 수 있는 길을 안내하는 것이 자기 성찰이라는 식으로 봐서는 안 된다는 뜻이다. 비결은 감정들이 표면으로 드러나도록 허용하고, 당신의 이론들과 기대들의 안개 사이로 어렴풋이 나타나는 감정들을 보려고 노력하는 것이다.

올리버 슐타이스와 요하임 브룬슈타인이 실시한 한 연구 보고서는 사람들이 그런 성찰을 성취할 수 있는 방법을 한 가지 암시한다. 이들은 제4장에서 설명한 주제 통각 검사를 이용해 사람들의 암묵적 동기를 측정했다. 주제 통각 검사는 사람들에게 한 세트의 표준 그림들을 보여준 뒤에 그것들에 관한 이야기들을 엮어 내도록 하는 방법이다. 사람들이 구성해 내는 이야기를 분석하면 친화 욕구나 권력 욕구 같은 동기를 읽어낼 수 있다. 그런 다음에 두 전문가는 참가자들에게 그들이 이제는 환자와 상담하면서 직접적으로 기법들을 동원하는 치료사의 역할을 맡게 될 것이라고 일러주었다. 이제 참여자들은 상황을 잘 통제하고, 환자를 돕는 방법에 관심을 모아야 한다는 지시를 받은 것이나 마찬가지였다. 그렇기 때문에 권력 욕구와 친화 욕구에서 높은 점수를 기록한 사람들의 경우에 이 상황에 특별히 더 긍정적으로 반응할 것이다.

질문은 이것이다. 사람들은 치료사의 역할이 자신의 암묵적 동기와 잘 맞거나 맞지 않는 상황이라는 것을 알았을까? 연구원들이 단순히 참가자들에게 상담하는 상황을 묘사한 뒤에 그들에게 어떤 느낌이 드느냐고 물었을 때, 앞의 물음에 대한 대답은 '몰랐다'인 것으로 확인되었다. 이것은 사람들이 자신의 암묵적 동기를 썩 잘 알지 못한다는 주장을 담은 다른 연구 보고서들과 일치하는 결과였다. 친화 욕구와 권력 욕구에서 높은 점수를 받은 참가자들도 다른 참가자들에 비해 상담 과정이 자신을 더 행복하게 만들거나 더 바쁘게 만들 것이라고 예상하지는 않았다.

그러나 다른 조건에서 진행된 실험에서는 다른 결과가 나왔다. 참가자들에게 상담 과정을 세세하게 담은 필름을 보여주고 그들이 그 상황에 처하면 어떤 느낌을 받을 것 같은지 상상하도록 했다. 이런 상황에서는 친화 욕구와 권력 욕구를 암묵적으로 보였던 사람들이 다른 사람들에 비해 그 상황이 즐거운 경험이 될 것이라는 반응을 더 강하게 보였다. 그들은 그런 상황에 처하면 자신이 훨씬 더 행복해지고, 더 바쁘게 움직일 것이라고 보고했다.

따라서 어떤 상황에 대해 이미지까지 그려가며 상세하게 설명을 듣는 것은 사람들의 암묵적 동기에서 비롯되는 감정을 충분히 촉발시킬 수 있으며, 사람들은 그 감정에 관심을 쏟을 수 있고, 그 감정을 이용해서 진짜 상황에 처할 경우에 어떤 기분을 느낄 것인지를 예측할 수 있었다. 그래도 나는 이것을 흔히 말하는 그런 '자기 성찰'이라고 부르지 않을 것이다. 왜냐하면 그때 사람들이 자각하지 않고 있던 감정을 들여다보기 위해, 숨겨진 방들로 향하는 문을 열고 있지는 않기 때문이다. 대신에, 사람들은 미래 상황을 충분히 상상할 수 있었고, 따라서 그 상황이 불러일으킬 수 있는 감정을 실제로 경험할 수 있었다. 그들은 우리가 (원인들을 분석하면서) 연구한 그런 종류의 자기 성찰을, 말하자면 사람들이 진정으로 느끼고 있는 감정을 흐릴 수 있는 그런 자기 성찰을 피할 수 있었다.

사람들이 일상의 삶에서 이 기법을 어느 정도 잘 활용할 수 있는지에 대해서는 아직 살펴봐야 한다. 적어도, 충분한 시간을 갖고 미래 상황을 아주 세세하게 상상할 수 있다면(예를 들어, "가정부가 알베르틴이 내 곁을 떠났다는 소식을 갖고 뛰어 들어 오면, 나는 어떤 느낌을 받을까?"), 사람들이 자신의 적응 무의식에서 일어나는 감정을 더 잘 알게 되고, 또 원인을 분석하고 문화적 감정 규칙과 의식적인 이론들을 채택함에 따라 생긴 연막을 더 잘 꿰뚫어 보게 될 것이라는 암시가 읽힌다. 또 사람들은 자신의 감정과 반응에 대한 서사가 근거로 삼을 자료를 훨씬 더 훌륭한 것으로 확보하게 될 것이다.

개인적인 문제들에 관한 자기 성찰

지금까지 살펴본 자기 성찰에 관한 연구들 중 일부는 사람들에게 매우 중요한 주제를 다뤘다. 연인의 관계가 지금처럼 유지되고 있는 원인을 분석한 연구만 해도 우리 생활과 아주 밀접하다. 그럼에도 불구하고, 그 주제들은 사람들에게 비탄을 안겨주는 것은 아니다(우리의 연구에 참가한 사람들 대부분은 자신들의 관계에 상당히 행복해 하고 있었다). 아마 사람들은 자신의 삶에서 잘못된 것을 돌아보며 반성하는 일에 더 익숙할 것이다. 그러나 비탄의 원인을 파악하는 길도 여러 가지이며, 그 중에서 특별히 더 도움이 되는 방법들이 있다.

절망했을 때엔 반추하지 마라

한 가지 방법은 어떤 문제에 대해 반추하는 것이다. 이것을 수전 놀런-혹세마(Susan Nolen-Hoeksema)는 사람이 자신의 상황을 향상시킬 행동을 취하지 않는 상태에서 자신의 감정과 그 감정의 원인들에 대해 반복적으로 생각하는 것으로 정의한다. 수많은 연구에서, 그녀는 반추는 부정적이고 자멸적인 사고 패턴을 낳으면서 문제를 더욱 악화시킨다는 사실을 발견했다. 반추를 시작할 당시에 사람이 우울하거나 기분이 좋지 않은 상태였다면, 반추의 효과가 특히 더 부정적이었다. 어떤 문제를 놓고 거듭 반추하는 사람들은 자신의 비탄과 관련 있는 문제들을 해결하는 일에 더 서툴렀으며, 자신의 과거 중에도 특히 부정적인 면에 초점을 맞추고, 자신의 행동에 대해 스스로를 해치는 방식으로 설명하고, 자신의 미래를 부정적으로 예측하는 경향을 보인다.

한 연구를 보도록 하자. 참가자들은 적당히 우울하거나 전혀 우울하지 않은 대학생들이었다. 이들을 두 집단으로 나눴다. 반추하는 조건에 해당하는 학생들은 자신의 감정과 성격적 특성에 대해 8분 동안 생각해 달라는 부탁을 받았다. 말하자면, 그들의 감정과 그들이 그런 식으로 느끼는 이유, 그들의 성격, 그들이 현재처럼 행동하는 이유, 그리고 그들이 되고자 하는 존재에 대해 곰곰 생각해 달라는 주문이었다. 한편, 주의가 산만한 조건에서 실험에 참가한 학생들은 자신과 상관없는 세상사에 대해 8분 동안 생각했다. '하늘을 덮고 있는 구름'이나 '반짝이는 트럼펫 표면' 같은 것에 관한 생각이었다. 연구원들은 학생들이 생각에 잠기는 조건이나 주의가 산만한 조건에서 시간을 보내기 전과 후에 그들의 기분을 측정했다. 깊이 생각하는 행위는 우울한 참가자들을 더 우울하게 만들었다. 반면에 산만한 조건에서 지극히 평범한 것을 생각한 참가자들은 우울의 정도가 완화되었다. 깊이 생각하며 반추하는 행위는 우울증을 겪지 않는 사람에게는 거의 아무런 영향을 미치지 않았다.

우울한 학생들은 생각에 잠길 때 일의 부정적인 측면에 초점을 맞추었다. 마치 그들의 우울한 기분이 긍정적인 생각이면 무엇이든 다 걸러내는 여과기처럼 보였다. 다른 집단, 이를테면 우울증을 겪지 않는 가운데 깊이 생각에 잠겼던 학생들이나 우울증을 겪는 가운데서도 깊은 생각에 잠기지 않았던 학생들의 집단과 비교하면, 우울한 학생들은 자신의 과거로부터 부정적인 기억들(예를 들면, "나만 빼고 모두가 시험에 합격했잖아!")을 더 많이 떠올렸다. 그들은 또 자신의 삶에 친구들과의 말다툼 같은 부정적인 사건들이 더 많이 일어난다고 느꼈다.

또 다른 연구에서, 우울해질 때면 깊이 생각에 잠기곤 한다고 보고한 사람들이, 심지어 당초의 우울증이 해결된 뒤에조차도 1년 뒤에 우울증 증세를 겪을 가능성이 더 큰 것으로 나타났다. 한마디로 요약하면, 불행과 그 불행에 대한 반추는 우울증을 더욱 악화시키는 나쁜 조합이다.

자기 성찰을 통한 의미의 발견

당신이 이런 지시를 받았다고 가정해 보자.

앞으로 사흘 동안, 과거에 당신의 삶에 영향을 미쳤던 매우 중요한 감정적인 문제들에 대한 당신의 생각과 느낌을 글로 써주기 바란다. 이 글쓰기를 통해 당신의 가장 깊은 감정들과 생각들을 고스란히 드러내고 그것을 탐험할 수 있기를 바란다. 글의 주제를 타인들과의 관계로 제한할 수도 있다. 예를 들면, 부모님과 연인, 친구 또는 친척들의 관계도 괜찮다. 아니면 당신의 과거와 현재, 미래로 제한할 수도 있다. 그것도 아니면 지금까지 당신이라는 존재가 어떤 모습이었는지, 지금은 어떤 모습인지, 그리고 앞으로는 어떤 모습이 되고 싶은지를 주제로 삼아도 괜찮다.

제이미 페니베이커(Jamie Pennebaker)와 그의 동료들은 수백 명에게 이런 내용의 글을 주었다. 대상에는 대학생과 일반 시민, 교도소에 수감된 죄수, 직장에서 해고된 사람, 얼마 전에 엄마가 된 사람들이 포함되었다. 대부분의 사람들은 그 지시 사항을 진지하게 받아들이고는 사랑하는 사람의 죽음이나 어떤 인간관계의 종말, 혹은 성적 및 육체적 학대 같은, 고통을 안겨준 개인적인 사건들에 대해 글을 썼다. 사람들은 그런 사건에 대해 글을 쓰는 행위 자체가 마음을 무척 불편하게 만든다는 사실을 깨달았으며, 그들은 그렇게 글을 적은 후에 비통한 감정을, 피상적인 주제(예를 들면, 자신의 하루에 대한 계획)에 대해 글을 쓴 통제 집단의 참가자들에 비해 훨씬 더 강하게 느낀다고 보고했다.

그러나 시간이 흐를수록, 사람들은 그런 글쓰기에서 놀랄 정도의 이점을 누리는 것으로 확인되었다. 피상적인 주제에 대해 글을 썼던 사람들과 비교할 경우에, 감정적인 경험에 대해 글을 썼던 사람들이 더 좋은 기분을 보고하고, 대학교에서 더 높은 학점을 따고, 일터에 결근하는 일수도 줄고, 면역 체계의 기능도 개선되고, 의사를 찾는 횟수도 줄어들었다. 감정적인 경험에 대해 글을 쓰는 행위는 단기적으로는 괴로운 일이지만 장기적인 측면에서 보면 상당히 긍정적인 효과를 안겨주었다.

지금까지 우리가 논한 다른 종류의 자기 성찰보다 감정적인 경험에 대한 글쓰기가 훨씬 더 유익한 결과를 낳는 이유는 무엇인가? 그 감정적 경험이 매우 고통스러운 때도 종종 있는데 말이다. 한 가지 가능성은 사람들이 자신의 부정적인 경험을 숨기거나 억누르는 경향을 보이기 쉬우며, 끊임없는 억압으로 인한 스트레스가 그들의 정신 건강과 육체 건강에 해를 입힐 수 있다는 것이다. 정신적 상처를 안겨준 사건을 표현할 기회를 갖는다는 것은 카타르시스의 효과를 누린다는 뜻이다. 억압으로 인한 스트레스를 제거함으로써 그 사람의 행복을 높이는 것이다. 억압이 긴장을 야기하고 건강 문제를 낳을 수 있지만, 페니베이커의 글쓰기 훈련이 그 억압을 낮춤으로써 그 사람에게 도움을 준다는 증거는 전혀 없다. 예를 들면, 이미 다른 사람들과 논의한 사건들에 대하여 글을 쓰는 사람도 그때까지 비밀로 간직해 온 사건들에 대해 글을 쓴 사람 못지않게 심리 치료의 효과를 누렸다.

글쓰기는 부정적인 사건들을 설명하는, 의미 있는 서사를 구성하도록 하여 그 사건에 대한 이해를 높임으로써 마음의 병을 치료하는 것 같다. 페니베이커는 자신의 연구에 참가한 사람들이 내놓은 글 수백 쪽을 일일이 분석했다. 그 결과, 가장 두드러진 개선을 보인 사람들이 처음에는 자신의 문제에 대해 일관되지 않게 뒤죽박죽 묘사했으나 갈수록 개선되면서 나중에는 일관되고 조직적인 이야기로 사건을 설명하고 사건에 의미를 부여할 수 있었던 사람들인 것으로 드러났다.

페니베이커의 글쓰기 훈련은 이로운 반면에 깊이 되새기는 성찰은 해로운 이유는 무엇인가? 한 가지 열쇠는 사람들이 우울한 기분을 느낄 때 종종 깊은 생각에 잠기고, 그 우울증이 부정적인 생각에 집중하도록 만들고, 따라서 문제에 관한 서사를 의미 있고 적응력 뛰어난 것으로 만들기가 어렵게 된다는 점이다. 반추는 나선형을 그리며 되풀이되는 생각의 연속이다. 그런 상태에서 사람들이 일들을 부정적인 측면으로 생각하지 않는 것은 불가능하다.『주홍글씨』(The Scarlet Letter)에 나오는 미스터 딤스데일의 경우와 비슷하다. "마찬가지로, 그도 매일 밤을 뜬눈으로 지새웠다. 어떤 때는 암흑 속에서, 어떤 때는 흔들거리는 램프 밑에서, 또 어떤 때는 최대한 불을 밝게 밝히고 거울 속의 자기 얼굴을 들여다보면서 밤을 꼬박 새웠다. 그리하여 그는 지속적인 자기 반성의 전형이 되었다. 그 반성으로 그는 자신을 고문할 수 있었으나 결코 정화하지는 못했다." 이와 반대로, 페니베이커의 연구에 참가한 사람들은 자신의 문제에 보다 객관적인 시선을 보낼 수 있었고, 문제를 보다 유연한 방식으로 설명하는 데 도움이 되는 서사를 하나 구성할 수 있었다. 사실, 페니베이커의 기술은 심각한 정신적 상처가 있는 직후에는 제대로 먹히지 않는다. 그때는 사람들이 너무 흥분되어 있어서 자신이 처한 상황을 객관적으로 평가하는 것이 불가능하기 때문이다.

의미 있는 서사를 하나 마련하기만 하면, 사람들은 자신을 괴롭혀온 사건에 대한 생각을 억누르려고 더 이상 노력하지 않아도 된다. 만약에 어떤 사건이 일관된 설명을 전혀 갖지 못하게 되면, 그 사건은 끊임없이 마음에 떠오르면서 사람으로 하여금 지속적으로 반추하도록 하거나 그 생각들을 멀리 밀어서 떼어내려고 노력하도록 만든다. 고의적으로 생각을 억누르려는 시도는 실패하기 마련이라는 사실을 대니얼 웨그너와 그의 동료들은 확인했다. 사람들은 짧은 시간 동안에는 어떤 일을 생각하지 않을 수 있지만, 원하지 않는 일에 대한 생각은 수시로 다시 밀려온다. 사람이 지쳐 있는 경우를 비롯한 일부 상황에서는 생각을 억누르려는 노력이 기대와 정반대로 원하지 않는 그 일을 더 깊이 생각하도록 만든다. 이미 설명되어 그 사람의 라이프 스토리로 녹아든 사건은 끊임없이 마음에 떠오를 가능성도 낮고 억압의 대상이 될 가능성도 낮다.

서사 비유는 우리가 살펴 본 일상의 자기 성찰의 모든 예들을 설명하는 데 도움을 준다. 어떤 감정의 원인을 분석하는 작업은 그 사람으로 하여금 나쁜 '자료'에 초점을 맞추도록 한다. 이 나쁜 자료는 말로 표현하기는 쉬워도 진짜 감정과 거의 아무런 관계가 없는 정보일 수 있다. 그래서 사람들은 엉터리 정보를 바탕으로 자신의 감정에 대한 이야기를 꾸며낸다. 생각을 반추하거나 생각을 억압하는 것은 두 가지 길로 해로울 수 있다. 한 가지 길은 그것들이 새로운 서사의 구성을 어렵게 만든다는 점이다. 왜냐하면 사람들이 통제 불가능한, 원하지 않은 생각에 몰두하게 되기 때문이다. 그리고 생각을 반추하거나 생각을 억압하는 것은 사람들이 새로운 서사를 구성할 때에도 부정적이거나 경멸스런 생각에 집중하도록 만든다. 지금까지 살핀 자기 성찰 중에서는 페니베이커의 글쓰기 훈련이 의미 있는 이야기의 구성을 가능하게 하면서 유일하게 유익한 효과를 발휘하는 방법이다.

심리 치료: 보다 훌륭한 서사의 구성

정신과 의사 애나 펠스(Anna Fels)는 나이 많은 어느 환자에 대해 설명한다. 보통 환자처럼 우울증이나 불안을 겪는 것이 아니라 자신에게 다가오고 있는 죽음에 대처하는 데 어려움을 겪는 환자였다. 그는 불치의 암으로 고통 받고 있었으며, 자신을 괴롭히는 것은 죽음에 대한 생각이 아니라 죽어가는 과정 자체라고 주장했다. 그가 자신의 정상적인 삶을 설명하기 위해 사용했던 서사는 이제 더 이상 먹히지 않았다. 그는 자신의 마지막 나날을 설명할 새로운 이야기를 구성하느라 애를 먹고 있었다. 그는 "나는 다른 존재가 되고 있는 중이다."라고 말했다. "그러나 나는 특히 아내와는 그 문제에 대해 끝없이 말하길 원하지 않는다. 왜냐하면 그녀도 그녀의 삶만으로 충분히 힘들어 하고 있기 때문이다."

펠스 박사는 그에게 암 진단을 받던 순간부터 지금까지 병에 관한 이야기를 들려 달라고 부탁했다. 점진적으로 그 남자는 자신의 마지막 도전에서 의미와 일관성을 발견했다. "몇 번의 만남 동안에 환자의 이야기는 계속 이어졌다. 그의 기분이 좋아지기 시작할 때엔 그 변화가 너무 커서 환자 본인뿐만 아니라 나도 놀랐다. …… 도대체 우리가 무엇을 하고 있기에 그런 효과가 나온 것인가? 분명히 말하지만, 그것은 무의식적인 동기와 소망에 대한 통찰을 얻는 것을 목표로 잡는, 전통적이고 역동적인 정신 치료는 아니었다. 또한 심리적으로 환자의 손을 잡아주는 그런 치료도 아니었다. 다른 무엇인가가 행해지고 있었다."

그때 벌어지고 있던 일 중 일부는 그 환자가 완전히 고립되고 있었다는 사실이라고 펠스는 말한다. 그에겐 자신의 병에 대해 터놓고 이야기를 나눌 사람이 한 사람도 없었다. 그가 자신의 새로운 삶에 대해 공개적으로 말했듯이, 그가 펠스 박사와 맺을 수 있었던 끈은 그에게 대단한 위로가 되었다. 그의 표현을 빌리면, 그와 펠스 박사가 함께한 상담 시간들이 "그를 모두가 공유하는 사회적 세상 속으로 다시 끌어냈다."고 한다.

거기엔 새로운 사회적 끈들이 형성되는 그 이상의 무엇이 있었다고 나는 생각한다. 자신이 병마와 벌이고 있던 투쟁에 대해 자유롭게 이야기함으로써, 그 남자는 자신의 새로운 삶을 더 잘 설명할 수 있는, 일관성 있는 서사를 구성할 수 있었다. 이것은 페니베이커의 연구에 참여한 사람들이 정신적 상처를 남긴 사건들에 관한 글을 쓰는 행위를 통해 도움을 받은 것과 아주 비슷하다. 그렇다고 심리 치료와 페니베이커의 글쓰기 훈련이 서로 맞바꿀 수 있는 개념이라는 뜻은 아니다. 사흘 동안 한 번에 15분씩 자기 혼자서 정신적 상처에 대한 글을 쓰는 행위가 치료사의 도움을 받아가며 몇 개월 또는 몇 년에 걸쳐서 자신의 문제들을 탐험하는 치열한 심리 치료를 대체할 수 있다는 말은 터무니없는 소리로 들릴 것이다. 첫째 이유로는, 심리 치료가 펠스가 논한 사회적 끈 같은 것도 허용하는 대단히 사회적인 경험이기 때문이다. 그럼에도 불구하고, 심리 치료와 글쓰기 과정은 중요한 공통점을 한 가지 갖고 있다. 두 가지 모두가 사람들이 그때까지 품고 있던 서사보다 더 유익한 서사를 새로 개발하는 일에 성공한다는 점이다.

심리 치료가 사람들의 서사를 바꿈으로써 환자들을 치료한다는 증거는 꽤 명쾌하게 요약될 수 있다.

첫째, 심리 치료는 잘 통제된 연구에서 이로운 것으로 입증되지만, 심리 치료의 정확한 형식은 별로 중요하지 않다. 심리적인 문제들을 다루는 방식에 대해 근본적으로 상충하는 견해를 가진 요법들, 예를 들면, '정신 역동 치료'(psychodynamic therapy: 어린 시절의 기억, 무의식적 생각과 감정, 통찰을 강조)와 '행동 치료'(behavior therapy: 현재의 행동과 그 행동을 나오게 하는 요인을 강조)에도 그 말은 그대로 진실로 통한다. 예를 들어, 우울증 치료에 대한 고전적인 연구에서, 브루스 슬론(Bruce Sloane)과 그의 동료들은 정신 역동 치료와 행동 치료가 똑같이 효과적이라는 사실을 확인했다(두 가지 요법 중 하나로 치료를 받은 사람들은 전혀 치료를 받지 않은 집단보다 더 큰 차도를 보였다).

둘째, 치료사라면 접근 방식을 불문하고 누구나 자기 환자들에게 그들의 문제를 설명할 새로운 이야기를 제공하기 마련이다. 슬론의 연구에서 확인된 중요한 발견은 정신 역동 치료의 치료사들과 행동 치료의 치료사들이 환자들에게 문제의 원인에 대한 해석으로 내놓는 의견의 수가 똑같다는 점이다(해석의 내용은 꽤 달랐음에도 불구하고).

마지막으로, 치료사의 관점과 해석을 받아들인 환자가 치유에서 가장 큰 차도를 보였다.

한마디로 요약하면, 심리 치료는 환자들이 자신의 문제에 관한 새로운 서사를 채택하는, 유익한 과정인 것 같다. 암과의 싸움에서 의미를 발견할 수 있었던 펠스의 환자처럼, 새로운 서사는 환자들이 그 전에 들려줬던 이야기보다 더 유익하다. 분명히, 한 사람의 삶의 서사를 크게 수정하는 작업은 노련한 치료사의 안내를 필요로 하는 힘든 여정일 수 있다. 그러나 사람들이 더 나아지기 위해 반드시 채택해야 하는 단 하나의 '진정한' 서사는 절대로 없다. 일정한 범위 안의 건강한 서사가 여러 개 있는 것이다.

어떤 근거로, 우리는 이 자기 서사가 다른 것들보다 더 건강하다고 말할 수 있을까? 자기 서사들은 한 가지 측면에서 정확해야 한다고 나는 믿는다. 서사들이 그 사람의 비의식적 목적과 감정, 기질적 특성을 포착할 수 있어야 하는 것이다. 하지만 사람들은 어떻게 자신의 적응 무의식과 일치하는 서사들을 엮어낼 수 있는가? 그들은 어떤 종류의 정보를 이용해야 하는가?

제9장

나를 알려면 밖을 보라

오, 신이시어, 우리에게 주소서!
우리 자신을, 다른 사람들이 우리를 보듯이 볼 수 있는 능력을!

- 로버트 번스, '이에게'(To a Louse)(1786)

사람들은 자신에 대해 무슨 이야기를 들려줄 것인지를 어떻게 아는가? 자서전에 쓸 글감으로 '내부 정보'만 있는 것은 아니다. 사람들이 사용할 수 있는 '외부 정보'도 다양한 종류가 있다. 경우에 따라 사람들이 자신의 내면을 들여다봄으로써 배울 수 있는 것보다 외부 정보가 더 우수할 수도 있다.

심리학을 공부함으로써 우리 자신을 안다

많은 사람들은 담배의 위험이나 포화 지방, 자외선에 관한 연구 보고서들을 읽음으로써 자신의 신체에 대해 많은 것을 배운다. 폐나 심장 혈관 계통의 작동에 직접적으로 접근할 수 있는 길이 없다는 점을 감안한다면, 우리는 흡연이 건강에 어떤 영향을 미치는지 알기 위해서 외부 정보에 의존하지 않을 수 없다. 심리 영역도 마찬가지라고 나는 믿는다. 사람들은 잘 설계된 심리학 연구 보고서들을 읽음으로써 자기 자신에 대해 많은 것을 배울 수 있다.

물론, 규모가 큰 집단의 평범한 반응을 연구한 보고서를 바탕으로 나 자신에 대해 무엇인가를 추론하는 것이 논리의 비약일 수도 있다. 만약 그 집단이 중요한 점에서 나와 다르다면, 특히 더 그렇다. 우리 중 많은 사람들은 자신을 '평균적인' 사람으로 여기고 싶어 하지 않는다. 그러나 우리가 의학 관련 연구 보고서들을 읽을 때에도 똑같은 문제가 존재한다. 우리도 담배나 포화 지방에 대해 노르웨이에서 실시한 연구에서 평균적인 사람들이 그런 것들에 보인 반응과 똑같은 반응을 보일 것인지 아무도 확신하지 못하며, 사실 우리는 바로 이런 측면에서 자신이 '평균적인' 사람이 아니라고 믿고 싶어 한다. 그러나 많은 의학 및 심리 연구서들을 보면, 개인적 차이는 상대적으로 별로 크지 않은 것으로 확인된다. 그 차이는 연구에서 발견된 사실들이 대부분의 사람들에게 두루 통한다고 봐도 무방할 정도로 미미하다. 상당한 수준의 개인적 편차가 있는 경우도 더러 있긴 하다. 예를 들면, 어떤 사람들은 평생 담배를 피워도 암에 걸리지 않는 반면에 아주 이른 나이에 암에 걸리는 흡연자도 있다. 그러나 이런 연구들에서도 평균적인 사람의 반응은 확률이라는 측면에서 유익하다. 담배를 피우게 되면 암에 걸리게 된다고 확신할 수 없지만, 흡연이 암 발병의 확률을 높인다는 사실을 우리는 잘 알고 있다.

똑같은 이치로, 심리학 분야의 연구서들을 읽음으로써 배울 수 있는 것도 참으로 많다. 평균적인 사람의 반응을 보고하는 내용일 때 조차도 그 연구서는 유익하다. 나는 두 가지 예를 제시할 것이다. 사람들이 광고의 영향을 어느 정도 받는지, 그리고 사람들이 마이너리티 집단의 구성원들에게 편견을 갖는지 여부를 살필 것이다.

당신은 광고의 영향을 받는가?

새로운 방식의 TV 방송이 소개된다고 가정하자. 이 시스템에서는 우리가 익히 알고 있는 방식의 광고는 모조리 제거된다. 그것이 사실이다. 이제 당신은 좋아하는 TV 프로그램을 한 순간도 광고의 방해를 받지 않고 시청할 수 있게 되었다. 멋진 아이디어 같지 않은가? 함정은 광고가 잠재 의식적 메시지의 형태로 여전히 TV에 나가고 있다는 사실이다. 정치 후보자들과 '블링클리에게 한 표를!'이라는 구호를 담은 사진이나 이미지가 순식간에 떠올랐다가 사라지기 때문에 당신이 그것을 의식적으로 보지 못할 뿐이다.

광고에 나타난 이런 극적인 변화가 논란을 부를 것이라는 점을 인식한 방송사들이 당신에게 선택권을 부여한다. 리모컨의 단추를 누르기만 하면 당신은 옛날 방식으로 프로그램을 볼 수 있다. 지금까지 보아 온 광고들이 약 15분마다 한 번씩 프로그램을 방해하는 것이다. 그러나 미래의 새로운 방식에서 모든 광고들은 잠재의식에만 방송된다. 그렇다면 당신은 어떤 종류의 광고를 택하겠는가?

대학생들에게 이 질문을 던졌을 때, 응답자의 74%가 자신은 옛날 방식의 광고를 더 선호할 것이라고 대답했다. 학생들이 내놓은 대표적인 대답은 '다른 사람이 나를 대신해서 선택하도록 내버려두기보다는 나 자신이 직접 선택권을 갖고 싶어서'라는 식이었다.

그럴 듯하게 들리지 않는가? 우리가 알지도 못하는 사이에 메시지들이 우리 마음 속으로 멋대로 들어오도록 내버려두고 싶어 할 이유가 특별히 있을까? 조지 오웰(George Orwell)이 우려했던 악몽이 현실로 나타난 것처럼 들린다.

유일한 문제는, 광고의 지배를 받고 싶지 않아서 예전 방식의 광고를 선택하는 사람들이 그릇된 선택을 하고 있다는 점이다. 잠재의식적 메시지가 광고에 사용되는 경우에 소비자의 행동이나 태도에 거의 영향을 미치지 않거나 전혀 영향을 미치지 않는 반면에, 일상의 평범한 광고는 소비자의 행동이나 태도에 영향을 미친다는 증거가 꽤 많다.

하지만 개별 소비자들이 어떻게 이런 사실을 알 수 있겠는가? 당연히 개별 소비자들은 자신이 잠재의식적 광고의 영향을 받는지 여부를 알지 못한다. 왜냐하면 그들 자신이 언제 그런 광고를 보았는지조차 모르기 때문이다. 그러나 우리가 TV나 인쇄매체에서 보는 광고에 어느 정도 영향을 받는지를 아는 것도 마찬가지로 어렵다. 지금까지 내가 논한 그 모든 이유들 때문이다. 사람들은 타이레놀 광고를 본 것이 그 다음에 슈퍼마켓에 가서 그 약품을 구입하는 데 어느 정도 영향을 미치는지를 간단한 자기 성찰로는 확인하지 못한다. 자기 성찰로, 흡연이 암을 초래할 것인지를 쉽게 판단하지 못하는 것과 똑같다. 그들은 자신이 생각하는 것 이상으로 광고의 영향을 받고 있을 가능성이 꽤 크다.

심리학의 연구에서 우리가 배울 것은 무엇인가? 영화 속에 숨겨 놓은 단어들이 사람들로 하여금 구내 매점 앞에 줄을 서도록 만들지는 않는다. 자기 계발 테이프 속의 잠재의식적 메시지들이 (불행하게도) 우리가 담배를 끊는 노력이나 체중을 줄이는 노력을 도와주지 못한다. 통념과 반대로, 케이크 위의 당의(糖衣)에 성적인 이미지를 새겨 넣는 경우에 판매고가 올라간다는 증거도 없다.

그렇다고 잠재의식적인 메시지들이 전혀 아무런 영향을 미치지 않는다는 뜻은 절대로 아니다. 일상의 광고에서 잠재의식적 메시지들이 영향을 미친다는 것이 확인되지 않았다는 뜻일 뿐이다. 아주 정밀하게 통제한 실험실 조건에서 잠재의식에 보여준 정보가 그 사람의 감정과 판단에 미묘한 영향을 미칠 수 있는 것으로 드러난다. 제2장에서 그런 예를 이미 접한 바 있다. 존 바그와 폴라 피에트로모나코가 실시한 연구였다.

연구원들은 성격의 특성과 관계있는 단어들을 잠재의식에만 닿도록 컴퓨터 스크린에 깜박거리게 했다. 그 결과, 사람들이 타인의 행동을 해석할 때 그 특성들을 이용하는 것으로 확인되었다. 예를 들어, '적대적인' '모욕' '불친절한' 같은 단어들이 깜박거릴 때면, 사람들은 그 단어들이 깜박거리지 않았을 때보다 다른 사람의 행동을 부정적인 방향으로 해석하는 경향을 더 강하게 보였다. 사람들이 그런 단어를 보았다는 사실을 전혀 자각하지 못하고 있었음에도 그런 결과가 나온 것이다. 정말로, 이 같은 연구들은 적응 무의식이 정신이라는 무대 뒤에서 이 세상에 대한 해석을 안내하는 능력을 단적으로 보여준다.

그러나 일상생활 속에서 사람들의 소비 행동에 그런 효과가 나타나는지 여부를 측정하는 것은 매우 어려운 작업으로 확인되었다. 왜냐하면 실험실에서 잠재의식적 효과를 얻는 데 필요한 조건을 광고에서 그대로 재현하기가 극히 어렵기 때문이다. 방의 조명도 언제나 적정한 수준을 유지해야 하고, 사람들과 스크린 사이의 거리도 언제나 적절해야 하고, 사람들의 주의를 끌 다른 것은 아무것도 없어야 한다. 많은 노력이 있었음에도 불구하고, 일상의 광고나 오디오테이프에 잠재의식적 메시지를 넣음으로써 사람들의 행동에 영향을 주는 데 성공했다는 연구는 아직 없다.

아마 현명한 광고주들은 잠재의식적 광고가 효과를 발휘할 수 있는 방법을 고안하려고 노력할 것이다. 그러나 그런 광고를 제작하는 데 성공한다 하더라도, 효과는 의식에 제시되는 일상의 광고만큼 강력하지 않을 것 같다. 사람들이 TV에서 보고 라디오에서 듣고 인쇄 매체에서 보는 광고에 식상한 태도를 보임에도 불구하고, 그런 광고들은 사람들의 행동을 크게 바꿔놓을 수 있다. 아마 이 같은 사실을 보여주는 가장 멋진 증거는 '스플릿 케이블 마켓 테스트'(split cable market tests)를 이용하는 연구에서 나올 것이다. 광고인들은 케이블 TV 회사와 식료잡화점과 공동으로 케이블 TV 시청자들을 무작위로 여러 집단으로 나눈 뒤에 그들에게 서로 다른 버전의 광고를 보여준다. 케이블 TV 시청자들은 쇼핑할 때 특별 제작한 ID 카드를 이용하기로 동의한다. 그러면 그들이 어떤 물품을 사는지를 식료잡화점이 정확히 추적할 수 있다. 따라서 광고인들은 특정 광고를 본 사람이 실제로 광고에 나간 제품을 구매할 확률이 높은지를 확인할 수 있다. 이에 대한 대답은 그들이 광고에서 본 제품을 구입할 확률이 높다는 것이다.

사람들이 일상의 광고(종종 강력한 영향력을 행사한다)보다 잠재의식적 광고(전혀 영향력을 행사하지 않는다)를 더 두려워하는 이유는 자신이 영향을 받는다는 사실조차 모르는 채 어떤 영향을 받지 않을까 하는 우려 때문이다. 그러나 아이러니하게도 일상의 광고가 우리에게 영향을 미칠 확률이 훨씬 더 높다. 그럼에도, 우리는 그런 영향을 받고 있다는 사실조차 충분히 인식하지 못하고 있다. 이를 테면 우리가 약국에 가서 이런 식으로 생각하지는 않을 것이다. "복제약을 살까, 아니면 애드빌을 살까? 글쎄, 애드빌이 놀런 라이언에게도 좋다면 나에게도 좋겠지." 그보다 우리는 유명 상표가 더 안전하고 더 친숙하다고 느끼면서도 그런 식으로 느끼게 되는 이유를 깨닫지 못하고 있다. 그래서 우리는 복제약과 하나도 다를 게 없는 약을 사면서 현금을 쓸데없이 더 내게 된다.

또 십대 청소년도 이런 식으로 말하지는 않는다. "이제 담배를 피워야겠어. 빌보드 광고판에서 본 그 말보로 맨이 정말 멋져 보이거든." 대신에 청소년들은 흡연을 독립이나 반항과 연결시키는 것을 배운다. 그러면서도 청소년들은 그런 연상에 일조한 것이 광고라는 사실은 거의 인식하지 못한다. 심지어 광고 같은 것을 의식적으로 보고 들을 때조차도, 우리는 그것이 우리에게 영향을 미치는 방식에 대해 전혀 모를 수 있다.

나는 사람들을 매디슨 애비뉴(미국의 광고업계를 뜻함)의 명령에 따라 아무 생각 없이 움직이는 로봇처럼 묘사할 뜻은 조금도 없다. 하지만 광고의 힘을 인식하지 못하는 경우에 우리는 광고에 더 취약해질 수밖에 없다. 왜냐하면 광고를 보면서 방어 자세를 풀거나 광고의 영향을 피하지 못할 가능성이 더 크기 때문이다. 결과적으로, 우리는 자신이 영향을 받고 있다는 사실조차 모르는 가운데 원하지 않은 방식으로 영향을 받을 수 있다. 낸시 브레키(Nancy Brekke)와 나는 이런 현상을 '정신적 오염'(mental contamination)

이라고 부른다. 우리의 정신이 자신도 알지 못하는 사이에, 영향력을 허용하고 싶지 않은 정보에 '오염'될 수 있기 때문이다.

많은 연구들이 광고가 사람들에게 원하지 않는 방식으로 영향을 미친다는 사실을 발견하고 있다는 점을 고려한다면, 우리는 광고가 실제로 우리에게도 똑같이 영향을 미친다는 가설을 받아들여야 할 것이다. 훌륭한 심리학 잡지가 많다. 우리는 그런 잡지를 꼼꼼하게 읽음으로써 자신의 정신에 대한 통찰을 얻을 수 있다. 그러면 누구나 멋진 정보를 바탕으로 더 훌륭한 결정을 내릴 수 있게 된다. 각얼음들에 새겨진 'SEX'라는 단어나 TV의 진통제 광고에 대해 걱정을 조금 더 해야 할 것인지 여부도 그런 결정에 포함된다. 또한 잠재의식적 광고와 일상적인 광고 중에서 선택할 기회가 혹시라도 주어진다면, 이제 우리는 리모컨의 어느 단추를 누를 것인지 알 것이다.

당신은 인종차별주의자인가?

일부 측정을 기준으로 한다면, 미국에서 인종적 편견은 지난 몇십 년 사이에 극적일 만큼 줄어들었다. 1945년에만 해도, 많은 주들과 지방들이 아프리카계 미국인들에게 결혼할 상대를 선택하고 거주할 곳을 결정하고 자녀들을 보낼 학교를 결정하는 것과 같은 기본적인 자유조차 주지 않는 법을 두고 있었다. 이 법들이 바뀌기 시작했다. 특히, 1954년에 미국 대법원이 학교의 흑백 분리를 금지시켰고, 1964년에 연방 민권법이 통과되었다.

여론조사에 나타난 미국 국민들의 의견도 같은 기간에 크게 개선되었다. 1942년에 흑인과 백인이 같은 학교에서 공부해야 한다고 믿었던 사람이 북부 지역의 경우에 40%였고, 남부 지역은 겨우 2%에 지나지 않았다. 그러던 것이 1970년에는 남부 주민의 40%와 북부 주민의 83%가 흑인과 백인이 같은 학교에서 공부해야 한다고 대답했다. 1997년에 갤럽이 실시한 한 연구에서는 백인의 93%가 자질만 갖춘 인물이라면 흑인 대통령 후보를 선택할 수도 있다고 대답했다. 1958년에는 이렇게 대답한 사람의 비율이 35%에 지나지 않았다. 1997년 갤럽 여론조사에서는 61%가 인종 간 결혼을 받아들일 것이라고 대답했다. 1958년에는 인종 간 결혼을 인정한다고 대답한 사람의 비율이 겨우 4%에 그쳤다.

수치만을 놓고 볼 때엔 상당히 고무적으로 들린다. 하지만 이 통계는 미국뿐만 아니라 세계 곳곳에 인종적 편견이 도사리고 있는 현실을 은폐하고 있다. 1989년에 연구원들은 미국인들이 주택을 빌려주는 관행에 인종 차별이 작용하는지를 살피는 연구를 실시했다. 미국 전역의 20개 지역에서, 그 연구를 돕던 보조원들이 부동산 중개업자들을 만나 주택이나 아파트의 구입과 임차에 대해 이 것저것 물었다. 보조원들은 인종만 빼고는 다른 사항들은 가능한 한 서로 비슷하게 꾸몄다. 일부는 백인이었고, 일부는 흑인이었다. 또 다른 일부는 히스패닉이었다. 정말 실망스럽게도, 많은 케이스에서 부동산 중개업자들이 마이너리티 고객들에게 인종 차별을 하는 것으로 나타났다. 마이너리티들에게 제시하는 선택의 기회도 백인들에 비해 적었으며, 한 번 만난 뒤에 전화로 계속 이런저런 일을 도와주는 예도 더 적었다. 그 연구에서 마이너리티들이 겪은 차별의 정도는 12년 전에 그와 비슷한 연구에서 확인된 차별과 거의 같았다. 이것은 그 기간에 주택을 구입하거나 임차하는 일에 있어서 인종 차별이 거의 개선되지 않았거나 전혀 개선되지 않았다는 사실을 보여주고 있다.

인종적 편견이 지속되고 있다는 사실을 보여주는 다른 증거들을 발견하는 것은 그다지 어려운 일이 아니다. 증오 범죄가 너무 흔하게 일어나고 있다. 1998년에 텍사스 주 재스퍼에서 제임스 버드 주니어가 단지 흑인이라는 이유로 픽업 트럭에 묶인 채 끌려 다니다가 살해당하는 끔찍한 사건이 일어났다. 1999년에는 백인 경찰 4명이 아마두 디알로에게 총을 무려 41발이나 쏘기도 했다. 그를 강간 사건의 용의자로 오인한 경찰들이 지갑을 끄집어내려던 그를 향해 총을 쏜 것이다. 당시에 많은 사람들은 경찰관들이 그렇게 쉽게 방아쇠를 당긴 배경에는 디알로가 흑인이라는 사실이 작용했다고 믿었다. 그런 비극적인 경우야 드물어졌을지 몰라도, 여전히 흑인들은 다양한 종류의 인종 차별을 당하고 있다. 1997년 갤럽의 여론조사에 응한 아프리카계 미국인들의 경우에 반 정도가 조사 시점을 기준으로 과거 30일 동안에 쇼핑이나 외식 또는 일터에서 인종을 이유로 차별을 당한 사실이 있다고 밝혔다.

지금까지 인종 차별이 많이 개선되었다는 사실을 보여주는 수치와, 지금도 여전히 인종 차별의 유령이 우리 주위를 떠돌고 있다는 사실을 보여주는 명확한 증거들을 어떻게 서로 조화시킬 수 있을까? 오늘날 미국인들은 어느 정도의 인종적 편견을 갖고 있으며, 그 편견은 어떤 형태를 취하고 있을까? 한 가지 가능성은 사람들이 예전만큼 인종적 편견을 갖고 있으면서도 그것을 숨기는 방법을 더 잘 배웠을 수 있다. 왜냐하면 공개적으로 인종 차별주의자로 나설 경우에 문화적으로나 사회적으로 받아들여지기가 예전보다 더 어려워졌기 때문이다.

이런 분석에도 어느 정도 진실이 담겨 있지만, 문화적 규범이 바뀌었다는 사실 자체가 발전의 신호이기도 하다. 게다가 바뀐 것은 사람의 말만은 아니다. 1992년에 인종이 다른 사람을 배우자로 선택한 사람들의 비율도 1960년에 비해 6배나 높았다. 또 다른 가능성은 인종 차별적인 편견을 가진 미국인이 비율로 따지면 줄어들었지만 수적으로는 아직 상당할 수 있다는 점이다. 증오 범죄가 여전히 일어나고 있고, 주택 구입이나 임차 혹은 직장에서 인종 차별적인 편견이 계속되고 있다는 사실에 대한 설명은 그런 현실로 가능하다.

그러나 사회 심리학에서 행해진 많은 연구들을 들여다보면, 다른 가능성이 하나 읽힌다. 같은 사람이 인종적 편견을 가질 수도 있고 갖지 않을 수도 있다는 것이다. 연구원들은 많은 사람들이 편견과 차별을 혐오하면서 의식의 차원에서 평등주의적인 태도에 맞추려고 최선의 노력을 기울이고 있다고 주장한다. 그런 노력의 강도도 미국 역사상 유례가 없을 정도이다. 그러나 보다 비의식적이고 자동적인 수준에서, 이들 중에서 많은 사람들이 여전히 미국 문화 전반에 팽배한 인종 차별적인 관점을 자신도 모르게 채택하고 있다.

언론의 인종 차별적인 시각이나 부모 같은 롤 모델에 거듭 노출된 탓에, 적응 무의식이 편향적으로 반응하는 방법을 배웠을 수도 있다. 일부 사람들은 의식의 차원에서 그런 태도를 거부하는 것을 배우고, 그러면 평등주의적 관점이 그들의 자기 서사의 핵심을 이루게 된다. 그런 사람들은 자신의 행동을 점검하고 통제할 때에는 편견이 실리지 않은 의식적 관점에 따라 행동할 것이지만, 자신의 행동을 점검하지 않거나 통제할 수 없는 때에는 적응 무의식의 인종 차별적인 성향에 따라 행동할 것이다.

예를 들어, 한 연구에서 백인 대학생들이 아프리카계 미국인 면접관과 백인 면접관에 대한 의견을 보고했다. 연구원들은 또 면접하는 동안에 불편을 느끼고 있다는 사실을 보여주는 비언어적인 신호들(예를 들면, 학생들이 면접관과 눈을 마주치는 횟수)을 측정했다. 학생들의 의견은 학생들이 자신의 편견에 대해 품고 있는 믿음을 바탕으로 예측되었다. 스스로 편견이 덜하다고 믿고 있는 학생일수록 흑인 면접관보다 백인 면접관을 선호하는 경향을 덜 보였다. 그러나 그들의 비언어적인 반응은 영 다른 이야기를 들려주었다. 사람들이 인터뷰를 하는 동안에 느끼는 불편(예를 들면, 눈을 마주치는 횟수, 눈을 깜빡이는 횟수)은 그들의 의식적 믿음과 관련이 없으며 자기도 모르게 저절로 일어나는 암묵적 편견의 정도를 말해주었다. 비의식적인 차원에서 편견을 갖고 있던 학생들은 흑인 면접관에게 부정적인 비언어적 행동을 더 많이 보였다. 의식의 차원에서는 전혀 편견이 없는 사람조차도 비의식에서는 그런 성향을 보였던 것이다.

이 연구는 우리 자신에 대해 중요한 이야기를 들려줄지 모른다. 아프리카계 미국인이나 히스패닉, 아시아계, 백인, 여성, 남성, 레즈비언, 게이 혹은 로터리 클럽 회원 등 다양한 집단의 구성원들에게 우리가 편견을 갖고 있는지 여부를 어떻게 알 수 있을까? 의식의 차원에서는 이런 집단에 전혀 편견을 갖고 있지 않을 수 있다. 만약 이 주제에 대한 사회 심리학의 연구가 없었더라면, 그것이 전부로 통했을지도 모른다. 그러나 연구를 근거로, 우리는 적어도 이런 가능성을 끌어낼 수 있다. 우리가 이들 집단들 중 일부 집단의 구성원들에게 편향적인 반응을 자동적으로 보이면서도 그런 반응에 대해 충분히 자각하지 않을 수 있는 것이다.

사람들이 의식적인 믿음과 욕망과 따로 작동하는 잠재적 편향을 어느 정도 갖고 있는지를 측정하는 것이 가능할까? 사람들의 편향을 측정하는 기법 대부분은 컴퓨터 프레젠테이션에 의존하고 있다. 사람들이 어떤 단어나 그림에 반응하기까지 걸리는 시간을 측정하는 기법이다. 그런 기법의 예를 하나 보자.

이 실험에 참여한 사람들은 자신이 동시에 두 가지 일을 얼마나 잘 처리하는지를 측정하는 연구에 참가하고 있는 것으로 알고 있었다. 말하자면, 사람의 얼굴을 기억하면서 동시에 단어의 뜻을 파악하는 능력을 측정하는 것으로 알고 있었다. 얼굴 사진 하나가 컴퓨터에 3분의 1초 동안 나타났다가 사라진다. 매우 빠르긴 하지만 사람들이 의식적으로 사진을 볼 수 있는 시간이다. 얼굴 사진에 이어 거의 동시적으로 형용사 하나가 나타난다. 그러면서 참여자들에게 얼굴을 기억한 뒤 그 형용사가 긍정적인 의미(예를 들면, '호감 가는' '멋진')를 가진 형용사면 이쪽 버튼을, 부정적인 의미(예를 들면, '성가신' '메스꺼운')를 가진 형용사면 저쪽 버튼을 눌러달라고 부탁한다. 컴퓨터는 사람들의 반응에 걸리는 시간을 측정한다.

단어들에 앞서 깜빡인 사진 중 일부는 백인이고 일부는 흑인이었다. 이 연구의 바탕에 깔린 가정은 이런 것이었다. 만약에 사람들이 비의식의 차원에 편견을 갖고 있다면, 컴퓨터 화면에 나타난 얼굴의 인종이 감정적 반응을 유발하고 따라서 사람들이 단어에 반응하는 속도에 영향을 미치게 된다는 것이다. 예를 들어 사람들이 흑인의 얼굴에 부정적인 감정을 품고 있다면, 부정적인 단어가 나타날 때 저 쪽('bad'라고 적힌 쪽) 버튼을 눌리기가 더 쉬워야 한다. 왜냐하면 이미 자극을 받아 생겨난 부정적인 감정이 이 반응을 더 쉽게 만들 것이기 때문이다.

같은 논리를 적용한다면, 부정적인 감정은 사람이 긍정적인 단어가 나타날 때 이 쪽('good'라고 적힌 쪽) 버튼을 누르는 데 시간이 더 많이 걸리도록 만들 것이다. 이유는 나쁜 감정이 그 단어의 의미와 조화를 이루지 못하기 때문이다. 백인의 얼굴이 컴퓨터 화면에 깜박거렸을 때에는 이와 정반대 패턴의 결과가 나타날 것이다. 그 얼굴이 긍정적인 감정을 일깨울 것이기 때문에, 사람들은 좋은 의미의 단어에 상대적으로 빨리 반응하고, 나쁜 의미의 단어에 상대적으로 늦게 반응할 것이다. 한편, 사람들이 아무런 편견을 갖고 있지 않다면, 사진에 나타난 인종은 사람들이 단어에 반응하는 속도에 전혀 아무런 영향을 미치지 않을 것이다.

이 과제는 매우 빠른 속도로 진행되며, 따라서 실험 참가자들은 자신의 반응을 의식적으로 통제하지 못한다. 실험 참가자들이 이런 식으로 말할 시간은 결코 없는 것이다. "아, 흑인의 얼굴이구나. 나는 흑인들에게 약간은 부정적인 감정을 느끼고 있을지라도 방금 나타난 긍정적인 단어에는 빨리 반응해야 해." 더욱이, 실험 참가자들은 이 실험이 자신의 태도나 고정 관념과 관계있다고는 전혀 생각하지 않고 있다. 그들은 이 실험이 한꺼번에 두 가지 일을 수행하는 능력을 측정하는 테스트라고 믿고 있다. 한편, 연구원들은 실험 참가자들이 방금 본 사진 속의 사람의 인종에 따라 단어에 반응하는 속도를 측정함으로써 그들의 무의식에 습관적인 어떤 편견이 존재하는지를 평가할 수 있다.

하지만 심리 실험실에서 실시된 그런 인위적인 실험이 사람들의 정신 깊숙히 박혀 있는, 다른 인종 집단의 구성원들에 대한 감정을 과연 건드릴 수 있을까? 직접 해 보기 전에는 알 수 없는 일이니, 이 과제에 대한 반응이 흥미로운 무엇인가를 말해주는지 보도록 하자. 정말로 그 반응은 재미있는 이야기를 들려준다. 면접관에게 보이는 비언어적인 불편을 측정한 연구는 이것과 아주 비슷하게, 자동적인 편향을 측정하는 기법을 이용했으며, 다른 연구들도 컴퓨터 과제에 대한 반응을 보면 그 사람이 다른 인종에게 어떤 식으로 행동할 것인지를 예측할 수 있다는 점을 확인했다. 한 연구에서, 컴퓨터 과제에서 편향적으로 반응한 실험 참가자들은 흑인 학생이 펜을 사용할 순서가 되면 그 학생에게 펜을 직접 건네지 않고 테이블 위에 놓음으로써, 흑인 학생과의 신체 접촉을 꺼리는 것으로 나타났다.

그렇다면 습관적인 편향의 측정이 눈 깜빡임과 펜을 건네는 행위보다 더 중요한 행동을 예측할 수 있는가? 키스 페인(Keith Payne)이 실시한 흥미로운 연구는 그럴 수 있다는 점을 암시한다. 이 실험에 참가한 사람들은 컴퓨터 스크린에서 5분의 1초 동안 깜빡이는 백인 또는 흑인의 얼굴을 보았다. 그런 뒤에 공구(펜치 같은 연장)나 권총 사진이 나타났다. 그러면 참가자들은 0.5초만에 '공구' 또는 '총'이라고 적힌 버튼을 눌러 자신이 본 물건의 형태를 밝혔다. 반응해야 하는 시간이 아주 짧았기 때문에, 사람들은 엉뚱한 버튼을 누르는 실수를 자주 범했다.

흥미로운 질문은 실험에 참가한 사람들이 어떤 종류의 실수를 저지르며, 또 그 실수들이 그 물건에 앞서 보여준 얼굴의 인종에 영향을 받는가 하는 점이었다. 페인은 이런 가정을 품고 있었다. 많은 사람들이 흑인을 보면 절로 폭력을 떠올릴 테고, 따라서 흑인의 얼굴을 먼저 보는 경우에 연장을 무기로 착각할 확률이 높아질 것이라는 추정이었다. 그 실험에서 드러난 결과도 그 가정 그대로였다. 사람들은 백인의 얼굴을 본 뒤에 연장을 보았을 때보다 흑인의 얼굴을 본 뒤에 연장을 보았을 때, '총'이라고 누를 확률이 상당히 더 높았다. 사람들이 이런 실수를 어느 정도 저지르는지를 측정하는 것은 인종적 편향을 측정하는 표준적인 방법, 말하자면 연필과 노트를 갖고 접근하는 방법으로는 절대로 불가능하다. 그런 편향은 사람들이 전혀 자각하지 못하는 자동적인 연상이기 때문이다.

물론, 그 측정도 실험실 연구에 지나지 않는다. 사람들이 현실 속에서 타인들과 부대끼는 가운데 보이는 반응이 아니라, 컴퓨터 앞에 앉아서 화면에 나타나는 사람의 얼굴과 물체를 보고 버튼을 누르도록 했을 뿐이다. 그러나 경찰들이 디알로에게 총격을 가한 사건에 이 연구 결과를 적용하면 섬뜩한 이야기가 된다. 디알로가 지갑을 끄집어내려고 주머니에 손을 넣는 것을 경찰관들이 본 시간은 페인의 연구에 참여한 사람들이 결정을 내리면서 가졌던 시간의 길이와 거의 똑같았다. 디알로가 총을 갖고 있었는가? 불행히도, 경찰관들은 순간적으로 디알로가 총을 갖고 있다고 결론을 내렸다. 실제로는 디알로가 아무런 무장을 하고 있지 않았는데도 말이다. 디알로가 백인이었다면 어떻게 되었을까? 백인이라는 사실이 경찰들의 결정에 어떤 영향을 미쳤는지 우리로서는 결코 알 수 없을 것이다. 그러나 페인의 연구는 그런 실수가 희생자의 인종에 영향을 받을 수 있다는 점을 암시한다.

경찰관들은 행동이 매우 신속해야 한다는 사실을 기억하는 것이 중요하다. 거들먹거리면서 "자, 한번 볼까? 저 친구는 흑인이니까 아마 무기를 갖고 있을지도 모르지."라고 생각하지는 않는다. 그들에게는 의식의 수준에서 생각할 틈이 하나도 없다. 실제로 그 경찰관들이 의식에서는 평등주의자이고, 인종 차별적인 신념을 전혀 갖고 있지 않을 수 있다. 그들도 시간이 충분했더라면 아마 디알로의 인종에 영향을 받지 않았을 것이다. 사람들의 적응 무의식에 뿌리를 박고 있는 습관적인 태도와 의식적인 신념 사이에 괴리가 있을 수 있음을 보여주는 연구 보고는 많다. 자신이 철저히 평등주의자라고 믿는 사람도 마이너리티에 대한 무의식적 반응에서는 상당히 부정적인 태도를 보일 수 있다.

무의식적 편향에 관한 연구는 아직 걸음마 단계에 있다. 무의식적 편향을 측정하는 방법을 더 많이 개발할 필요가 있다. 아울러, 그런 편향이 예측하는 것이 무엇인지에 관한 연구도 이뤄져야 한다. 그럼에도, 자기 지식의 관점에서 보면, 이 연구는 자기 자신에 대해 의문을 품게 만들고 자신의 신념과 행동을 더 잘 점검하도록 만든다. 무의식적 편향을 테스트하는 일이 더욱 쉬워짐에 따라, 이런 발견들이 우리 자신에게도 적용되는지에 대해 궁금해 할 필요가 더 이상 없게 되었다. 인터넷에서도 이런 테스트가 가능해졌으며, 당신의 무의식적 편견을 말해주는 지수도 알 수 있다. 분명히 말하지만, 이 테스트들이 측정하는 것들을 충분히 이해하려면 아직 많은 연구가 필요하다. 그럼에도 사람들이 적응 무의식에서는 편견을 갖고 있으면서도 의식의 차원에서는 편견을 갖지 않을 수도 있다는 견해엔 뭔가 중요한 진실이 숨어 있다. 적어도 우리는 이것이 우리 자신에게도 그대로 적용되는지 한 번 정도 의문을 품어볼 필요가 있다.

비의식적인 편향을 측정하는 테스트들이 완벽하게 다듬어져 널리 활용되기 전에도 다음과 같은 질문을 던져볼 수 있다. 어떻게 하면 사람들이 저마다 가진 독특한 감정과 특성에 보다 쉽게 접근할 수 있을까? 실험에 참가한 사람들의 대체적인 성향이 아닌 나 자신의 개인적 성향을 알 수 있는 방법 말이다. 나 자신의 비의식적인 욕망과 동기에 대한 정보를 직접적으로 알려주는 다른 형태의 '자기 외부 관찰'(self-outsight)은 없는가?

다른 사람의 눈으로 나를 보다

나에게 마이크라는 친구가 있다. 스스로 수줍음을 많이 탄다고 고집함으로써 그를 아는 모든 사람을 웃게 만드는 친구다. 그는 사람도 쉽게 만나고, 언제나 많은 친구를 거느리고 있다. 여행을 할 때면 어김없이 옆 사람과 대화를 튼다. 그는 훌륭한 이야기꾼이며, 파티에선 뉴저지에서 보낸 어린 시절 이야기로 사람들을 즐겁게 만든다. 그는 활동적인 대학교수이며 수백 명의 학생들 앞에서 강의하면서도 꽤 편안함을 느끼는 것 같다.

대인 기술이 그렇게 뛰어난 마이크가 어떻게 자신에 대해 수줍음을 많이 타는 사람이라고 생각할 수 있을까? 사회적 환경에서 마이크가 겉으로 보기에 상당히 편안해 보임에도 불구하고 아마 내심으로는 불안을 경험할지도 모른다. 친구들로서는 마이크가 강의에 임할 때마다 신경이 예민해지고 땀을 흘리는지 확인하기 위해 그의 피부 속으로 들어갈 수는 없는 노릇이 아닌가. 아니면 그가 집에서 책을 읽으며 편안하게 지내기를 원하면서도 파티에 나가면서 억지로 외향적인 성격을 보이며 사람들과 어울리려고 애를 쓰는지도 모르지 않는가.

수줍음에 관한 이야기라면, 사람들은 자신에 대해 주변 친구들이 판단하는 것보다 수줍음을 더 많이 타는 것으로 여기는 경향이 있다. 이유는 바로 사람들이 사회적인 상황에서 느끼는 불안을 감추는 데 탁월하기 때문이다. 그러나 만약에 당신이 마이크에게 묻는다면, 그는 학생들을 가르치거나 파티에서 이야기를 들려줄 때 특별히 불안한 감정을 느끼지 않으며, 많은 사람들과 함께하는 시간을 진정으로 즐긴다고 '상당히 정직하게' 보고할 것이다. 그렇다면 그가 스스로 수줍어하는 사람이라고 주장하는 이유는 무엇인가?

마이크가 나에게 들려준 이야기를 바탕으로 판단할 때, 그는 어린 시절에는 내향적이었다. 급우들 대부분이 소리를 고래고래 지르며 운동장을 뛰어다니며 노는 동안에도, 그는 운동장 귀퉁이에서 막대기로 땅바닥에 그림을 그리며 노는 경향을 보였다. 그에게는 언제나 가장 친한 친구 하나는 있었지만 친구가 많지는 않았다. 그는 글쓰기나 컴퓨터 게임 같이 혼자서 하는 활동에 끌렸으며, 팀을 이뤄 하는 스포츠 같은 사회적인 놀이는 피하는 경향을 보였다.

대학교에 들어갈 때쯤, 마이크는 내향적인 성격에서 벗어났다. 고등학교 때부터 그는 많은 친구와 어울렸으며 드라마 수업을 듣기 시작했다. 아이들이 나이 들면서 내향적인 성격을 버리게 되는 것은 드물지 않다. 예를 들어, 여덟 살에서 열네 살까지 수줍음을 탔다고 말하는 대학생들의 50% 내지 60%가 자신은 더 이상 수줍음을 타지 않는다고 보고한다. 마이크에게도 그런 현상이 나타났던 것 같다. 딱 한 가지만 제외하고. 그는 자신이 수줍음을 타는 사람이라는 자기 이론을 결코 바꾸지 않았다. 마이크는 자신의 성격에 관한 자기 이론("나는 수줍음을 타는 내향적인 성격이야.")이 이제 훨씬 더 외향적으로 변한 적응 무의식과 조화를 이루지 못하고 있는 예이다.

우리 모두에게는 어떤 친구의 감정이나 동기, 개인적인 성격을 놓고 그 친구와 의견의 일치를 보지 못한 경험이 있을 것이다. 그럴 때면 우리는 자신의 의견이 진정으로 옳다고 느낀다. 부모라면 자기 딸들이 너무 쉽게 일을 포기한다고 판단하거나 딸들의 수학적 재능이 본인들이 생각하는 것보다 훨씬 더 많다고 판단할 수 있다. 많은 사람들이 나의 친구 수전이 파트너 스티븐을 사랑하지 않는다는 사실을 알았다. 그녀 본인은 자신이 그를 사랑한다고 진정으로 믿고 있었음에도 불구하고, 그녀의 친구들은 결코 그렇지 않다고 판단했던 것이다. 이런 예들에서, 사람들은 자신이 어떤 식으로 느끼며 어떤 성향을 갖고 있다고 믿는 것 같지만(예를 들면, "나는 수줍음을 탄다."거나 "나는 스티븐을 사랑한다."), 그들을 잘 아는 사람들은 그 의견에 동의하지 않는다. 적어도 이런 예들 중 일부의 경우에, 사람들이 자기 이론을 포기하고 타인들이 그들에 대해 생각하는 견해를 받아들이는 것이 더 현명할 수 있다. '개구쟁이 데니스'(Dennis the Menace)라는 만화의 한 장면처럼 말이다.

그 만화에서 데니스는 자기 어머니에게 "엄마, 내가 뭘 하고 싶어 하죠?"라고 묻는다.

조지 쿨리(George Cooley)는 이런 형태의 자기 지식을 '거울 자기'(looking glass self)라고 불렀다. 우리는 타인의 눈에 비친 우리의 모습을, 그러니까 타인들이 우리의 성격이나 선호, 행동을 어떻게 보는지를 파악하고, 그것(타인의 평가(reflected appraisal)라고 부른다)을 우리의 자기 개념의 일부로 채택한다. 이 접근법의 장점은 우리가 내면을 들여다볼 때 확인했던 함정들 중 상당수를 피할 수 있게 한다는 점이다. 우선, 우리 자신의 감정이나 특성에 특별히 접근해야 할 필요가 없다. 그것은 합의에 의한 자기 지식이며, 우리는 그것을 선택함으로써 우리 자신에 대한 다수의 의견을 받아들이는 것이나 마찬가지이다.

그러나 사람들이 우리를 보는 것과 우리가 우리 자신을 보는 것 사이에 차이가 있다는 사실을 깨닫고 타인들의 평가가 옳고 우리 자신의 평가가 틀렸다는 것을 인정하기까지, 극복해야 할 장애물이 많다. 더욱이, 우리가 언제나 자기관(自己觀)을 다른 사람들의 판단에 근거를 둬야 하는지도 명쾌하지 않다. 특히, 타인들이 우리 자신의 높은 평가에 동의하지 않는 경우에, 타인의 의견을 중요하게 여기는 것이 바람직한지 의문이 든다.

타인들이 우리를 어떻게 생각하는지에 대해 우리는 어느 정도 잘 알고 있는가?

사람들은 타인들이 자신의 성격에 대해 어떻게 생각하는지(예를 들면, 어느 정도 사교적이고 지적이고 유능하다고 보는지), 그리고 타인들이 자신을 얼마나 좋아하는지에 대해 그림을 꽤 정확하게 그린다. 그러나 이 정확성은 대부분 우리가 자신의 자기 이론을 타인들에게 투영하고 있다는 사실을 보여주고 있을 뿐이며, 타인들이 우리에 대해 생각하고 있는 바를 읽어내는 능력이 탁월해서 그런 것이 아니다. 사라가 자신은 매우 지적이라고 믿고 있으며 타인들도 자신에 대해 그런 식으로 생각하고 있다고 단정한다고 가정하자. 그녀의 판단이 맞다. 왜냐하면 그녀가 실제로 똑똑하고 그것이 타인들에게도 분명하게 보이기 때문이다. 사라는 타인의 눈에 비치는 자신의 모습을 볼 필요가 전혀 없다. 그녀는 타인들에게 비치는 자신의 모습을 정확히 알고 있다. 그런데 그것은 단지 다른 사람들이 그녀의 자기 이론에 동의하기 때문이다.

그러나 마이크의 경우처럼, 어떤 사람의 자기 이론과 타인들의 눈에 비친 그 사람의 모습이 일치하지 않는 때엔 도대체 무슨 일이 벌어지고 있는가? 타인들로부터 배우려면, 먼저 우리는 타인들이 우리에 대해 진정으로 어떻게 생각하는지를 알아야 한다. 그러기 위해서 우리는 타인들의 행동을 지켜보고 타인들의 말을 들음으로써, 거기에 어떤 괴리가 있다는 것부터 인정할 수 있어야 한다. 많은 연구 보고서들은 이 작업이 무척 어렵다는 사실을 보여주고 있다. 한 가지 이유를 든다면, 타인들이 우리에게 받은 인상을 숨기는 경우가 종종 있기 때문이다. 그 인상이 부정적인 경우에 숨기려는 경향이 특히 더 강해진다. 귀중한 직장 동료에게 옷을 입는 취향이 고약하다거나 새로 가꾼 헤어 스타일이 열 살은 더 나이들어 보인다는 식으로 말해서 좋을 것이 뭐가 있겠는가? 시험 삼아, 당신 친구들에게 당신이 느낀 바를 언제나 정확히 그대로 말해 보라. 그러면 당신 옆에 남고 싶어 하는 친구는 별로 없을 것이다.

심지어 사람들이 우리에 대해 생각하는 바를 무언의 신호로 전할 때조차도, 우리는 그것을 종종 알아차리지 못한다. 만약에 밥이 스스로 훌륭한 이야기꾼이라고 믿고 있다면, 그는 타인들이 그 말에 동의하지 않는다는 사실을 보여주는 신호를 무시하거나 잘못 해석할 가능성이 크다. 그런 신호의 예를 든다면, 그가 자신의 채소밭에 대한 이야기를 장황하게 늘어 놓는 동안에 스테파니가 계속 시계를 들여다보는 행동이 있다. 타인들을 정확히 읽는 것이 긍정적인 자기 이론을 위협하게 될 때, 그런 현상이 특별히 더 두드러진다. 밥은 스테파니의 행동을 자신이 훌륭한 이야기꾼이 아니라는 사실을 말해주는 신호로 해석하기는커녕, 그녀의 행동에 긍정적인 스핀을 줄 가능성이 크다("스테파니는 약속 시간에 늦었으면서도 나의 멋진 이야기에 빠져서 가지 못하고 있군.").

그렇다고 해서 우리가 타인들이 우리를 보는 모습에 대해 완전히 무지하다거나 환상을 품고 있다는 뜻은 아니다. 타인들이 우리를 보는 모습을 똑바로 보지 않을 수가 없는 때도 간혹 있다. 학생들이 선생으로부터 성적표를 받거나 종업원이 사장으로부터 근무 평가를 받는 때가 그런 경우이다. 일상의 삶에서 타인들이 우리를 어떤 식으로 보는지를 알아내기가 더 어렵지만, 사람들은 간혹 타인들이 자신을 보는 모습을 희미하게 본다. 예를 들어, 어느 연구는 6주간의 기본 훈련을 끝낸 공군 신병들에게 자신의 성격에 대해, 서로의 성격에 대해, 또 다른 신병들이 자신의 성격에 대해 어떻게 생각하는 것으로 짐작하는지에 대해 적어달라고 부탁했다.

연구원들이 특별히 관심을 가졌던 부분은 이것이었다. A라는 신병이 있다고 가정하자. A가 동료 신병들이 자신에게 느낄, 나르시시즘이나 강박 관념이나 의존성 강한 성격적 장애 같은 것을 어느 정도 정확히 짐작하고 있는가 하는 것이었다. 우리의 목적에 맞게 한마디로 요약하면, 핵심적인 질문은 이것이다. 사람들이 타인들의 평가를 어느 정도 정확히 읽어내는가? 예를 들어, A라는 신병이 자신의 동료들 대부분이 자신을 의존적인 존재로 보고 있다고 판단하고 있다면, 실제로 그의 동료들도 A를 의존적인 존재로 보고 있는가?

중요한 사실을 한 가지 밝히고 넘어가야 한다. 연구원들이 이 상관 관계에서 사람들의 자기관을 통계적으로 배제시켰다는 점이다. 사람들이 다른 사람의 눈에 비치는 자신의 모습을 단순히 자신의 자기관에 근거하여 그려낼 가능성을 제거하기 위해서였다. 앞에서 언급한 바와 같이, 사람들은 종종 "글쎄, 나는 나 자신이 의존적이라고 생각해. 그렇다면 다른 사람들도 아마 그렇게 생각하지 않을까?"라는 식으로 생각한다. 실험 참가자들의 자기관을 잘 제어함으로써, 연구원들은 자기관과 별도로 사람들이 다른 사람들의 눈에서 자신의 모습을 어느 정도 정확히 읽어내는지를 면밀히 검사할 수 있었다.

그 결과, 사람들은 다른 사람들의 눈에 비치는 자신의 모습에 대해 적어도 어느 정도는 알고 있는 것으로 드러났다. 정작 본인이 자신을 그런 식으로 보고 있지 않을 때에도, 그런 인지가 확인되었다. 그러나 그 정확성이 매우 인상적이지는 않았다. 타인들이 나에 대해 어떤 식으로 느낄 것인지에 대한 나의 짐작과, 타인들이 나에 대해 실제로 느끼는 감정 사이의 평균 상관성은 0.20 정도였다(상관성 0은 정확성이 전혀 없다는 뜻이고, 상관성 1은 완벽한 정확성을 뜻한다).

그렇다면 그 정확성을 어떻게 높일 수 있을까? 아이디어 하나를 제시한다. 내년 12월에 친구들에게 크리스마스 카드를 보낼 때 설문지를 하나 넣도록 하라. 친구들에게 당신에 대해 어떻게 생각하는지를 상세히 적어달라는 부탁을 잊지 말라. 친구들이 당신을 얼마나 좋아하는지, 또 친구들이 당신을 어느 정도로 똑똑하고 친절하고 정직하고 예민하고 운동을 잘 한다고 생각하는지를 묻도록 하라. 솔직한 답을 보장하기 위해 설문지를 익명으로 보내고, 주소를 적고 우표를 붙인 봉투까지 하나 넣는 것도 멋진 아이디어다. 하지만 그 결과를 꼼꼼히 표로 만들고 거기에 따라 자기관을 수정하는 것이 과연 당신에게 유익할까?

자기 이론을 수정하는 작업에 타인들을 이용해야 하는가?

자기 이론을 수정하는 일에 타인들을 이용하는 것이 언제나 최선의 방법은 아니다. 왜냐하면 친구들이 우리에게 품고 있는 진정한 의견을 발견하는 것이 진화론적 차원에서 적응력을 높여주는 착각들 일부를 깨뜨릴 수 있기 때문이다. 사람들이 우리를 실제보다 조금 더 좋아하는 것으로 믿고 있다고 해서 우리에게 해로울 것이 뭐가 있는가? 우리의 자기 이론을 아래 쪽으로 수정하는 것("좋아, 그렇다면 내가 그 무도회에선 가장 인기 있는 존재가 아니지.")은 특히 자기 향상이나 우리를 더 행복하게 만들어줄 행동 변화를 낳는 데 유익하지 않을 수 있다. 사실, 사람들은 자신에 대해 약간 우쭐한 시각을 가질 때 한결 더 행복해 한다. 예를 들어, 대부분의 사람들은 자신이 평균적인 사람보다 인기가 더 많고 재능이 더 뛰어나고 더 매력적이고 더 지적이라고 생각한다. 물론, 이것이 그대로 모든 사람들에게 진실일 수는 절대로 없다. 그럼에도 긍정적인 착각을 가진 사람들은 그런 착각을 품지 않는 사람보다 우울증에 걸릴 확률도 낮고, 어려운 과제도 더 끈기 있게 수행할 가능성이 크고, 어려운 일에 성공할 가능성도 크다.

그러나 현실과 맞지 않는 착각을 지속적으로 품는 일에는 위험이 따른다. 내가 사랑하는 사람일지라도 그 사람은 나를 사랑하지 않을 수 있다는 사실을 믿기를 거부하면서 끊임없이 그 사람을 쫓아다니는 사람을 부르는 이름도 있지 않는가. 자신이 의학 분야의 경력에 적절하지 않다는 사실을 믿기를 거부하는 사람은 의예과(醫豫科) 과정을 거치면서 계속 좋지 않은 성적을 내며 크게 고민할 가능성이 있다. 이렇듯, 타인들이 우리에 대해 어떻게 생각할까 하는 문제에 관심을 쏟고, 그에 따라 자신의 자기관을 수정하는 것이 우리에게 이로울 때도 간혹 있다. 그 수정이 우리 자신에 대해 보다 부정적인 관점을 채택한다는 것을 의미할 때조차도 말이다.

한 예가 바로 인생의 중요한 결정이 걸린 때이다. (화학 과목에서 거듭 낙제하고 있음에도 불구하고) 의학 분야의 경력을 추구할 것인지를 결정하는 것도 그런 중대사에 속한다. 분명히 말하지만, 자신의 경력을 선택하는 문제 앞에서 늘 다른 사람의 의견을 좇아서는 곤란하다. 다른 사람들의 대체적인 의견을 비웃기라도 하듯, 결코 성공하지 못할 것이라고 예측한 분야에서 성공을 거둔 멋진 사람도 많다. 예를 들어, 알베르트 아인슈타인(Albert Einstein)의 경우에 학문적 경력의 시작이 조금은 불길했다. 그는 열여섯 살에 공과 대학 입학 시험에 낙방했다. 그래도 그는 포기하지 않고 공부를 계속했으며 이듬해 다시 지원해 마침내 입학 허가를 받아냈다. 아인슈타인이 공과 대학에서 보인 성취에 특별히 강한 인상을 받은 사람은 아무도 없었다. 1900년에 그 대학을 졸업했을 때, 그는 일자리 제안을 하나도 받지 못했다. 그는 마침내 스위스 베른의 특허 사무실에 임시직으로 들어갔다. 그곳에서 그는 7년이나 일했다. 그가 상대성 이론에 관한 첫 논문을 쓴 것도 그 자리에 있을 때였다. 자투리 시간을 이용해 노력한 결과, 그는 1905년에 취리히 대학에서 박사 학위를 받기에 이르렀다.

그러나 드물게 아인슈타인 같은 사람이 있는가 하면, 그 분야 전문가들의 조언을 무시하고 적성에 맞지 않는 커리어를 추구하다가 수많은 세월을 허비한 사람도 많다. 만약에 어떤 커리어를 추구하면서 실패나 좌절을 인내할 마음은 생기는데 열정이 그다지 뜨겁지 않다면, 전문가들이 우리의 능력을 보는 견해를 따르는 것이 더 현명할 때가 종종 있다.

타인들이 우리 자신의 관점과 크게 다른 관점을 갖고 있다면, 그런 경우에는 타인들의 평가에 귀를 기울이는 것이 더 바람직하다. 우리가 타인들의 관점을 채택하는 문제를 심각히 고려해야 하는 또 다른 경우가 바로 그런 때이다. 우리가 자신의 능력에 대해 타인들이 보는 것보다 약간 더 긍정적으로 본다고 해서 해로울 것은 거의 없다고 하지만, 그 괴리가 클 때에는 문제가 일어날 수 있다.

타인들이 우리의 능력에 대해 생각하는 바에 대한 피드백을 주기적으로 받는 예를 하나 보도록 하자. 대학교수들의 경우에 학기가 끝나면 자신의 강의에 대한 평가를 받는다. 나의 학과에서도 다른 대부분의 학과들과 마찬가지로, 학생들이 다양한 차원(예를 들면, 교수법의 전반적 효율성)에서 교수들에 대해 평점을 매기고 강의에 대한 논평을 상세하게 들려준다. 교수라면 거의 모두가 강의실에서 학생들을 가르치는 능력과 관련해 자신의 장점과 약점을 강하게 믿고 있다. 그렇기 때문에 강의에 대한 평가는 타인들(학생들)이 그런 믿음에 어느 정도 동의하는지를 엿볼 수 있는 특별한 기회가 된다. 분명히, 어느 교수의 믿음이 심각할 정도로 현실과 동떨어져 있다면, 학생들의 피드백이 유용할 것이다. 만약 존스라는 교수가 스스로를 재치 번득이는 강사로 판단하고 있는데 학생들은 그의 강의를 듣는 일을 치통을 앓는 것보다 조금 더 나은 것으로만 생각한다면, 존스 교수는 자기 이론과 교수법을 확 바꿀 필요가 있다. 그런 불일치는 자신의 능력에 대한 피드백을 많이 받지 않은 신참 교수들한테서 특히 자주 일어난다.

그럼에도 몇 학기를 가르치고 나면, 대부분의 교수들은 자신의 강의의 장점과 단점을 꽤 정확히 파악해낸다. 교수들의 판단은 긍정적인 쪽으로 아주 조금 빗나가 있긴 하지만 상당히 정확한 편이다. 긍정적인 착각에 관한 연구 논문들의 내용과 일치하는 대목이다. 교수들이 학기가 끝날 때마다 자신이 스스로 생각하는 것만큼 선생으로서 그다지 훌륭하지 않다는 사실을 깨달으면서 이런 평가들을 검토하는 것이 어느 정도 유익할까? 새로운 과목을 가르치거나 새로운 접근법을 시도하는 교수들에겐 학생들의 평가가 매우 소중할 것이다. 그러나 그 교수들이 자신의 장점과 약점을 잘 알고 있으면서 단점을 개선하려고 꾸준히 노력하고 있다면, 학생들의 평가가 그다지 유용하지 않을 수 있다. 실제로, 자신의 강의가 모든 학생들을 열광시키고 있다는 믿음을 갖고 강의에 임하는 교수들의 강의가 "학생 몇 명은 치과에라도 갔으면 좋겠어."라고 생각하면서 고개를 떨어뜨린 채 강의실로 들어서는 교수의 강의보다 확실히 더 훌륭할 것이다.

혹은 이런 예를 고려해 보라. 나의 경우에 40대에 30대 이상만 가입할 수 있는 남자 시니어 야구 리그에서 운동을 하기 시작했다. 이 리그에는 탁월한 선수가 몇 명 있다. 프로 선수 생활을 한 사람도 있고 대학에서 야구를 한 사람도 있다. 그런데 내가 소속된 팀에는 이런 스타들이 거의 없다. 우리 팀에는 관절이나 근육에 장애가 자주 일어나는 한물 간 선수들이 많다.

우리 팀의 경우에 승리할 확률이 매우 낮음에도 불구하고 대부분의 선수들이 자신의 능력을 다소 과장하는 경향을 보이고 있다. 우리 팀 선수들 모두가 동료 선수들에게 크리스마스 카드를 돌리고 그 안에 설문지를 넣는다면, 아마 거의 대부분이 자기 동료들이 자신을 제대로 평가하지 않는다는 사실에 크게 놀랄 것이다. (나 또한 결코 예외가 아닐 것이라고 믿는다.)

그렇다면 우리 팀원들이 정기적으로 현실을 점검하는 것이 유익할까? 모두가 서로의 능력에 대해 어떻게 생각하는지를 솔직히 털어놓으면서 말이다. 만약에 우리의 자기 이론이 너무나 황당한 나머지 우리가 경기를 할 때마다 왜 자신이 스타팅 멤버에 속하지 못할까 하고 의아해하면서 코치와 끊임없이 불화를 일으키고 있다면, 그런 현실 체크가 유익할 수 있다. 그러나 우리 대부분은 자신에 대해 실제보다 조금 더 훌륭하다고 착각하고 있지만, 그렇다고 자신의 재능(혹은 재능의 결여)에 지나치게 맹목적이지도 않다.

정말이지, 자신의 진짜 야구 실력을 깨닫는다면, 우리 모두는 방망이를 챙겨 집으로 돌아가야만 할 것이다. 우리가 다음 번 게임에도 다시 야구장으로 나오도록 만드는 것이 바로 삶의 긍정적인 착각인 것이다.

그럼에도 인생을 살다 보면 중요한 결정이 걸려 있을 때가 간혹 있는데, 그런 경우에 착각은 결코 앞의 예만큼 무해하지 않다. 만약 우리 팀원들 중 한 사람이 아직 프로의 세계에 도전해도 좋을 만한 실력을 갖추고 있다고 확신하면서 메이저 리그의 꿈을 이루기 위해 직장을 그만두려 한다면, 그 사람의 의무는 먼저 우리에게 그것이 멋진 이직이 될 것인지를 묻는 것이다.

지금까지 소개한 예들은 모두 사람들이 자기 자신을 타인들이 생각하는 것보다 조금 더 긍정적으로 보는 경우이다. 비록 사람들이 대체로 자기 자신에 대해 조금 과장된 관점을 갖기는 하지만, 자기관이 매우 부정적인 경우도 간혹 있다. 그런 경우에도 우리는 다른 사람들이 우리를 보는 관점을 채택하는 것을 진지하게 고민해 보아야 한다.

캐서린 덕스라는 버지니아 대학교의 학생을 한번 떠올려보자. 2001년에 유명한 마샬 스칼라십을 받아 2년 동안 옥스퍼드 대학에서 공부할 기회를 얻었다. 덕스는 학업 성적이 탁월했다. 그녀는 버지니아 대학에서 제퍼슨 스칼라와 에콜스 스칼라의 혜택을 받았다. 대학생을 대상으로 한 장학금으로는 매우 유명한 것들이다. 그녀는 평균 학점이 3.9였으며, 버지니아 대학에서 가장 오래된 조직인 레이번 소사이어티의 회장을 맡았다. 그럼에도 그녀는 자신이 마샬 스칼라십을 얻을 가능성이 그리 크지 않다고 판단하고 지원하지 않기로 했다가 교수 2명으로부터 종용을 받고는 마음을 바꾼 것으로 알려졌다. 그녀가 본인의 자기 이론에 따라 행동하지 않고 교수들의 조언을 따른 것은 잘한 일이었다.

이렇듯, 우리가 심리학 연구서를 즐겨 읽는 현명한 독자가 되는 한편으로 다른 사람들이 우리를 보는 관점에도 주의를 기울이는 것이 바람직할 때도 간혹 있다. 그러나 분명한 것은 이것들이 우리의 적응 무의식의 본질을 발견하는 방법으로 유일한 길은 아니라는 사실이다.

제10장

나의 행동을 관찰하며
나를 변화시킨다

우리는 자신이 흉내 내려고 노력하는 바로 그 존재가 된다.

그러므로 어떤 것을 흉내 낼 것인가 하는 문제에 신중하게 접근해야 한다.

-커트 보네거트의 『마더 나이트』(Mother Night)(1966) 중에서

타인들이 우리에게 보이는 반응을 관찰하고, 심리학 관련 글을 읽는 것만이 우리의 적응 무의식의 본질을 발견하는 유일한 수단은 아니다. 우리의 행동도 아주 많은 이야기를 들려주는 정보의 또 다른 원천이다. 우리는 자신의 행동을 주의 깊게 살피는 관찰자가 됨으로써 우리 자신에 대해 많은 것을 배울 수 있다. 게다가, 적응 무의식의 일부 양상을 변화시키길 원한다면, 우선 우리가 되고자 하는 인물처럼 행동하려고 노력하는 것이 중요하다.

예를 들어, 작가 마샤 멀러(Marcia Muller)는 자신과 닮은 점이 거의 없는 여주인공 샤론 맥콘을 창조해냈다.

그녀는 나보다 키도 더 크고, 몸도 더 날씬하고, 더 용감했다. 그녀는 직장도 갖고 있었다. 반면에 나에게는 직장이 생길 기미조차 보이지 않았다. 그녀는 상당히 다양한 기술을 자랑했다. 사격술과 유도 실력이 탁월할 뿐만 아니라 빵도 잘 굽고 자동차 수리도 곧잘 했다. 그런데 나라는 존재가 할 수 있는 일은 고작 타이프를 조금 치는 것밖에 없다. 그녀는 안전한 곳이든 위험한 곳이든 가리지 않고 어디든 가서 누구에게나 질문을 던진다. 반면에 나라는 인간은 전화기 다이얼을 돌릴 때조차도 신경이 예민해진다.

멀러는 자신도 이 여주인공처럼 되기를 원했으며, 일부러 그녀처럼 행동함으로써 결국에는 그 목적을 달성할 수 있었다.

키는 더 클 수 없었지만 몸무게는 줄일 수 있었고 용감성도 더 키울 수 있었다. 38구경 권총을 들고 범인들과 맞서거나 유도로 그들을 때려 눕히는 수준은 아니더라도 전보다 자신감이 더 강해진 것은 확실했다. 후속 작품을 위한 취재 과정에 나는 안전하거나 위험한 공간으로 들어가서 누구에게나 질문을 던지곤 했다. 마침내 나는 나 자신의 독립을 선언하기에 이르렀다.

탐정 소설의 또 다른 대가인 수 그래프턴(Sue Grafton)도 소설 속의 인물을 자신의 '또 다른 자기'로 만들어 놓고 적어도 몇 가지 방식으로 그 인물을 모방하려고 노력했다. 소설을 쓰기 전까지 그녀는 병원에서 환자들을 받는 사무원으로 일하면서 삶의 평범함과 예측 가능성에 물려 불만스런 나날을 보내고 있었다. 그녀는 "나에겐 탈출구가 필요했다. 그 일에는 나를 속박할 가치가 충분한 것 같지 않았다. 나는 자유가 필요했다."고 말했다. 그녀는 소설 속의 주인공 킨지 밀혼을 창조함으로써 부분적으로나마 새로운 인물로 거듭나는 데 성공했다. 킨지 밀혼은 뻔뻔스럽고 독립심 강하고 세속적이며 패스트 푸드를 즐겨 먹고 청바지를 즐겨 입는 사설 탐정이다. 글 속의 킨지를 상상함으로써, 수 그래프턴은 그녀처럼 행동하는 것이 생각보다 쉽고, 그리하여 결국에는 소설 속 등장인물의 특성 일부를 자신의 것으로 만들 수 있다는 사실을 확인할 수 있었다.

그러나 사람들이 맨 먼저 자신의 적응 무의식 중에서 바꿀 부분이 있다는 것을 어떻게 알 수 있을까? 그리고 멋진 주인공이 등장하는 탐정 소설을 쓸 능력이 없는 우리로서는 어떻게 해야 스스로를 바꿔나갈 수 있을까?

행동을 관찰하면
자신을 알 수 있다

자신의 성격의 진짜 본질을 알고 또 우리가 진정으로 어떤 감정을 품고 있는지 알기 위해서, 우리가 하는 행동을 관찰하는 것이 유익할 때가 종종 있다. E. M. 포스터(Forster)의 표현을 보자. "나 자신이 하는 말을 보기 전까지, 내가 나 자신이 무엇을 생각하고 있는지 어떻게 알 수 있겠는가?"

심리학자 대릴 벰(Daryl Bem)에 따르면, 자신의 행동을 관찰하는 것이 자기 지식의 중요한 한 원천이다. 그가 주장하는 자기 지각 이론(self-perception theory)의 핵심은 사람들이 자신의 행동을 관찰하고 그 행동의 바탕에 어떤 감정 또는 성격적 특성이 작용하고 있는지를 짐작함으로써 내면의 상태를 추론할 수 있다는 것이다. 외부의 관찰자가 우리를 관찰하는 것과 똑같은 방법으로 말이다. 그런 식으로 자신을 관찰할 때, 사람들은 그런 행동이 일어나게 된 조건에 주목하게 된다. 예를 들면, 행동이 주변 환경의 영향을 어느 정도 받고 있는지가 눈에 들어오는 것이다. 결혼식장에서 직업적으로 연주를 하는 여자 뮤지션이라면, 그녀는 신랑과 신부를 특별히 좋아하는 감정을 갖고 있거나 종교적인 행사를 즐겨서 연주를 하는 것이 아니라 돈을 벌기 위해 연주를 한다는 식으로 추론할 가능성이 크다. 중요한 것은 우리가 외부의 관찰자가 우리를 보는 것과 똑같은 방식으로 자신의 행동을 분석하는 것이라고 벰은 주장한다. 우리가 자신의 행동을 보면서, 왜 그런 행동을 하는지 그 이유를 건전한 지식에 근거하여 올바르게 추측하는 것이 중요하다는 뜻이다.

　이런 접근법은 정말로 급진적인 제안이다. 우리의 가슴과 정신 속에 무엇이 들어 있는지를 파악하려고 노력할 때, 우리 자신이 바깥에서 우리를 살피는 이방인들보다 결코 더 유리한 위치에 있지 않다는 주장이 도대체 말이 되는가? 벰의 이론은 정신을 과학적 연구의 가치가 없는 블랙 박스 같은 것으로 다루는 급진적인 행동주의의 한 잡종이다. 정신은 과학자들에게만 블랙 박스인 것은 아니라고 벰은 주장한다. 정신은 그 정신의 소유자에게도 마찬가지로 블랙 박스라는 것이다. 블랙 박스의 내용물을 확인하는 유일한 길은 그 사람의 행동을 근거로 현명하게 추측하는 것이다. 과학자들뿐만 아니라 상대방을 관찰하는 사람들과 자기 자신을 관찰하는 사람들에게도 그 길밖에 없다고 한다.

벰의 이론은 큰 논란을 불러일으켰다. 부분적으로는 조금만 생각해 봐도 그것이 터무니없이 들리기 때문이다. 예를 들어, 나의 발가락이 문지방에 걸리기라도 하면, 나는 즉시 통증을 느낀다. 방안을 깡충깡충 뛰거나 비명을 지를 것이다. 무슨 일이 일어났는지 알기 위해 나 자신을 살필 필요조차 없다. 한동안 음식을 먹지 않아 배가 출출할 때도 마찬가지다. 나 자신이 냉장고 쪽으로 가는 모습을 보거나 샌드위치를 만드는 모습을 봐야만 배가 고프다는 사실을 깨닫는 것은 결코 아니다. 그것은 이제 막 사랑의 행위를 끝낸 행동주의 심리학자 두 사람을 소재로 한 옛날의 어떤 농담과 똑같다. 한 행동주의 심리학자가 그 일을 끝낸 뒤에 다른 행동주의 심리학자에게 "당신이 황홀경에 빠졌다는 사실을 알아. 그런데 나도 그렇던가?"라고 묻는다는 농담이다. 이 농담이 재미있게 들리는 것은 사람들이 성적 쾌감과 같은 감정까지도 직접 경험하지 않는다고 단정하는 것이 너무나 어리석게 들리기 때문이다.

그러나 벰도 우리가 통증이나 사랑이나 성적 쾌감을 직접 경험하고, 또 그런 감정을 확인하기 위해 자신의 행동을 관찰할 필요가 없을 때도 간혹 있다는 사실을 인정한다. 중요한 것은 우리의 감정이 그렇게 분명하지 않을 때가 더 많다는 사실이다. 우리의 감정과 태도, 성격적 특성을 읽어내기 위해 우리가 자신의 행동을 살피는 관찰자가 되어야 하는 경우도 바로 그런 때이다.

자기 표출인가 아니면 자기 구성인가?

자기 지각 이론에 관한 연구가 몇 년 동안 진행되고 있음에도 불구하고, 끈질기게 남는 의문이 하나 있다. 자기 지각의 과정은 '자기 표출'(self-revelation)인가, 아니면 '자기 구성'(self-fabrication)인가? 다시 말해, 자신의 행동을 관찰함으로써 자신의 감정을 더 잘 알아가는 과정인가, 아니면 그때까지 존재하지 않던 내면의 상태들을 추론하는 과정인가?

예를 들어 보자. 사라가 파티에서 피터를 만났을 때, 그녀는 자신이 그를 매우 좋아한다고 생각하지 않았다. 여러 모로 피터는 그녀의 이상형이 아니었다. 그러나 그녀는 자신이 그에 대해 자주 생각한다는 사실을 깨달았다. 그러던 어느 날 피터가 전화를 걸어 데이트를 신청하자, 그녀는 좋다고 대답한다. 데이트에 동의한 지금, 그녀는 자신이 생각하는 그 이상으로 그를 좋아하고 있다는 것을 깨닫는다. 이것은 자기 지각 과정이 자기 표출인 경우이다. 왜냐하면 사라가 피터와의 데이트에 동의하기 전까지 자각하지 못하고 있던 감정을 자신의 행동을 이용해 찾아냈기 때문이다.

또 다른 가능성은 사라가 피터를 처음 만났을 때 그를 그 정도까지는 좋아하지 않았을 수 있다는 점이다. 사라는 피터가 어머니의 친한 친구의 아들이기 때문에 데이트에 응해야 한다는 의무감을 느꼈다. 그녀의 어머니는 두 사람이 잘 어울리는 짝이 될 것이라고 생각하고 있었다. 그러나 사라는 피터의 데이트 신청을 받아들인 진짜 이유가 바로 그 인연 때문이라는 것을 충분히 깨닫지 못하면서 이런 식으로 잘못 생각하고 있다. "음, 피터와 데이트를 하기로 한 것을 보니까, 내가 지금까지 생각해 온 그 이상으로 피터를 좋아하는 것 같은데." 이것은 자기 구성의 한 예가 될 것이다. 사라는 자신이 그런 식으로 행동하는 진짜 이유(자기 어머니를 즐겁게 해주고 싶은 욕망)를 놓치면서, 자신이 피터에게 그 진보다 더 긍정적으로 느끼고 있다고 추론한다.

자기 지식을 얻는다는 관점에서 보면, 자기 표출과 자기 구성의 차이는 결정적으로 중요하다. 우리의 행동을 통해 우리의 내면 상태를 추론하는 것은 그 전까지 몰랐던 어떤 감정을 고스란히 드러낼 수만 있다면 매우 바람직한 전략이다. 그러나 새로운 감정을 꾸며내는 결과를 낳는다면, 그것은 그다지 좋은 전략이 아니다.

만약 사람들이 자신의 행동의 원인을 정확히 아는 능력을 갖고 있다면, 자기 구성도 문제가 되지 않을 것이다. 예를 들어, 사라가 피터의 데이트 신청을 받아들인 이유가 가족의 의무감 때문이라는 사실을 깨닫고 있었다면, 그녀는 피터를 생각보다 더 좋아한다고 판단하는 실수를 저지르지 않을 것이다. 그러나 앞에서 본 바와 같이, 사람들은 자신이 특정한 방식으로 반응하는 이유를 늘 잘 알고 있지는 못하기 때문에 곧잘 그런 실수를 저지른다.

사실, 자기 지각 이론에 관한 거의 모든 실험은 자기 구성의 예들이다. 실험에 참가한 사람들은 자신의 행동에 대한 진짜 이유를 오해하면서 자신의 내면 상태를 엉터리로 추론했다. 많은 연구에서, 사람들은 사라처럼 상황이 자신의 행동에 미치는 영향을 과소평가하고, 따라서 자신이 그렇게 행동한 이유가 내면의 감정이나 태도 때문이라고 잘못 추론했다.

예일 대학에서 실시한 한 연구를 보자. 이 연구에 참가한 학생들은 길모퉁이로 가서 뉴 헤이븐의 오염을 줄이자는 내용의 청원에 주민들의 서명을 받는 활동을 벌이기로 동의했다. 실험에 참가한 학생들 중 일부에겐 한 연구원이 역시 서명 활동에 나서면서 "나는 나 자신이 진정으로 믿는 것을 다른 사람들에게 설득시키는 일에 조금도 주저하지 않을 거야."라고 말하는 장면을 보여주었다. 그러면 그 학생들은 자신이 서명을 받는 운동에 동참하기로 동의했다는 사실로부터 자기 자신에 대해 무엇을 배워야 할까?

대부분의 학생들이 동의한 진짜 이유는 그 연구원이 대단히 설득적이어서, 모든 학생들이 귀찮은 일에 동의했다는 사실에서 확인되는 바와 같이, '노'라고 대답하기가 어려웠기 때문이었다. 그럼에도, 사람들은 "연구원이 내 팔을 비틀었기 때문에 서명 운동에 동참하기로 했다."는 식으로 말하지 않고, 자신의 행동이 강력한 어떤 태도를 반영하고 있다고 엉터리로 추론했다. 바꿔 말하면, 학생들이 자기 구성을 했다는 뜻이다. 사람들은 대체로 상황이 자신의 행동에 미치는 영향을 무시하면서 자신이 내면의 태도를 바탕으로 행동했다고 추론하는 경향을 보인다. 이런 현상은 너무나 흔한 탓에 '근본적 귀인 오류'(fundamental attribution error)라고 불린다.

근본적 귀인 오류에 관한 대부분의 연구들에서, 상황의 영향은 매우 미묘해서(연구원이 학생들에게 훌륭한 명분임을 은근히 강조함으로써 주민들의 서명을 받아오도록 압력을 넣는 것도 그런 예에 속한다) 놓치기가 아주 쉽다. 그렇다면 상황적 속박이나 자극이 아주 분명하다면 어떻게 될까? 그런 경우에 사람들은 자신의 행동이 상황의 요구에 따라 일어났다는 사실을 정확히 파악하고는 내면의 상태를 꾸며내는 작업을 벌이지 않았다. 만약에 직장 상사가 우리에게 자기 딸이 소속된 걸 스카우트단이 만든 걸 스카우트 쿠키를 사달라고 부탁하면서 다음번 임금 인상은 거기에 '예스'라고 대답하는지 여부에 달려 있다는 점을 꽤 노골적으로 암시한다면, 우리는 아마 걸 스카우트 쿠키 10 박스를 구입한 이유를, 걸 스카우트가 훌륭한 자선 단체라서라거나 쿠키를 좋아하기 때문이라는 식으로 밝히지 않고 직장 상사의 압력으로 돌릴 것이다.

그러나 상황의 영향이 너무 강하면, 사람들은 다른 종류의 자기 구성 오류를 저지른다. 그들은 자신의 행위의 원인을 과도하게 상황 탓으로 돌리면서 자신이 그 행동을 하기를 원하는 정도를 과소평가한다. 빌이라는 사람이 언제나 기타 연주를 즐겼고 기타 연습에 하루에 몇 시간씩 투자한다고 가정해 보자. 그 사람이 똑같은 행위에 대해 상황적 이유를 지나치게 강하게 느낄 때, 예를 들어, 많은 돈을 받고 결혼식장에서 기타를 연주해야 할 때, 무슨 일이 일어나는가? 빌이 그 연주를 훨씬 더 즐길 것으로 여겨질 수도 있다. 왜 그럴까? 이제는 기타를 연주해야 할 이유가 두 가지이기 때문이다. 그가 받게 될 돈이 한 가지 이유이고, 기타 연주에 대한 열정이 또 하나의 이유인 것이다.

많은 연구들은 이런 상황에 처하면 사람들이 사실 자신의 행위를 상황의 탓으로 과도하게 돌리면서 그 행위에 대한 타고난 관심을 과소평가하는 경향을 더 강하게 보인다는 사실을 보여준다. 빌은 직업적으로 연주할수록, 기타 연주를 즐기는 감정이 약해지는 것을 느낀다. 이유는 그가 기타에 대한 사랑에서 연주를 하는 것이 아니라 돈을 위해서 연주한다는 식으로 추론하기 때문이다. 이것은 또 다른 형태의 자기 구성이다. 상황의 요구가 강력하기 때문에, 사람들이 그 행위에 대한 내면의 관심을 과소평가하는 것이다.

자기 구성의 마지막 예는 사람들의 행동이 한 가지 이상의 내적 상태의 결과로 나타나는 예이다. 사람들이 자신의 몸이 뜨거워진다는 사실을 깨닫는다고 가정해 보자. 심장이 빠르게 뛰고 숨이 가빠진다. 이 흥분을 해석하는 방식에 따라 사람들이 경험하는 감정이 달라진다. 만약 누군가가 당신에게 총을 들이대면서 "지갑 내놔!"라고 위협하는 상황이라면, 당신은 흥분을 두려움의 신호로 정확히 해석할 것이다. 그러나 신체적 흥분에 대한 설명이 한 가지 이상일 때가 종종 있다. 우리가 매우 매력적인 남자나 여자와 첫 데이트를 하다가 가까스로 교통 사고를 모면할 수도 있다. 그런 경우에 우리가 느낀 흥분 중에서 목숨을 잃을 뻔했던 위기 상황에 따른 것은 어느 정도이며 데이트에 따른 것은 어느 정도인가?

다시 말하지만, 사람들이 자신의 반응(이 경우에 신체적 흥분)의 원인을 완벽하게 알 수 있다면, 아무런 문제가 일어나지 않는다. 그러면 사람들은 이런 식으로 말할 것이다. "그렇지, 내가 지금 느끼고 있는 흥분의 61%는 트럭에 치일 뻔했던 위기에서 비롯되었고, 나머지 39%는 데이트 상대에 대한 끌림에서 비롯되었어." 이렇게 말하면서 그들은 데이트를 계속할 것이다. 그러나 사람들은 흥분의 원인을 파악하는 일에 실수를 저지르면서 스스로 감정을 만들어내기도 한다. 예를 들면, 데이트를 하던 이 사람들의 경우에 트럭에 치일 뻔한 경험을 과소평가하면서 자신들이 데이트 상대방에게 평소 생각했던 것보다 훨씬 더 강하게 끌리고 있다고 단정할 수 있다. 이처럼 자기 구성이 다반사로 일어난다는 사실을 고려한다면, 사람들이 자신의 감정을 추론하기 위해 자신의 행동을 관찰하는 자기 지각 과정은 자기 성찰을 추구하는 방법으로 그리 좋지 않을지도 모른다. 사람들은 자신의 반응의 원인을 오해하면서 자신이 그 전만큼 기타 연주를 즐기지 않는다거나 어떤 사람에게 평소에 생각했던 것보다 더 깊이 빠져 있다고 추론한다.

그러나 가끔 우리는 충분히 자각하지 못하는 감정을 느끼고 있으며, 자기 지각 과정은 이 감정을 드러낼 잠재력을 갖고 있다. 다시 앞 장의 예를 보도록 하자. 그 예에서, 사람들은 마이너리티 집단의 구성원에 대해 편향적인 감정을 품고 있으면서도 스스로 그런 편향을 갖고 있지 않다고 확신하고 있었다. 아니면 헨리 히긴스를 고려해 보라. 이 사람은 스스로 교양 있고 편견을 갖지 않은 영국 신사라고 생각하면서, 연막 뒤편에서 자신이 실제로 조잡하고 여성을 혐오하는 야수 같은 존재라는 사실을 보지 못한다. 이런 예들의 경우에, 본인이 자신의 행동을 더 잘 관찰할 줄 아는 존재가 되는 것이 현명할 수 있다. 만약 어떤 고용주가 유능한 아프리카계 미국인들에게 계속 퇴짜를 놓으면서 자질이 다소 떨어지는 백인을 고용하기 위해 변명을 둘러대고 있다면, 그 사람은 자신의 편향이 어느 정도인지 의문을 품을 줄 알아야 한다. 헨리 히긴스도 다른 사람들로부터 일라이자와 피어스 부인을 조금 더 조심스럽게 대하라는 충고를 받았을 수 있다. 아마 나의 친구 수전도 주말에 자신이 스티븐을 만나지 않으려고 이런저런 핑계를 둘러대고 있다는 사실에 조금 더 관심을 쏟았다면 자신이 생각만큼 스티븐을 사랑하지 않는다는 사실을 조금 더 빨리 깨달을 수 있었을 것이다.

추론하는 정신은 어떤 정신인가?

그러나 성가신 질문이 하나 있다. 우리가 하는 행동을 보고 어떤 감정을 느끼고 있는지를 추론하는, 자기 지각 과정에 관여하는 정신은 도대체 어떤 정신인가? 앞의 예들에서, 나는 사람들이 자신의 진짜 감정을 파악하기 위해 자신의 행동을 의식적으로 관찰하려고 노력한다고 주장했다. 우리가 그런 노력을 의식적으로 펼 수 있는 것은 확실하지만, 적응 무의식도 마찬가지로 우리가 알지 못하는 가운데 우리의 행동을 근거로 추론할 수 있다. 실은, 적응 무의식의 중요한 역할 중 하나가 바로 우리 자신과 사회적 세계의 본질에 대해 추론하는 일이다.

우리는 스탠리 섀처와 휠러가 실시한 연구에서 그런 비의식적 추론의 예를 보았다. 사람들이 주사를 맞은 뒤 코미디 영화를 본 그 실험 말이다(제6장 참조). 자신도 모르는 상태에서 아드레날린을 맞은 사람들은 생리적으로 자극을 받았기 때문에 영화를 보는 동안에 심장 박동이 세지고 손에 땀이 배는 것을 느꼈다. 그들은 적어도 그 흥분의 원인을 부분적으로 그 영화가 매우 재미있었다는 점에서 찾았다. 이것은 그들이 영화를 보는 동안에 아드레날린을 맞지 않은 사람들보다 더 많이 웃었다는 사실에 의해 확인된다. 그러나 이 추론은 비의식적 차원에서 이뤄지는 것 같다. 영화를 본 뒤에 "영화가 얼마나 재미있었는가?"라는 물음에, 아드레날린을 맞은 사람들이 다른 참가자들에 비해 특별히 더 재미있었다고 보고하지는 않았기 때문이다. 대신에 그들은 평소 그런 류의 코미디물에 대해 품고 있던 의식적인 이론을 따랐다. "나는 영화를 보면서 나 자신이 왜 그렇게 웃는지 도무지 이해할 수 없었다. 평소에 나는 잭 카슨과 이런 종류의 난센스 영화를 좋아하지 않는다. 그걸 바탕으로 영화에 대한 평점을 매겼다."라고 대답한 응답자처럼 말이다. 달리 표현하면, 적응 무의식은 사람의 육체적 흥분에서 그 영화가 재미있다는 추론을 끌어낸다. 그래서 그 사람이 더 많이 웃게 되는 것이다. 한편, 사람의 의식적인 자기는 다른 결론을 끌어낸다.

우리가 우리 자신과 관련한 비의식적 추론을 통제할 수 있는 방법은 그다지 많지 않다. 최선의 접근법은 자기 지각 과정을 의식적으로도 수행하려고 노력하는 것이다. 그런 식으로 접근하면, 사람들의 의식적인 자기 서사가 비의식적으로 일어나고 있는 변화들과 조화를 더 잘 이룰 가능성이 커진다. 비의식적인 변화가 일어날 수 있는 예를 든다면, 사람들이 재미있다고 느끼는 영화나 좋아하는 사람, 편안함을 느끼는 상황 등이 있다. 그렇다고 해서 사람들이 언제나 자기를 주의 깊게 살피며 자기 서사의 정확성을 끊임없이 점검해야 한다는 뜻은 아니다. 그러나 중요한 결정에 직면했을 때에는, 예를 들어 결혼을 할 것인가 말 것인가 아니면 아기를 가질 것인가 말 것인가를 결정할 때에는 자기 자신을 보다 잘 관찰하는 것이 현명한 처사일 것이다. 제8장에서 논한 쓸모없는 자기 성찰은 덜 할수록 더 바람직하다.

앞 장에서 예로 든 마이크를 기억하고 있는가? 자신은 부끄러움을 타는 존재라고 믿고 있는데, 주변 사람들은 아무도 그렇게 생각하지 않았다. 마이크에게도 자신의 행동에 주의를 조금 더 기울이는 것이 이로울 것이다. 그리하여 자신이 상당히 외향적인 태도로 행동한다는 사실을 알게 되면, 그는 수줍음에 대한 자신의 이론이 낡았다는 사실을 깨닫고 자신의 적응 무의식에 맞게 그 이론을 수정할 것이다. 사람들이 자신에 대해 품고 있는 의식적인 이야기들이 지나치게 부정적이거나 제한적인 경우가 종종 있는데, 그런 경우에 그들의 비의식적 특성과 능력, 감정과 더 잘 맞도록 그 이야기들을 수정하는 것이 본인에게도 이롭다. 아마 사람들의 의식적 이론들이 지나치게 긍정적인 경우가 더 많을 것이다. 우리 자신에 대해 긍정적인 착각을 품는 것이 유익할 수도 있지만, 우리가 조금이라도 더 좋은 방향으로 변화하고 성장하기를 원한다면, 우리는 자신이 생각하는 이상으로 편향적이거나 헨리 히긴스처럼 덜 친절하다는 사실을 똑바로 인식할 필요가 있다.

훌륭한 행동을 하라
그러면 훌륭한 존재가 될 것이다

만약 사람들이 자기 자신에 대해 지나치게 긍정적인 견해를 갖고 있다면, 그들은 보다 부정적인 무의식적 상태에 맞추기 위해 의식적 이야기들을 하향 수정하려는 태도를 보이지 않을 것이다. 오히려 사람들은 비의식적인 상태를 보다 긍정적인 자기 이야기에 맞게 바꾸는 쪽을 택할 것이다. 다른 사회적 집단에 대해 의식의 차원에서는 편견이 없는 태도를 보이지만 비의식의 차원에서 편견이 담긴 태도를 취하는 사람들의 경우에, 자신의 비의식적 상태에 맞춰 의식적인 서사를 수정하기를 원하지 않는다. 그들은 정반대의 방법을 선호한다. 평등주의적인 의식의 태도에 맞춰 편견이 담긴 비의식적 태도를 바꾸기를 원하는 것이다. 마찬가지로, 만약 헨리 히긴스가 자기 자신에 대해 과장된 견해를 갖고 있다는 사실을 깨달았다면, 그는 아마 더 바람직한 방향으로 그 관점을 바꾸기를 원했을 것이다.

하지만 비의식적인 태도를 어떻게 바꾼단 말인가? 우리의 비의식적 상태들이 어떤지를 아는 것도 절대로 쉬운 일이 아니다. 그런데 하물며 그것을 바꾸는 일이야 얼마나 더 어렵겠는가? 아리스토텔레스는 이렇게 주장했다. "사람은 먼저 미덕을 행동으로 옮기면서 미덕을 익히고, ······ 공정한 행동을 실천함으로써 공정한 존재가 되고, 자제를 실천함으로써 자제심을 발휘하는 존재가 되고, 용기 있는 행동을 행함으로써 용기 있는 사람이 된다." 윌리엄 제임스도 그와 비슷한 조언을 내놓았다. "당신이 품은 단호한 결심을 바탕으로 처음 행동할 수 있는 기회를 잘 포착하라. 그러면 당신은 감정적 고무가 일어날 때마다 당신이 얻고자 하는 습관이 날로 더 깊어지는 것을 느낄 것이다." 바꿔 말하면, 우리의 비의식적 기질을 바꾸는 첫 단계는 우리의 행동을 바꾸는 것이라는 말이다. 자신이 비의식의 차원에서 편견을 갖고 있을지 모른다고 걱정하는 사람은 누구나 가능한 한 편견이 없는 방식으로 행동하려고 최선의 노력을 기울여야 한다.

그런 식의 노력은 무의식의 차원에 두 가지 길로 변화를 줄 수 있다. 첫째, 그런 노력은 앞에서 논한 자기 지각 과정에 따라서 그 사람에게 자신의 행동을 근거로 스스로 편견이 없는 존재라는 점을 비의식적으로 추론할 기회를 부여한다. 즉 그런 노력은 적응 무의식에게 태도와 감정을 추론할 새로운 '자료들'을 제공하게 된다. 둘째, 윌리엄 제임스가 주장한 바와 같이, 어떤 행동을 하는 횟수가 많아질수록, 그 행동은 그만큼 더 무의식적인 것이 되고 자동적인 것이 되는 법이다. 그런 행동을 하는 데 요구되는 노력이나 의식적인 주의가 더 적어지게 되는 것이다. 사회 심리학의 가장 중요한 가르침 하나가 바로 행동의 변화가 종종 태도나 감정의 변화를 낳는다는 진리이다. 따라서 자기 자신에 대한 의식적인 인식에 맞춰 행동을 변화시키는 것이 적응 무의식에 변화를 초래하는 좋은 방법이다.

그러나 적응 무의식을 우리 자신에 대한 우리의 의식적인 인식에 맞추려는 노력을 왜 중단해야 하는가? 가끔 사람들은 구체적인 어떤 영역에서 의식적 감정이나 특성과 비의식적 감정이나 특성에 똑같이 만족하지 못한다. 그들의 목표는 자신의 의식적인 서사가 비의식적인 정신의 상태와 더욱 조화를 이루도록 만드는 자기 지식이 아니라, 의식적인 서사와 비의식적인 정신의 상태를 동시에 변화시키는 자기 개선(self-improvement)이다. '당신의 행동부터 먼저 변화시켜라'는 전략은 아마 여기서도 마찬가지로 사람들의 의식적인 서사와 적응 무의식에 동시에 변화를 초래하면서 효력을 발휘할 것이다. 요약하면, 보다 훌륭한 존재가 되기를 원하는 사람이라면, '훌륭한 행동을 함으로써 훌륭한 존재가 된다'는 전략을 따라야 한다. 우리는 타인들을 보살피고 그들에게 도움이 되는 행동을 하다 보면 자연스레 타인들을 보살피고 도움을 주는 그런 존재가 된다.

지금쯤은 독자 여러분에게도 이런 이야기들이 어렵지 않게 들릴 것이라고 나는 믿는다. 사람이 친절한 행위를 한 번 했다고 해서 성자가 되는 것은 아니다. 파트너를 더 이상 사랑하지 않는 사람이 단지 사랑하는 것처럼 행동한다고 해서 다시 사랑하게 되는 것도 아니다. 극단적일 만큼 수줍음을 많이 타는 사람이 이방인들에게 말을 걸기로 다짐한다고 해서 갑자기 파티에 어울리는 사람으로 변할 수는 없다. 그러나 우리 모두는 자신의 행동을 바꾸면 감정과 성격까지 크게 바꿀 수 있는 이치를 이해했을 것이라고 나는 생각한다.

예를 들어, 나의 경우에는 스스로 언제나 약간은 내성적인 존재라고 여겨왔으며, 나는 나의 비의식적인 성향과 기질이 수줍음을 타는 편이라는 뜻에서 이런 의식적인 생각이 진실이라고 생각한다. 나는 사람들이 많이 모인 자리에서 마음을 조금 더 편하게 가질 수 있었으면 하는 바람을 자주 품었으며, 몇 년 전에는 그 해결책은 기회가 날 때마다 조금이라도 더 외향적으로 행동하는 것뿐이라는 결론에 이르렀다. 그래서 나는 사람들과 가벼운 잡담을 나누려고 더 열심히 노력했다. 파티에서도 친구들하고만 대화를 하거나 뷔페 테이블에 바짝 붙어 있지 않고 그때까지 한 번도 만난 적이 없는 사람들을 일부러 찾아 이야기를 나누기도 했다. 그런 방향으로 노력할수록, 나는 그런 상황에서 더욱 편안한 마음을 느낄 수 있었다. 그럼에도 나는 절대로 아내처럼 되지는 못할 것이다. 나의 아내는 언제 어디서나 누구하고라도 매력을 잃지 않으면서 아주 편안한 마음으로 대화할 수 있으니 말이다. 그러나 나 자신은 사소한 실험을 거친 결과 예전보다 훨씬 더 외향적인 사람으로 변했다고 생각한다.

물론, 이 변화 중 일부는 단순히 실천 덕분이다. 사람들과 가벼운 대화를 나누려고 노력할수록, 나는 사람들과의 대화에 더욱 익숙해졌다. 이 실천의 효과는 나의 교수법에도 그대로 적용된다. 수백 명이나 되는 학생들 앞에 처음 섰을 때, 나는 완전히 무능력자였지만, 차츰 몸을 떨지 않고 차분하게 강의하는 요령을 점점 더 많이 배워나갔다. 그렇게 몇 년을 가르치고 난 지금은 오히려 대규모 강의가 더 좋다. 나의 입담도 결코 '투나잇 쇼'의 호스트로 발탁될 만한 수준은 아니지만 옛날보다 훨씬 더 나아진 것은 사실이다.

우리의 행동을 의도적으로 바꿔나가는 것은 새로운 행동 방식을 열어주는 그 이상으로 많은 도움을 준다. 그런 노력은 또 자신에 대해 새롭게 정의할 기회를 안겨주기도 한다. 나에 대해 말할 것 같으면, 파티 석상에서 새로 알게 된 사람과 편안하게 이야기하고 있는 나 자신을 발견하는 횟수가 늘어나거나 많은 학생들을 대상으로 하는 강의에서 활력을 얻을수록, 내가 나 자신을 보는 관점에도 큰 변화가 일어난다. 이 변화는 비의식의 차원은 물론이고 의식의 차원에서도 일어날 수 있다. 나의 적응 무의식이 내가 외향적인 사람이라는 추론을 끌어낼 확률이 높아지는 것이다. 이 추론이 결국에는 나의 의식적 자기 서사의 일부를 이루게 된다.

나의 자기 정의(定義)가 많이 변할수록, 나 자신도 모르게 외향적으로 행동하는 것이 더 쉬워진다. 그러다가 어느 순간에 그렇게 힘을 들이지 않아도 외향적인 행동이 저절로 나오게 된다. 자동적인 '자기'는 자동적인 행동을 낳는다. '외향적인' 새로운 티모시(이 책의 지은이)가 나에 대한 통제권을 쥐고서는 예전이었다면 절대로 가지 않았을 방향으로 나를 이끌고 있다. 비행기 안에서 책만 읽지 않고 옆자리 승객에게 편안한 마음으로 말을 거는 것도 그 전과 달라진 모습이 아닐까.

행동을 의도적으로 바꿔나가다 보면 자기 지각까지 바꿀 수 있다는 이론은 심각한 문제를 겪고 있는 사람들을 돕는 데 이용되고 있다. 예를 들어 보자. 음주 문제를 안고 있는 사람들의 세계적인 모임인 '알코올릭스 어노니머스'(Alcoholics Anonymous)의 신조 하나는 "음주를 극복할 때까지, 음주를 숨기도록 하라!"이다. 알코올 중독이 다스리기 어려워 보이고 극복하기 힘들 것처럼 보이기 때문에, 알코올에 중독된 사람은 어디서부터 시작해야 하는지 잘 모른다. 그런 경우에 작은 것부터, 이를테면 마치 알코올 문제를 잘 다스리고 있는 것처럼 행동하는 것이 유익하다. 분명히 말하지만, 음주를 한 차례 피했다고 해서 알코올 중독이 해결되는 것은 절대로 아니다. 그러나 행동의 작은 변화들이 그 사람의 자기 지각에 작은 변화를 초래할 수 있다. 그 사람의 자기 지각에 일어난 작은 변화는 그 다음 행동을 변화시키는 일을 조금 더 쉽게 만든다.

만성적으로 우울증을 겪고 있는 사람을 치료하는 데에도 똑같은 전략이 이용될 수 있다. 오늘날, 우울증을 치료하는 요법이 다양하게 선보이고 있다. 항울제도 있고, 심리 요법도 몇 가지 있다. 심리 치료사 테렌스 릴(Terrence Real)은 "치료에서 중요한 부분은 먼저 행동을 하고 그 다음에 감정이 따르도록 하는 것"이라고 주장한다. 이런 치료법은 특히 남자들에게 잘 통한다. 남자들의 경우에 우울증이 종종 사회적 고립과 친교의 결여로 나타나기 때문에 그런 방식이 효과를 쉽게 발휘한다. 우울증을 앓는 남자들은 자신을 고립시키지 말고 사회적으로 보다 활발하게 활동하는 것이 치유에 큰 도움이 될 수 있다. 테렌스 릴이 조언하는 바와 같이, "설거지를 돕고 아이들의 숙제를 도와주는 것"도 한 방법이다. 이런 방향으로 거듭 노력하다 보면, 우울증을 앓는 사람도 사교의 끈을 점점 더 많이 만들어 나가고 자신에 대한 정의를 바꿔나가게 된다.

또 다른 예를 보자. 십대들의 임신율을 낮추기 위한 아이디어로 어떤 것을 내놓을 것인지를 놓고 잠시 생각해 보라. 당신이 이 분야의 많은 연구원들과 비슷한 생각을 갖고 있다면, 당신의 접근법은 이 문제에 정면으로 맞서는 쪽이 될 것이다. 십대 소년과 소녀들을 대상으로 금욕과 피임에 관한 교육을 실시하는 것도 그런 접근법에 해당한다. 아마 피임 도구에 대한 접근을 더 쉽게 만들겠다는 아이디어도 나올 듯하다. 그런 프로그램들도 계속 실시되면서 십대들의 임신을 어느 정도 줄이는 효과를 낳았다.

그럼에도 불구하고, 십대들의 성적 행동을 직접적으로 바꾸려고 노력하는 것보다는 십대들의 자기 지각에 변화를 주려고 노력하는 것이 더 바람직하다. 만약에 십대들이 스스로에 대해 공동체와 더 밀접히 연결되어 있고 능력도 더 뛰어나며 더욱 어른스럽다는 느낌을 갖도록 만들 수 있는 길을 찾는다면, 아마 그들이 위험한 성적 행동을 피할 가능성이 더 커질 것이다. 그런 포괄적인 접근법이 호소력을 지니는 이유는 명백하다. 십대들로 하여금 조기 임신은 물론이고 학교 중퇴와 같은 자기 파괴적인 행동을 삼가도록 할 수 있기 때문이다.

이 모든 방법들이 다 좋고 훌륭하게 들리지만, 어떻게 해야 십대들이 자신에 대한 관점을 바꾸도록 할 수 있는가? 광범위한 간섭을 통해서 사람들의 성격과 자기관을 변화시키도록 노력하는 것 자체가 성취하기 힘든 과업처럼 들린다. 이 질문에 대한 대답은 의외로 간단하다. 먼저 십대들의 행동에 변화를 주는 것이다. 그들이 유능한 사람처럼 어른스럽게 행동하도록 이끌면 된다. 거기에는 십대들의 자기관이 그들의 행동과 일치하게 되어 있다는 가정이 깔려 있다.

미국 청소년들의 건전한 성장을 돕는 '틴 아웃리치'(Teen Outreach)라는 프로그램이 취하고 있는 방침이 바로 이런 접근법이다. 이 프로그램이 학급 토론과 연사들의 강연 등 다양한 형태로 진행되고 있지만, 핵심적인 요소는 십대들이 자원 봉사를 선택하도록 하는 것이다. 이 프로그램은 십대 임신이나 피임에 대해 직접적으로 가르치려는 노력은 전혀 하지 않는다. 대신에 중학교 3학년부터 고등학교 3학년까지의 학생들이 성인들의 감독 하에 봉사 활동에 참여하도록 유도한다. 청소년들은 병원이나 양로원에서 보조원으로 활동하기도 하고, 동료 학생들을 가르치는 튜터로 활동하기도 한다. 결과는 놀라울 정도였다. 학생들을 대상으로 한 어느 대규모 연구를 보자. 학생들을 무작위로 골라 '틴 아웃리치' 프로그램에 참여하도록 했다. 그 결과, 이 프로그램에 참여한 학생의 경우에 과목별 낙제 비율도 떨어졌고, 정학 처분을 받는 비율도 떨어졌다. 여학생들 중에서 임신하는 학생들의 비율도 낮아졌다.

이 프로그램처럼 학생들의 활동에 개입하는 프로그램들이 성공을 거둘 수 있는 이유는 두말할 필요 없이 복합적이다. 실천을 통해 사교적 기술을 얻고, 다른 사람들로부터 긍정적인 피드백을 받고, 롤 모델의 역할을 할 성인들의 사회적 네트워크와 연결되는 것 등을 이유로 꼽을 수 있다. 그러나 나는 그 성공의 이면에 또 하나의 결정적인 요소가 있다고 생각한다. 자원 봉사 활동이 촉진시키는 자기 이미지의 변화가 그것이다. 자신을 소외되고 쓸모없는 존재로 여겨왔던 십대들이 스스로를 공동체에 도움을 주는 유능한 존재로 보게 되는 것이다. 이런 자기관은 십대에 임신을 하거나 학교를 중퇴하는 것과는 아무래도 어울리지 않는다.

'훌륭한 일을 하라. 그러면 훌륭한 존재가 될 것이다.'라는 원칙은 심리학이 내놓을 수 있는 소중한 교훈 중 하나이다. 당신 자신의 어떤 부분이 싫다는 느낌이 들든가 울적한 기분이 들든가 하면, 당신의 행동을 보다 긍정적인 방향으로 바꾸는 것이 큰 도움이 된다. 행동에 변화를 주는 것은 종종 꽤 어렵다. 그 변화가 중독(예를 들면, 담배 끊기)을 극복하거나, 다른 면으로도 중요한 행동(예를 들면, 음식 섭취)을 바꿀 것을 요구하는 경우에, 행동 변화는 특히 더 어려워진다. 그러나 수줍음을 탈 때는 조금 더 외향적으로, 슬플 때에는 조금 더 행복하게, 퉁명스럽다는 느낌이 들 때는 조금 더 친절하게 행동하려고 노력하는 것은 그다지 어렵지 않다.

이런 간단한 가르침은 1922년에 에티켓 매뉴얼에 다음과 같은 충고를 담은 에밀리 포스트(Emily Post)에게는 이미 잘 알려진 내용이었다. "진정으로 인기를 누릴 소녀들이라면 반드시 알아야 할 것이 한 가지 있다. 바로 자신의 무의식이다. 최고의 조언은 심리학의 가르침을 어느 정도 따르면서 행복은 자신의 마음속에 있다는 교훈을 믿으라는 것이다. 만약 소녀가 스스로 행복한 시간을 누리고 있다고 생각할 수 있다면, 그에 따른 심리적 효과는 놀라울 정도로 클 것이다."

자기 지식에 관한 책을 끝내면서, 사람들에게 자기 자신에 대해 덜 생각하고 대신에 자신의 행동을 변화시키도록 노력해야 한다는 조언을 내놓는 것이 조금 이상하게 비칠지도 모르겠다. 그러나 제대로 효과를 발휘할 만족스런 자기 서사를 다듬어내고 바람직한 패턴의 비의식적인 반응들을 확립하기 위해서, 최고의 조언은 바로 이것이다. '실천하고, 실천하고, 또 실천하라!'

자기 이야기의 "유효성"

그러나 자기 서사를 만족스럽고 유익하고 적응성 높은 것으로 만드는 요소는 무엇인가? 가장 분명한 기준은 뭐니 뭐니 해도 정확성이다. 자신이 5세기 훈족 최후의 왕 아틸라의 화신이라거나, 높은 빌딩에서 날 수 있는 존재라고 믿는 것은 그 사람에게 도움이 되지 않는다. 그럼에도 불구하고, 한 사람의 삶과 문제를 들려주는 진정한 이야기는 하나뿐이라는 모더니스트의 가정은 대부분의 서사 이론가들에게 부정당하고 있다. 정말이지, '내러티브'(서사)라는 표현을 쓴다는 것 자체가 어떤 사람의 이야기를 들려주는 방식이 여러 가지라는 의미를 담고 있다. 긍정적인 자기 변화를 이루기 전에 반드시 발견해야 하는 단 하나의 진실은 결코 없는 것이다.

그러나 비록 많은 서사 이론가들이 이야기의 진실성은 중요하지 않다고 말하지만, 그 이론가들이 진정으로 그런 뜻으로 한 말은 아니라고 나는 생각한다. 예를 들어, 정신분석 학자와 인지 치료 전문가와 행동 치료 전문가를 한 자리에 불러 모은다고 가정해 보자. 이들 모두는 기본적인 서사 은유에 동의하고, 각자의 임무에 대해 환자들이 진화론적으로 적응성이 보다 뛰어난 자기 이야기를 채택하도록 돕는 일이라고 파악할 것이다.

그러면 우리는 이런 질문을 던질 수 있다. "사람들이 자신의 고통을 누그러뜨릴 유용한 이야기를 발견하는 것보다 이야기의 진실성이 더 중요한가?" 이 질문 앞에서 각 치료 전문가는 서사의 전통에 충실하면서 열정적으로 고개를 끄덕일 것이다. 그러면 우리는 다시 이렇게 물을 수 있다. "그렇다면 당신의 동료들의 환자가 채택하는 이야기도 당신의 환자가 채택하는 이야기만큼 훌륭하다는 말인가?" 이제 3명의 전문가들은 자리에 앉은 채 불편하게 몸을 움직일 것이다. "바꿔 말하면, 당신들은 정신분석의 이야기도 행동주의자나 인지주의자의 이야기만큼 훌륭하다고 생각하고, 다른 학파의 이야기를 이용해 좋은 결과를 얻을 수 있다고 생각하는가?" 그러면 그 치료 전문가들은 이렇게 대답할 것이다. "잠깐만요. 이쪽의 서사도 저쪽의 서사만큼 훌륭하다고 말할 때, 그렇게까지 멀리 나아갈 뜻은 절대로 아니었는데.…"

당연히, 다양한 접근법이 두루 효과적일 수 있다는 점에 동의하는 절충적인 치료사들도 있다. 그러나 많은 심리 치료사, 심지어 서사 은유를 좋아하는 심리 치료사들까지도 자기 이야기들 중에도 조금 더 진실한 이야기가 있다고 믿으며, 효과적인 자기 서사(예를 들면, 프로이트 학파, 클라인 학파, 로저스 학파, 스키너 학파의 서사)를 채택하는 것이 자신들의 환자에 도움이 된다고 말한다. 그러나 앞에서 심리 치료의 효과에 관한 연구를 논하는 대목에서 확인했듯이, 이런 가정에는 미심쩍은 구석이 있다. 심리 치료의 고객들은 자신의 치료사의 이야기들을 채택함으로써 도움을 받지만, 이 이야기들의 내용물은 근본적으로 다를 수 있다.

아마 이에 대한 해답은 포스트모더니스트의 관점을 채택하는 것일 수 있다. 즉 자기 서사를 자체의 정확성이나 역사적 진실을 바탕으로 판단하는 것은 무의미하다는 뜻이다. 포스트모더니스트의 관점에 따르면, '진정한 자기'란 것은 존재하지도 않는다. 그보다는 상충하는 사회적 힘들이 서로 엇갈리면서 작용하는 현대의 삶에서 사람들이 특정한 인간관계나 문화적 상황에 맞는 자기 서사를 여러 개 구성한다는 것이다. 이 자기 서사들 중 하나를 놓고 그 것이 다른 것에 비해 '더 진실하다'는 식으로 판단하는 것은 말이 되지 않는다.

포스트모더니스트의 관점은 문화와 사회가 자기 구성에 미치는 영향을 강조하면서 사람이 상황에 따라 서로 다른 페르소나(persona: 고대 그리스 가면극에서 배우들이 썼던 '가면'에서 유래된 표현이다. 개인이 사회적으로 비난받지 않기 위해 겉으로 드러내는 '외적 인격'을 말한다/옮긴이)를 채택할 수 있다는 점을 강조한다. 그렇지만 만약 자기 서사를 평가하는 기준이 진실성이 아니라면, 도대체 그 기준은 무엇인가? 심지어 주어진 어떤 사회적, 문화적 맥락 속에서조차도 적응성이 더 뛰어난 자기 서사가 있다. 대부분의 포스트모더니스트들은 우울증을 겪고 있는 탓에 자살 위험이 높은 사람의 자기관이나 등굣길에 자동 소총을 숨겨 가는 소외된 고등학생의 자기관이 적응성이 뛰어나지 않다는 데 동의할 것이다.

그러나 '적응성 있는'(adaptive)이라는 표현에 대한 정의를 정확성에 대해 언급하지 않고 내리기란 어려운 일이며, 심리 치료에 대한 포스트모더니즘의 설명 대부분이 이 덫에 빠진다. 예를 들어, 케네스 거겐(Kenneth Gergen)과 존 케이(John Kaye)는 포스트모더니스트들이 다음과 같이 주장함으로써 정확성이라는 기준을 피하려 한다고 지적한다. "심리 치료의 목적은 개인에게 새로운 방향을 제시하고, 그 사람 본인의 개인적 경험과 능력과 기질에 더 적합한 새로운 행동의 경로를 열어주는 것이다." 그러나 자기 서사가 그 사람의 '능력과 기질'에 더 적합해야 한다고 말하는 것이 정확성을 이야기하는 것이 아니면 무엇인가? 또 자기 서사 속에 잘 담아내야 한다는 그 '기질'이나 '능력'이 그 사람의 성격이 아니면 도대체 뭐란 말인가?

포스트모더니스트들이 진실성의 기준을 부정하는 방향으로 지나치게 멀리 나가고 있는 것이 분명하다. 자기 서사가 담아내야 하는 것들이 무엇인가 하는 문제를 논하는 마당에, 자기 서사가 정확해야 한다는 말은 너무나 당연하다. 이 문제를 둘러싼 혼란은 정확성이라는 기준에 대한 이해의 부족에서 비롯되었다.

자기 이야기들은 한 가지 간단한 의미에서 정확해야 한다. 그 이야기들이 그 사람의 비의식적 목표와 감정, 기질의 본질을 정확히 포착할 수 있어야 하는 것이다. 한마디로 요약하면, 그 이야기와 그 사람의 적응 무의식 사이에 어느 정도 조화가 이뤄져야 한다는 뜻이다. 지금까지 살펴본 바와 같이, 자신에 대한 의식적인 생각과 비의식적인 동기들이 일치를 보이는 사람들이 정서적으로 훨씬 더 행복하다. 요하임 브룬슈타인과 올리버 슐타이스, 루트 그라스만 (Ruth Grässmann)의 연구를 예로 들어 보자. 이들은 사람들의 의식적인 자기 서사에 담긴 명백한 목표와 적응 무의식의 일부를 이루고 있는 내재적 목표들을 측정했다. 그 결과, 의식적 목표가 비의식적 목표와 조화를 이루는 사람들이 그렇지 않은 사람들보다 훨씬 더 행복한 것으로 나타났다.

어느 전기(傳記)나 다 그렇듯이, 이야기를 들려주는 방식은 여러 가지이다. 그럼에도 불구하고, 훌륭한 전기라면, 그 사람의 인생에서 중요한 사실들을 충분히 설명해야 하고 주인공의 내면의 목표와 기질을 잘 포착해야 한다. 그 사람의 적응 무의식을 말해주는

'자료'에 대한 설명이 탁월한 자기 서사일수록, 그 이야기의 주인 공은 더 행복하다. 사람들은 비의식적인 목표들을 인식함으로써, 그 목표들을 더 쉽게 달성하거나 목표에 변화를 더 쉽게 줄 수 있 는 위치에 서게 된다.

우리는 사람들이 자기 자신에 대해 품는 의식적인 신념들이 그들 의 무의식적 목표와 동기들과 조화를 이뤄야 한다고 주장함으로 써, 한참 우회한 끝에 마침내 프로이트로 돌아온 것처럼 보인다. 이 같은 주장은 곧 치료의 목적은 '무의식을 의식으로 만드는 것'이라 는 말과 똑같지 않은가? 어떻게 보면 그렇기도 하다. 그러나 지금 쯤은 분명해졌을 것으로 생각되는데, 자기 서사에 담아야 하는 무 의식의 본질은 프로이트 학파가 말하는 무의식과 근본적으로 다르 다. 그리고 무의식을 의식으로 만드는 방법에 관한 관점에도 차이 가 아주 뚜렷하다. 적응 무의식에 직접적으로 닿는 파이프라인은 어디에도 없다. 적응 무의식은 어디까지나 (아마 노련한 치료사의 도움을 받아) 자신의 전기를 훌륭하게 쓰는 작가가 되어 추론해야 할 대상이다. 억압을 제거하여 그 아래에서 부글부글 끓고 있는 가 마솥을 엿본다고 해서 얻어지는 것은 결코 아닌 것이다.

더욱이, 정확한 이야기들도 서로 근본적으로 다를 수 있다. 이것 은 과학의 다양한 패러다임들이 똑같은 사실을 놓고 서로 매우 다 른 방식으로 설명할 수 있는 것과 똑같은 이치이다. 다양한 형태의 심리 치료가 효과적일 수 있는 이유도 거기에 있다. 정신분석의 이 야기나 인지 치료의 이야기나 똑같이 어떤 사람이 대인관계에 문 제를 안고 있거나 정서적으로 괴로워하는 이유에 대해 논리적인 설명을 내놓을 수 있는 것이다. 두 종류의 이야기는 똑같이 한 사람의 적응 무의식을 묘사할 수 있다. 그 묘사에 동원된 언어가 크게 다를 뿐이다.

훌륭한 자기 서사의 또 다른 정의는 그것이 '마음의 평화'라는 기준을 충족시킨다는 것이다. 자기 서사의 주인공이 자기 자신에 대해 지나치게 많이 생각하지 않도록 하는 이야기여야 한다는 뜻이다. 일관성 있는 자기 서사의 결여는 사람을 정말로 불안하게 만드는 경험이다. 존 디디온이 『하얀 앨범』(The White Album)에서 안타까워했듯이 말이다.

> 나는 대본을 갖고 있어야 했으나 그것을 어디에 두었는지 깜빡 잊고 말았다. 나는 '큐'라는 소리를 듣게 되어 있었으나 더 이상 듣지 못했다. 나는 플롯을 알게 되어 있었으나, 내가 알았던 모든 것은 내가 보았던 것뿐이었다. 정해지지 않은 순서로 이어지는 섬광 촬영 사진들, 일시적 배열 외에 아무런 '의미'가 없는 이미지들, 영화가 아닌 편집실의 경험…. 이 이미지들 중 일부는 내가 알고 있던 어느 서사와도 맞지 않았다.

어떤 경험이 일관성 있게 설명되어 하나의 라이프 스토리에 녹아들기만 하면, 사람은 그 경험에 대해 더 이상 많이 생각하지 않게 된다. 그 경험이 긍정적인 사건일 때에는, 그렇게 되는 것이 반드시 좋은 일이라고 말하지 못한다. 왜냐하면 그 사건이 그 사람에게 기쁨을 불러일으키는 능력을 그 사람이 원하는 것보다 더 빨리 잃게 되기 때문이다. 그러나 고통을 안겨주는 사건인 경우에는 그렇게 되는 것이 좋은 일이다. 왜냐하면 어떤 생각에 대해 반추하거나 억압하는 행위 대신에, 더 이상의 퇴고가 필요 없는 일관된 이야기가 그 자리를 차지하게 되기 때문이다. 제8장에서 논한 페니베이커의 글쓰기 요법이 그렇게 잘 먹히는 이유도 바로 이런 사실 때문인 것 같다. 사람들은 아직 충분히 소화하지 않은 부정적인 사건들을 설명하기 위해 자신들의 이야기들을 수정하면서 그 사건들을 반추하는 시간을 점점 줄이면서 앞으로 나아간다. 사랑하는 사람의 상실 앞에서 그 죽음이 신의 뜻이었다거나 생명의 자연스런 순환의 일부라는 식으로 의미를 발견한 사람들은 그 상실에서 전혀 아무런 의미를 발견하지 못하는 사람들보다 훨씬 더 빨리 회복한다.

일부 심리 치료사들은 고객들에 대한 치료를 끝내야 하는 시점을, 환자들이 자기 자신에 대해 그렇게 많이 생각하지 않기 시작하는 때로 잡는다. 여기서도 앞에서 말한 관점이 그대로 통한다. 전기가 완성되고 더 이상의 수정이 필요하지 않게 되는 시점이 그때인 것이다.

마지막으로, 사람들이 반드시 추구해야 하는 '신뢰성'(believability)이라는 기준이 있다. 마음의 평화를 얻기 위해서, 자신에 대한 전기를 쓰는 사람은 자신이 풀어내는 이야기를 믿어야 한다. 만약에 이 사람이 자신의 라이프 스토리를 멋대로 구성한 이야기로 본다면, 그 이야기가 마음의 평화라는 기준을 만족시킬 가능성은 작아진다. 자신의 자기 서사에, 특히 부정적인 인생 경험에 끊임없이 의문을 제기하며 수정해 나가는 사람들은 그 경험을 곰곰 반추할 확률이 높다. 이런 사람들은 인생 목표를 추구하는 일에 전력투구할 확률도 낮다.

프로이트조차도 인생 말년에 이런 관점을 채택하기에 이르렀다.

프로이트는 "이야기 구성의 진실성에 대한 확신은 … … 다시 찾아낸 기억과 똑같은 치유의 결과를 성취한다."고 주장했다. 중요한 것은 사람이 자신의 적응 무의식과 조화를 상당히 이루는 자기 서사에 자신을 맡기는 것이다.

요즘처럼 변화하는 포스터모더니즘 세상에서, 그런 자기 서사가 여러 개의 구획으로 나눠진 자기들을 포함하는 것도 어쩌면 당연한 일이다. 다시 말하면, 우리가 '딸'로서, '주말 스포츠를 즐기는 존재'로서, 그리고 '앨비스 프레슬리의 팬'으로서 드러내는 모습들 사이에 엄청난 차이가 있다는 사실을 인식할 필요가 있다는 뜻이다. 사람들은 하나의 자기에 지나치게 고착해서는 안 되며, 자신의 신념들 중 많은 것에도 문화적, 도덕적 도그마가 들어 있다는 사실을 인정할 줄 알아야 한다. 그와 동시에, 사람들은 '자기 연속성' (self-continuity)을 지킬 수 있어야 한다. 일관성 있는 자기 서사에 충실해야 하는 것에 대해서도 말할 것이 많다.

물론, 자기 서사가 지나치게 경직되고 또 변화에 완강하게 저항할 수도 있다. 전기가 지나치게 빨리 완성될 수도 있으며, 그런 경우에 전기가 그 사람의 적응 무의식을 제대로 반영하지 못할 확률이 높다. 아무리 훌륭한 전기라도 사람이 성장하고 변화함에 따라 당연히 수정할 필요가 있다. 그럼에도 불구하고, 정확성과 마음의 평화, 신뢰성의 기준을 만족시키는 자기 서사는 지나치게 많은 자기 성찰을 피하게 한다는 한가지 사실만으로도 매우 유익할 수 있다. 탁월한 사회 심리학자 로버트 자욘츠(Robert Zajonc)를 고려해보라. 그는 너무도 유명한 학자임에도 '자기 심리학'의 복잡한 내용을 전부 다 이해하지는 못한다고 한다. 그는 언젠가 "나는 나의 자기에 대해 그런 식으로 생각하지 않는다."고 말했다. "나는 나의 스케줄과 내가 해야 할 일, 미팅에 대해서는 생각할 수 있을 것이다. 그러나 '나는 어떤 존재인가?'라는 질문에는 그다지 많은 시간을 쏟지 않는다." 그는 무엇인가를 잘 알고 있었을 것이다. 훌륭한 자기 서사는 끊임없이 다시 들려줄 필요가 없다.

만약 우리가 자신의 자기관에 만족하지 못한다면, 우리의 이야기와 적응 무의식을 동시에 변화시키기 위해 할 수 있는 일이 있다. 물론 쉽지 않은 일이다. 그리고 우리 중에선 자기 자신을 소설 속의 여주인공의 모습으로 가꿔낼 수 있었던 마샤 멀러와 수 그래프턴과 같은 소설가들의 재능과 강인함을 타고난 사람들이 그리 많지 않다. 그러나 작은 걸음이 큰 변화로 이어지는 법이며, 우리 모두에게는 자신이 되고자 하는 존재처럼 행동할 능력이 있다.